「新时代经济管理特色教材」

跨境电子商务理论与实务

叶娇 编著

CROSS-BORDER
E-COMMERCE

北京

内 容 简 介

本教材共分为10章,具体涵盖跨境电商概述、跨境电商基本理论、跨境电商模式、跨境电商平台、跨境电商交易流程、跨境电商定价及网络营销、跨境电商支付、跨境电商物流、跨境电商客户服务与纠纷处理、跨境电商法律规范与监管等内容。通过阅读本教材,学习者可以掌握跨境电子商务的基本概念、理论和实操流程,提高对跨境电商行业和职业的认知水平与工作技能。

本教材可作为高校跨境电商方向或相关专业的入门教材,亦可为跨境电商从业人员提供参考。

本书封面贴有清华大学出版社防伪标签,无标签者不得销售。
版权所有,侵权必究。举报:010-62782989,beiqinquan@tup.tsinghua.edu.cn。

图书在版编目(CIP)数据

跨境电子商务理论与实务/叶娇编著.—北京:清华大学出版社,2023.6
新时代经济管理特色教材
ISBN 978-7-302-63753-0

Ⅰ.①跨…　Ⅱ.①叶…　Ⅲ.①电子商务－高等学校－教材　Ⅳ.①F713.36

中国国家版本馆 CIP 数据核字(2023)第 102600 号

责任编辑:张　伟
封面设计:孙至付
责任校对:王荣静
责任印制:杨　艳

出版发行:清华大学出版社
　　　网　　址:http://www.tup.com.cn,http://www.wqbook.com
　　　地　　址:北京清华大学学研大厦 A 座　　邮　编:100084
　　　社 总 机:010-83470000　　　　　　　　　邮　购:010-62786544
　　　投稿与读者服务:010-62776969,c-service@tup.tsinghua.edu.cn
　　　质量反馈:010-62772015,zhiliang@tup.tsinghua.edu.cn
　　　课件下载:http://www.tup.com.cn,010-83470332
印 装 者:三河市君旺印务有限公司
经　　销:全国新华书店
开　　本:185mm×260mm　　印　张:13.25　　字　数:302千字
版　　次:2023年7月第1版　　　　　　　　　印　次:2023年7月第1次印刷
定　　价:45.00元

产品编号:095768-01

前言

近年来,随着互联网基础设施的不断完善和全球物流网络的构建,互联网与对外贸易相结合,逐渐衍生出跨境电子商务(以下简称"跨境电商")这一概念。作为对外贸易的一种新模式,跨境电商将传统交易模式中的产品展示、交易双方的沟通交流、付款等环节数字化,改变了传统国际贸易的经营方式,实现了进出口贸易模式的更新换代。随着跨境电商交易规模日益扩大,跨境电商不但逐渐成为我国企业拓宽海外营销渠道与市场的重要方式,也逐渐成为我国对外贸易的新型增长点和实现外贸转型升级的有效途径。总而言之,目前跨境电商迎来了快速增长,在国内正处于蓬勃发展期。

我国制造业在成本及规模上具有一定的优势,随着数字化的发展,其借助互联网的方式实现了转型升级,通过互联网这个平台,跨境电商能够帮助中国制造业更加便捷地拓展国际化市场,谋求更大的经济发展空间。与此同时,随着"一带一路"以及"互联网+"的推动,出口电商行业也迎来了快速发展,国家相继出台了相关政策支持鼓励跨境电商的发展,希望通过跨境电商重振外贸市场。跨境电商这一新兴产业的迅猛发展催生了巨大的人才需求,人才培养成为跨境电商快速发展的重中之重。

由于跨境电商是近年来才兴起的新兴行业,很多跨境电商从业者也是通过自身学习和在实践中摸爬滚打才闯出一条路的。跨境电商对人的综合能力要求很高,这个行业需要的是具有多领域知识的复合型人才。跨境电商的工作内容与性质决定了跨境电商从业者首先至少需要会一门外语,其次要懂对外贸易知识,还要熟悉电子商务的相关操作。基于此,本教材介绍了跨境电商的相关理论知识与实操技能,以助力我国高校培养跨境电商应用型人才。

本教材根据企业岗位需求组织教学内容,以就业为导向,确保技能的实用性。本教材每章会有引导案例,从案例入手引出本章的教学内容。教材首先介绍了跨境电商的基本概念、相关理论以及交易模式,其次介绍了知名的电商平台,如阿里巴巴国际站、亚马逊、易贝(eBay)等,然后从跨境电商的交易流程、定价与网络营销、支付方式、物流体系、客户服务与法律监管等角度展开介绍,知识覆盖面很广,可以说是面面俱到。在实操方面,本教材会把具体的流程以图片形式展示出来,这也是为了更好地激发读者的学习兴趣,使读者可以更加深入地学习,从而提高实践操作能力。

  叶娇副教授负责拟定大纲、构建教材框架、确定体例和具体编写,周天舒、王锡岩、周卿、李冉、刘涛、张可盈和刘思男参与了部分编写工作。教材的编写得到逯宇铎教授、丁永健副教授、陈阵副教授的帮助与支持。此外,在教材编写过程中,编者参阅了大量资料,在此对所有作者表示感谢。

  本教材虽然经过精心的编审,但仍难免存在不足之处,希望读者朋友提出宝贵的意见,以趋完善,在此表示衷心的感谢。

编　者

2023 年 1 月

目录

第1篇　跨境电商理论篇

第1章　跨境电商概述 ……………………………………………… 3
1.1　认识跨境电商 …………………………………………… 3
1.2　跨境电商与传统外贸 …………………………………… 7
本章小结 ……………………………………………………… 12
实训项目 ……………………………………………………… 12
课后习题 ……………………………………………………… 12
即测即练 ……………………………………………………… 12

第2章　跨境电商基本理论 ……………………………………… 13
2.1　双边市场理论 …………………………………………… 13
2.2　平台经济理论 …………………………………………… 15
2.3　数字平台竞争相关理论 ………………………………… 19
本章小结 ……………………………………………………… 24
实训项目 ……………………………………………………… 24
课后习题 ……………………………………………………… 24
即测即练 ……………………………………………………… 24

第3章　跨境电商模式 …………………………………………… 25
3.1　B2B跨境电商 …………………………………………… 25
3.2　B2C跨境电商 …………………………………………… 30
本章小结 ……………………………………………………… 33
实训项目 ……………………………………………………… 34
课后习题 ……………………………………………………… 34
即测即练 ……………………………………………………… 34

第2篇　跨境电商实务篇

第4章　跨境电商平台 …………………………………………… 37
4.1　阿里巴巴国际站 ………………………………………… 38
4.2　亚马逊 …………………………………………………… 44

4.3　敦煌网 ………………………………………………………… 50
4.4　出口时代 ……………………………………………………… 55
4.5　eBay …………………………………………………………… 60
4.6　Wish …………………………………………………………… 66
本章小结 …………………………………………………………… 74
实训项目 …………………………………………………………… 75
课后习题 …………………………………………………………… 75
即测即练 …………………………………………………………… 75

第 5 章　跨境电商交易流程 …………………………………………… 76

5.1　跨境电商交易流程简介 ……………………………………… 76
5.2　国际市场调研与客户开发 …………………………………… 77
5.3　网上交易磋商 ………………………………………………… 83
5.4　合同的签订和履行 …………………………………………… 89
本章小结 …………………………………………………………… 93
实训项目 …………………………………………………………… 93
课后习题 …………………………………………………………… 93
即测即练 …………………………………………………………… 94

第 6 章　跨境电商定价及网络营销 …………………………………… 95

6.1　跨境电商产品定价 …………………………………………… 95
6.2　网络营销 ……………………………………………………… 103
本章小结 …………………………………………………………… 114
实训项目 …………………………………………………………… 114
课后习题 …………………………………………………………… 114
即测即练 …………………………………………………………… 114

第 7 章　跨境电商支付 ………………………………………………… 115

7.1　国际货款结算方式 …………………………………………… 116
7.2　跨境电商收款账户设置 ……………………………………… 120
7.3　PayPal 和国际支付宝 ………………………………………… 125
本章小结 …………………………………………………………… 129
实训项目 …………………………………………………………… 129
课后习题 …………………………………………………………… 129
即测即练 …………………………………………………………… 129

第 8 章　跨境电商物流 ………………………………………………… 130

8.1　邮政物流 ……………………………………………………… 131

8.2　国际商业快递 ·· 134
　　8.3　专线物流 ·· 137
　　8.4　其他物流方式 ·· 141
　　8.5　海外仓集货物流 ·· 143
　　8.6　跨境电商物流中的通关与报关 ································ 145
　　本章小结 ·· 147
　　实训项目 ·· 148
　　课后习题 ·· 148
　　即测即练 ·· 148

第9章　跨境电商客户服务与纠纷处理 ·········· 149

　　9.1　跨境电商客服人员的职能及技巧 ······························ 149
　　9.2　信用评价 ·· 152
　　9.3　售后服务纠纷处理 ·· 155
　　本章小结 ·· 157
　　实训项目 ·· 157
　　课后习题 ·· 157
　　即测即练 ·· 158

第10章　跨境电商法律规范与监管 ·············· 159

　　10.1　跨境电商合同的法律规范 ··································· 160
　　10.2　跨境电商中的消费者权益保护 ······························· 169
　　10.3　跨境电商中的知识产权保护 ································· 176
　　10.4　跨境电商中的争议解决机制 ································· 190
　　10.5　主要国际组织和国际法有关跨境电商的法律法规 ··············· 194
　　本章小结 ·· 198
　　实训项目 ·· 198
　　课后习题 ·· 198
　　即测即练 ·· 199

参考文献 ·· 200

第1篇

跨境电商理论篇

第 1 章 跨境电商概述

随着经济全球化和电子商务的快速发展,以跨境电商为代表的新业态、新模式迅速兴起,已经成为国际贸易的重要趋势。与此同时,在"双循环"的新发展格局下,跨境电商成为打造国内国际大循环的强劲动力,不断推动我国经济深度融入全球产业链和供应链,持续打造国内国际双循环的强大连接点,是我国外贸发展的主力军,也是实现中国产业转型升级的重要引擎。因此,认识跨境电商、运用跨境电商具有重要意义。

引导案例

2013 年 10 月,以 PGC(专业生产内容)为主的小红书购物攻略产生,面向爱好出境旅游及购物的女性用户,为其提供购物指导,以日本、韩国、美国等旅游人群为主。2013 年 12 月初,鉴于工具型攻略在反映境外潮流、打折等信息上具有滞后性,"小红书购物笔记"应用上线,定位于境外购物体验分享社区,面向具有境外购物习惯的女性用户,以"文字+图片 UGC(用户生成内容)"为主。2014 年 10 月,小红书上线购物功能,将社区与电商相结合,实行品牌商授权、境外直采、保税仓发货的进口跨境电商自营平台模式,实现信息和商品流通闭环。

小红书移动端应用有四个导航入口,分别为"首页""购物""消息""我"。首页为购物笔记,按照护肤、时尚、职场等类别划分,此外有推荐、关注类别,帮助用户快速获取热门的、感兴趣的购物经验。

健康、稳定的社群运营是小红书长期发展的优势,购物经验分享用户成为电商功能种子用户。去中心化的经验分享和以此为基础的商品选择有利于加快销售节奏、提升用户黏度。进一步挖掘潜在爆品,为用户提供更为精准的笔记和商品推荐或是小红书进一步发展的方向。

资料来源:https://baijiahao.baidu.com/s?id=1697646311328381008&wfr=spider&for=pc,《小红书:用户运营策略分析报告》。

案例思考题:
1. 小红书购物的运营模式是否属于跨境电商?
2. 跨境电商与传统外贸有什么区别?

1.1 认识跨境电商

截至 2022 年底,国务院已先后分七批设立 165 个跨境电商综合试验区(以下简称"综试区"),覆盖 31 个省、区、市,基本形成了陆海内外联动、东西双向互济的发展格局。海关

扩展阅读1.1 中国最神秘的跨境巨头

数据显示,2022年,我国跨境电商进出口额达到2.11万亿元,增长9.8%。其中,各综试区的进出口额占比超过九成,综试区作为跨境电商发展的创新高地,有力推动了我国外贸的健康发展。跨境电商是一种高效的新型国际贸易组织方式。在大数据和云计算的技术支撑下,电商平台将跨越关境的需求侧和供给侧高效地连接起来,压缩了传统贸易的诸多中间环节。

1.1.1 跨境电商的概念和分类

1. 跨境电商的概念

跨境是指交易主体分属不同的关境,属于国际贸易的范畴。跨境电商国际流行说法叫cross-border electronic commerce。

视频1.1 什么是跨境电子商务

从狭义角度,跨境电商是指分属不同关境的交易主体,借助电子商务平台达成交易,进行支付结算,通过跨境物流送达商品、完成交易的一种国际商业活动。狭义看,跨境电商交易主要针对一部分小额买卖的B类商家和C类个人消费者。由于现实中小B类商家和C类个人消费者很难区分与严格界定,所以从海关统计口径来说,狭义的跨境电商相当于跨境零售。

从广义角度,跨境电商就是外贸领域内互联网及信息技术的不同层次的应用(基本等同于外贸电子商务),是基于"国际贸易+互联网"的创新型商业模式,是指分属不同关境的交易主体,通过电子商务的手段将传统进出口交易中的展示、洽谈和成交环节电子化,并通过跨境物流送达商品、完成交易的一种国际商业活动。因此,广义的跨境电商实际上就是把传统的进出口贸易网络化、电子化、数字化,它涉及货物与服务的在线交易(包括电子贸易、在线数据传递、电子支付、电子货运单证传递等多方面的活动)及跨境电商相关的电子化服务(供应链、国际物流、通关、平台推广等),是电子商务应用的高级表现形式。

2. 跨境电商的分类

跨境电商可以按照不同的维度进行分类,其分类标准包括进出口方向、商业模式、平台服务类型、平台运营方。

1) 按照进出口方向分类

按照进出口方向,跨境电商可分为进口跨境电商和出口跨境电商。

当前,中国进口跨境电商商业模式各异,主要包括境外代购模式、M2C(生产厂家对消费者)模式、"自营+平台+境外直采"模式、"自营+招商+承保生产线+类保税店"模式、直发/直运平台模式、自营B2C(business to customer,企业对消费者)模式、导购/返利平台模式、境外商品"闪购特卖"模式、跨境O2O(线上到线下)模式。

2) 按照商业模式分类

按照商业模式,跨境电商可分为B2B(business to business,企业对企业)、B2C、C2C(consumer to consumer,消费者对消费者)三种。

3）按照平台服务类型分类

按照平台服务类型，跨境电商平台可分为信息服务平台、在线交易平台和外贸综合平台三类。

4）按照平台运营方分类

按照平台运营方，跨境电商平台可分为第三方平台、自营性平台、综合服务商平台。

1.1.2 跨境电商与境内电子商务的区别

1. 交易过程差异

跨境电商交易过程复杂，需要经过海关通关、检验检疫、外汇结算、缴税退税等环节；物流系统复杂，跨境电商物流路途远、物流时间长、投递时效不确定、货损率高、物流信息系统更为复杂；物流企业资质要求高，出于降低成本及提升规模经济效应考虑，从事跨境电商物流业务的企业需要较强的软硬件条件，资质要求高，外贸卖方为保证收货时效不得不向四大快递巨头支付高额的配送费；国际支付，需在取得速卖通、阿里巴巴国际站（Alibaba.com）会员资格，申请国际支付宝（Escrow）后按规则操作。

2. 交易主体差异

跨境电商的交易主体是不同关境的主体，可能是境内企业对境外企业、境内企业对境外个人或者境内个人对境外个人。其交易主体遍及全球，有不同的消费习惯、文化心理、生活习俗，这要求跨境电商对国际化的流量引入、广告推广营销、境外当地品牌认知等有更深入的了解，需要对境外贸易、互联网、分销体系、消费者行为有很深的了解，要有当地化思维。

境内电子商务交易主体一般在境内，境内企业对企业、境内企业对个人或者境内个人对个人。

3. 交易风险差异

跨境电商行为发生在不同的国家（地区），每个国家（地区）的法律都不相同，容易受到国际经济政治宏观环境和各国（地区）政策的影响。当前有很多低附加值、无品牌、质量不高的商品和假货仿品充斥跨境电商市场，侵犯知识产权（intellectual property）等现象时有发生，很容易引起知识产权纠纷，后续的司法诉讼和赔偿十分麻烦。

境内电子商务行为发生在同一国家（地区），交易双方对商标、品牌等知识产权的认识比较一致，侵权纠纷较少，即使产生纠纷，处理时间较短，处理方式也较为简单。

4. 适用规则差异

跨境电商需要适应的规则多、细、复杂。例如平台规则，跨境电商经营的平台很多，各个平台均有不同的操作规则，跨境电商需要熟悉不同境内外平台的操作规则，具有针对不同需求和业务模式进行多平台运营的技能，还需要遵循国际贸易规则，如双边或多边贸易协定，需要很强的政策、规则敏感性，及时了解国际贸易体系、规则、进出口管制、关税细则、政策的变化，对进出口形势也要有更深入的了解和分析能力。

境内电子商务只需遵循一般的电子商务规则。

1.1.3 跨境电商的发展历程和趋势

1. 进口跨境电商的发展历程和趋势

中国的进口跨境电商起源于2005年,彼时中国代购产业开始起步,在国外的中国留学生和工作人员人工代购进口产品,这是进口跨境电商的原型,这一时期可以称为进口跨境电商1.0时代。

2007年,进口跨境电商开始进入海淘时代,也就是进口跨境电商2.0时代。这一时期形成了常规的买方市场和卖方市场,跨境网购用户的消费渠道逐渐从海淘代购转向进口跨境电商平台(如网易考拉、天猫国际等)。

2014年是进口跨境电商爆发的一年,流程烦琐的海淘催生了进口跨境电商。2015年,随着政策变更以及社会经济的发展,进口跨境电商加速发展,跨境购物开始走向规范化,进口跨境电商进入3.0时代。

2019年,《中华人民共和国电子商务法》正式实施,进口跨境电商迎来合规化发展阶段,行业发展环境不断优化。

2. 出口跨境电商的发展历程和趋势

出口跨境电商脱胎于跨境贸易,最早的跨境贸易基本是通过线下交易完成的,随着互联网络开始普及社会生活的各个层面,各种基于商务网站的电子商务业务和网络公司开始涌现。我国跨境出口电商经历了20年的发展,现已步入稳健增长阶段。

现今,跨境电商平台流量红利已经大幅衰退,卖家面临着同质化竞争、一次性的购买联系和规则限制增加等挑战。回顾出口跨境电商发展的20年历程,供应链一直是所有时期共同关注的焦点。图1-1所示为跨境电商出口历程。

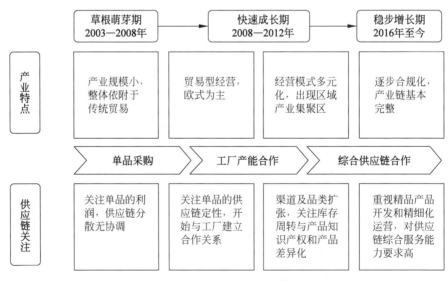

图1-1 跨境电商出口历程

1.2 跨境电商与传统外贸

1.2.1 跨境电商模式与传统外贸模式的比较

1. 跨境电商模式

跨境电商是在不同国家和地区的贸易公司或个人依靠互联网技术,在互联网上实现跨境贸易的主要部分,如商品的浏览、订单的下达、资金的支付,然后卖家再使用国际物流把产品运送到客户手中实现交易的一种销售模式。

1)进口跨境电商模式

进口跨境电商模式可分为直邮和保税备货两种模式。

(1)直邮模式。直邮模式可分为跨境直邮模式和集货直邮模式,各平台常说的直邮模式通常指跨境直邮模式。

① 跨境直邮模式是指消费者购买境外商品之后,商家在境外打包,以零售形式直接通过国际物流发货,并通过境内清关,将商品直接配送到消费者手中的物流模式。

跨境直邮模式(图 1-2)往往是进行三单比对的规范化的跨境电商企业对消费者直邮模式,并且成熟的跨境进口电子商务平台也可提供较为可靠的直邮购物保障。跨境直邮模式更适应消费者个性化、多元化的海淘需求,具有低时效性、高稳定性、低风险性等特点。

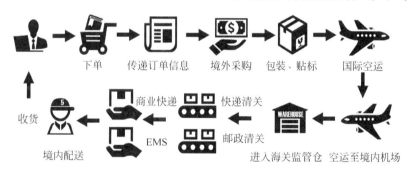

图 1-2 跨境直邮模式

② 集货直邮模式是跨境直邮模式的升级版,是 B2C 模式下的常用物流模式,集货直邮是商家在接到订单之后将货物集中存放在境外集货仓,达到一定的包裹量之后再统一发回境内的方式。其具体流程如图 1-3 所示。

(2)保税备货模式。保税备货模式是指商品提前通过大宗进口备货境内保税仓,在保税仓进行拆包、检验,待客户下单购买后分拣、打包和清关,再通过境内物流公司寄送到消费者手中的物流模式,具体如图 1-4 所示。

2)出口跨境电商模式

按海关监管模式不同分类,出口跨境电商模式主要有一般出口模式和特殊区域出口模式。

(1)一般出口模式。一般出口模式指跨境电商企业根据境外消费者的网购订单,直接从境内启运订单商品,从跨境电商零售出口监管场所申报出口,并配送给消费者的跨境

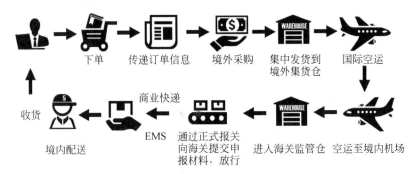

图 1-3 集货直邮模式

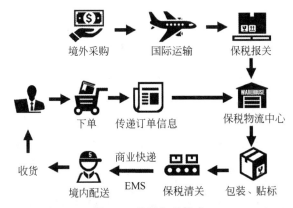

图 1-4 保税备货模式

电商零售出口业务。

一般出口模式,采用"清单核放、汇总申报"的方式,电商出口商品以邮、快件方式分批运送,海关凭清单核放出境,定期把已核放清单数据汇总形成出口报关单,电商企业或平台凭此办理结汇、退税手续,具体如图 1-5 所示。

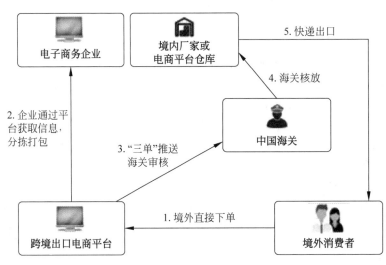

图 1-5 一般出口模式

(2)特殊区域出口模式。特殊区域出口模式又称保税出口模式,是指符合条件的电商企业或电商平台与海关联网,电商企业把整批商品按一般贸易报关进入海关特殊监管区域,企业实现快速退税的出口模式。对于已入区的商品,境外消费者下单购买后,海关凭清单核放,出区离境后,海关定期将已放行清单归并形成出口报关单,企业凭此办理结汇手续,具体如图1-6所示。

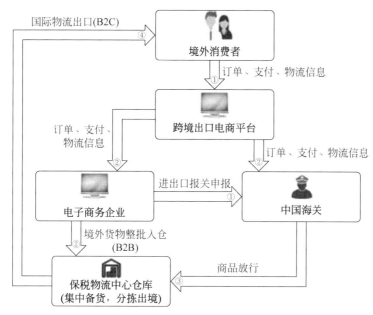

图1-6 特殊区域出口模式

海关特殊监管区域是经国务院批准,设立在中华人民共和国关境内,赋予承接国际产业转移、连接国内国际两个市场的特殊功能和政策,由海关为主实施封闭监管的特定经济功能区域。我国的海关特殊监管区域始自1990年,第一个保税区是上海外高桥保税区。截止到2022年,我国海关特殊监管区域分为六种模式:保税区、出口加工、保税物流园区、跨境工业园区、保税港区、综合保税区。其中,综合保税区是我国开放层次最高、优惠政策最多、功能最齐全、手续最简化的特殊监管区域。自2012年起,新设立的海关特殊监管区域统一命名为综合保税区,原有的海关特殊监管区域也要整合优化为综合保税区。截止到2022年,我国海关特殊监管区域共168个。其中,综合保税区156个。

2. 传统外贸模式

传统外贸是包含了商品的生产、流通、结算所进行的全部活动的总称。传统的跨境贸易大部分由一国(地区)的进出口商通过另一国(地区)的进出口商,进出口大批量货物,然后通过境内流通企业经过多级分销[至少要跨越5个渠道:境内工厂、境内贸易商、目的国(地区)进口商、目的国(地区)分销商、目的国(地区)零售商],最后到达有需求的企业或消费者手中。其进出口环节多、时间长、成本高。

3. 传统外贸与跨境电商的不同

成本方面,传统外贸主要是集中大批量货物,然后通过境外流通企业经过多方面分销,最后到达有需求的企业或者消费者手中。目前,这种模式市场规模较大,但需要非常充足的资金来和对手竞争。而跨境电商是直接面向消费者,解决了传统外贸企业由库存、物流、清关等带来的成本增加问题,也大大降低了企业成本。

形式和工作环节方面,传统外贸进出口环节多,常需从当地的政府办理进出口许可证,货物到达海关要经历报关等一系列的传统操作,而跨境电商就和境内的电商操作一样,可以直接从保税仓发货到消费者手中,简化了流程,大大缩短了平台从接受订单到发货至消费者手上的时间。传统外贸进出口环节多是B2B模式,都是在线下完成交易;跨境电商出于降低中间成本考虑,尽力减少或改变进出口环节,多是B2C模式,交易都是在线上完成的。

利润方面,传统外贸门槛相对来说比较高,因为单价低、单量大。但是牵扯到复杂的关税、增值税和消费税等,所以适合有资源的团队型作战,这样才会有可观的利润;跨境电商门槛低、单价高、单量小,但是税收比较简单,只要达到一定量,就会有较大利润,非常适合个人卖家。

跨境电商是电子商务和外贸的结合体,但是跨境电商是直接开发消费者,是终端中的终端。表1-1为传统外贸与跨境电商的对比。

表1-1 传统外贸与跨境电商的对比

项 目	传 统 外 贸	跨 境 电 商
运作模式	基于商务合同	借助互联网电子商务平台
交易环节	复杂,涉及中间商众多	简单,涉及中间商较少
运输	多通过海运和空运完成,物流因素对交易主体影响不明显	通常借助第三方物流企业,一般以航空小包形式完成,物流因素对交易主体影响明显
通关、结汇	海关监管规范,可以享受正常的通关、结汇和退税政策	通关缓慢或有一定限制,易受政策变动影响,无法享受退税和结汇政策
主体交流方式	面对面,直接接触	通过互联网平台直接接触终端客户
价格、利润率	价格高,利润空间小	价格实惠,利润足够释放
订单类型	订单大、周期长、风险高	订单小、频次高、风险分担
产品类目	产品类目少,更新速度慢	产品类目多、更新速度快
规模、增长速度	市场规模大但受地域限制,增长速度相对缓慢	面向全球市场,规模大,增长速度快
支付	正常贸易支付	须借助第三方支付
争端处理	健全的争议处理机制	争端处理不畅,效率低

1.2.2 跨境电商给传统外贸带来的机遇

1. 减少对外贸易中间环节,提升进出口贸易效率

跨境电商打破了传统外贸模式,使得企业直接面对个体批发商、零售商甚至是消费者,有效减少了贸易中间环节和商品流转成本,节省的中间环节、成本为企业获利能力提升及消费者获得实惠提供了可能。

2. 有利于实现外贸客户资源管理

外贸企业原有的经营方式多是业务员包揽从客户选择、签订合同(contract)、组织货源、验货报关到货款支付的全过程，掌握着客户资源。这会使企业无法掌握客户的状况，业务员在很大程度上影响着企业的生存和发展，一旦人才流失，企业的竞争力就会急剧下降。而在电子商务模式下，外贸企业的信息化建设使每人每天的工作日程和行动记录都有据可查，所有细节一目了然，使信息主动权更多地掌握在外贸企业手中。

3. 降低了交易成本和采购成本，交易透明度高

自 20 世纪 70 年代以来，国际组织一直在推动有关数据传输标准和安全等技术的发展，已经较为成熟，主要应用于企业与企业之间的电子商务活动。香港对 EDI(电子数据交换)的效益做过统计，使用 EDI 可提高商业文件传送速度 81%、降低文件成本 44%、减少错漏造成的商业损失 41%、降低文件处理成本 38%。[①] 使用 EDI 的公司通常可以节省 5%~10% 的进货费，同时可以使企业将工作重心集中在研发新产品、开拓新客户市场、巩固与供应商的合作关系以及企业的长远发展上。企业在互联网上进行采购，还可以更广泛地选择供货商、压低进货成本、保证进货质量。

4. 有利于外贸企业越过贸易壁垒，增加贸易机会

跨境电商的发展进一步推动了生产和服务的全球化，加速了全球市场一体化和生产国际化的进程，促进供应商和用户建立更紧密的联系。外贸企业可以向用户提供全天候的产品信息和服务，从而大大增加了贸易机会，用户也可以在全球范围内选择最佳供应商。这有利于打破国家和地区之间有形与无形的壁垒，对世界经济产生了巨大的影响。

5. 有利于减少外贸企业对实物基础设施的依赖

传统企业开展境内贸易必须拥有相应的基础设施，与开展境内贸易业务相比，进行国际贸易对实物基础设施的依赖程度要高很多。如果企业利用电子商务开展国际贸易业务，则在这方面的投入要小很多。

跨境电商作为我国外贸行业的新业态之一，在近年来国家政策不断加持的大背景下蓬勃发展，已经成为我国外贸转型升级的"新动能"。跨境电商交易规模不断增长，得益于一系列制度支持和改革创新，以及互联网基础设施的完善和全球性物流网络的构建交易规模日益扩大。

在出口电商中，庞大的境外市场需求及外贸企业转型升级的发展等因素都有助于推动行业快速成长，吸引更多企业纷纷"触网"。相较于一般贸易模式，跨境电商模式在相关政策扶持下更能够体现交易流程扁平化、服务集约化，从而帮助境内品牌商更快更好地销售给境外消费者。

同时，跨境电商在促进我国外贸增长中扮演了重要角色。随着社会经济的发展，人均购买力在不断提高；互联网的普及、现代智能物流体系的优化升级，以及线上支付环境和生态系统的不断创新完善，都成为跨境电商发展的推动力量。因此，跨境电商在可见的未来仍将呈现快速发展态势，B2C 模式进入迅猛发展阶段，在我国跨境电商总体市场中占

---

① 数据来源：https://baike.baidu.com/item/电子数据交换/1646513?fr=aladdin。

据越来越重要的地位,给境内小规模企业带来更多的发展机遇。目前,我国跨境电商规模稳居世界第一,覆盖绝大部分国家和地区,成为带动我国外贸发展的重要力量。

本章小结

　　本章共分两节来阐述与探讨跨境电商问题:第一节是认识跨境电商,包括跨境电商的概念、分类及与境内电子商务的区别、发展历程和趋势;第二节是跨境电商与传统外贸,包括:跨境电商模式与传统外贸模式的比较,跨境电商给传统外贸带来的机遇。

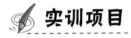
实训项目

　　谈谈你对跨境电商的认识,并论述跨境电商与传统外贸有哪些不同。

课后习题

　　1. 什么是跨境电商?它和电子商务、传统贸易的概念有何区别?
　　2. 跨境电商按交易主体如何分类?

即测即练

第 2 章 跨境电商基本理论

随着经济全球化程度的不断加深以及数字技术的广泛应用,跨境电商作为一种新型贸易业态在世界范围内得到了迅猛发展,企业参与全球贸易的门槛大幅降低,个人也可以直接参与到全球贸易中来,全球化红利的受益范围进一步扩展,国际贸易中的市场格局、贸易规则、产业分工等也发生重大变化。值得注意的是,跨境电商的发展不仅改变国际贸易的现实,还影响国际贸易的理论。

引导案例

阿里巴巴平台有三个跨境网购业务——淘宝全球购、天猫国际和一淘网。淘宝全球购的商户主要是一些中小代购商。天猫国际引进 140 多家境外店铺和数千个境外品牌,全部商品境外直邮,并且提供本地退换货服务。一淘网则推出海淘代购业务,通过整合国际物流和支付链,为境内消费者提供一站式海淘服务。阿里巴巴在进口购物方面采取境外直邮、集货直邮、保税三种模式。

立志为中国消费者扮演好全球买手角色的阿里巴巴,又开创了跨境电商领域的新模式。阿里巴巴和荷兰、韩国、泰国等国合作,在平台上开设国家馆,共同促进两国产业跨境电商的进程。在阿里巴巴的跨境电商策略里,通过聚划算渠道的爆发力,把消费者的需求激发出来,短平快地推广和尝试新的品类与模式,然后再大规模引进,把运营的成本降下来,进入常态化的运营。

资料来源:https://chuhaiyi.baidu.com/news/detail/22874608,《阿里对决亚马逊:跨境电商巨头不同战略的 PK》。

案例思考题:
1. 跨境电商与境内电商有何相同点和不同点?
2. 阿里巴巴的三个跨境电商业务针对的主要用户群体各是什么?

2.1 双边市场理论

2.1.1 双边市场的概念

让·夏尔·罗歇(Jean-Charles Rochet)和让·梯若尔(Jean Tirole)、阿姆斯特朗(Armstrong)给出的双边市场的定义是:某一市场中存在两个不同的群体通过平台产生联系,平台中一方群体的利益取决于平台中另一方群体的规模,这样的市场就是双边市场。让·夏尔·罗歇和让·梯若尔则用一个等式来定义了双边市场,指出平台收取的总费用等于平台对各方参与者收取费用的总和：$P=P_b+P_s$，其中，P 是平台总费用，P_b 是买方费用，P_s 是卖方费用。

2.1.2 双边市场的特征

1. 网络外部性

卡茨（Katz）和夏皮罗（Shapiro）对网络外部性的定义是：随着使用同一产品或服务的用户数量变化，每个用户从消费此产品或服务中所获得的效用的变化。市场中的两方参与者之间存在网络外部性，网络外部性分为直接网络外部性和间接网络外部性。直接网络外部性是指消费者直接和网络单元相连，可以直接增加其他消费者的使用效用。间接网络外部性是指随着一种产品使用者数量的增加，市场出现更

扩展阅读 2.1 数字时代中的相关市场理论：从单边市场到双边市场

多品种的互补产品可供选择，而且价格更低，从而消费者更乐于购买该产品，间接提高了该产品的价值，如硬件和软件。除此之外，从双边市场的角度来看，可以将网络效应分为同边网络效应和跨边网络效应。同边网络效应是指平台一方参与者的活动导致的该方参与者数量的增加，而跨边网络效应则指的是一方参与者的活动导致的另一方参与者数量的增加。双边市场的产生与发展正是以网络外部性为前提的。网络外部性同时包含正效应与负效应两方面，多数行业的网络外部性为正，如信用卡、网络游戏、浏览器、操作系统、应用软件等行业，也有一部分行业的网络外部性为负，如报纸、电视等行业，因为平台两边分别为消费者与广告商，一般来讲，消费者是厌恶广告的。

2. 价格不对称

由于市场中各方参与者的需求价格弹性的差异，不同参与者对平台的偏好不同，需要对市场中的各方参与者采取不同的价格策略。一般来说，平台企业倾向于对市场中需求弹性小的一方收取高价、对需求弹性大的一方收取低价。而随着双边市场的发展，市场内的平台企业为了快速获取大量用户、占据竞争优势地位，往往会实行免费策略甚至提供补贴给某一方的参与者。

2.1.3 双边市场相关策略及战略

1. 定价策略

平台企业对商业模式极为关注，试图以此吸引各方获取利益。双边市场面临着"鸡生蛋还是蛋生鸡"的问题，即应该先激发市场哪一方。让·夏尔·罗歇和让·梯若尔为此建立了双边市场竞争的平台模型，揭示了不同管理结构下（利润最大化的平台和非盈利的联合企业）的价格分配问题，提出了平台使用者有多平台栖息的特性，平台市场一方竞争性的价格取决于另一方多平台栖息的程度。双边市场价格分配的影响因素有：①平台管理（盈利或者非盈利）；②最终用户多平台注册的成本；③运用基于容量的定价能力；④平台差异化；⑤同边网络效应；⑥平台兼容性。

平台总收益公式：$\pi=(P_b+P_s-C)D_b \cdot D_s$，其中，$P_b$ 是对买方收取的费用，P_s 是

对卖方收取的费用，C是平台成本，D_b是买方需求，D_s是卖方需求。

2. 产品设计和效用

双边市场不仅研究战略定价行为，也要考虑产品设计决策。双边市场的特性包括：①产品标准化；②一定的需求经济规模；③消费者类型差异化。这需要对参与者之间相互的需求进行管理，价格分级，提高进入壁垒。对公司分类的销售组合和定价策略以及决定双边市场的哪一方能够享受折扣进行研究发现：①即使是缺乏竞争的市场，企业也会有理性地长期投资一项产品；②发现一种特殊的市场，该市场提供的产品可以对内容提供方或最终使用者其中一方免费；③市场中的产品不仅能提高企业利润，而且能提高消费者福利。

3. 竞争战略

随着平台企业竞争战略的研究不断深入，由只关注间接网络效应在实证设置中的统计意义开始转而关注间接网络效应的强度。研究表明，平台市场虽然复杂，但可以结合具有理论基础的经验估计，对其行为进行模型化，预测其成功可能性。不同的行业具有不同的动态性，这会影响网络效应的相对强度。一般的观点认为，由于存在网络效应，平台企业具有"赢家通吃"（winner take all，WTA）的特性，即市场中的领先者会占据大部分的市场份额，而市场中的第二名仅仅占据极少部分的市场份额。双边市场领域的企业致力于追求两个目标：①不断增长的平台使用者和应用的数量；②通过排他性协议使这些应用获得较大的市场份额。某些在消费者看来非常有前景的平台会获得比其他平台更多的客户，网络效应使得客户的数量呈几何速度增加，最终这些平台将占有绝大部分的市场，即"赢家通吃"。这一观点建议平台企业采取进攻性的战略，积极拓展市场，以获得巨大的用户基数和稳定的应用供应商，形成商家与用户相互依赖、相互控制的良性循环机制，在滚雪球式的发展中扩大双边市场规模，平台企业可以从中获取利润。这种快速做大（get big fast）的战略可以促使平台企业达到三个目的：①快速获得平台用户基数的增长；②将这些用户锁定在平台；③阻止其竞争对手采取相同的战略。

"赢家通吃"观点强调用户基数和开发商数量是取得利益的关键，可以降低市场内的竞争性。现存战略交易的假说沿着两个对于平台战略成功至关重要的结论：第一，企业运用"赢家通吃"战略时潜在的战略交易（降低竞争强度）；第二，决定企业定位的因素有竞争者和消费者偏好。琴纳莫（Cennamo）和桑塔洛（Santalo）对第二个结论提出疑问，因为平台企业可以通过独特的定位（差异化战略）提高平台绩效。独特的定位可以获得成功的差异化，而且可以避免"赢家通吃"战略的巨大成本。至少在娱乐行业，平台企业应该寻找一个独特的目标群体，将其提供的应用组合差异最大化。与低端和高端相比，中端定位的平台企业，其竞争地位会模糊不清，无法在顾客心目中建立独特的身份，无法对顾客进行补贴，同时也会失去满足大市场需求的规模经济潜力。平台战略"赢家通吃"的观点不能解释为什么有的平台企业可以在竞争中超越竞争对手，占据市场主导地位。

2.2 平台经济理论

平台（platform）实质上是一种交易空间或场所，促成双方或多方客户之间的交易，收取恰当的费用而获得收益。平台经济学（platform economics）就是研究平台之间的竞争

扩展阅读 2.2 数字经济背景下平台企业相关市场界定的量化研究

与垄断情况,强调市场结构的作用,通过交易成本和合约理论,分析不同类型平台的发展模式与竞争机制,并提出相应政策建议的新经济学科。

平台经济学是一个新兴的研究方向,对平台的研究开始于 2000 年前后。时至今日,有关平台的理论和研究仍然是国际产业组织理论领域中的热点与前沿领域,国内外许多经济学家纷纷对平台的经济行为展开详尽的研究。

平台经济理论的形成基于双边市场与平台相关的理论,其中让·夏尔·罗歇和让·梯若尔(2003)、阿姆斯特朗(2004)、凯劳德和朱利安(Caillaud and Jullien,2003)等为平台的研究作出了开创性贡献。该理论形成的主要标志是,2004 年由法国产业经济研究所(IDEI)和经济政策研究中心(CEPR)联合主办的、在法国图卢兹召开的"双边市场经济学"会议。从概念来说,平台理论与网络外部性理论、市场机制下的多产品定价理论相关。埃文斯(Evans,2003)提出,为了使分析更加准确,需要将平台的注册费用(或者说是会员费)与交易费用区分开来。埃文斯(2003)、让·夏尔·罗歇和让·梯若尔(2004)在文献中提出了"成员外部性"(membership externality)和"用途外部性"(purpose externality)的概念,并加以区分,为平台经济理论之后的研究奠定了基础。

2.2.1 平台的定义与本质

对于平台的定义,徐晋(2007)结合大量文献研究,提出:"平台实质上是一种交易空间或场所,可以存在于现实世界,也可以存在于虚拟网络空间,该空间引导或促成双方或多方客户之间的交易,并且通过收取恰当的费用而努力吸引交易各方使用该空间或场所,最终追求收益最大化。"

平台经济学是以广泛存在的平台为研究对象,以契约理论、网络外部性理论、双边市场理论、博弈论等为理论基础,以发现平台产业的自身规律、推动平台产业健全健康发展为主要目标。

应用平台,最常见的是类似苹果公司的 App Store 形式的手机应用商店,是 2008 年由苹果公司提出的概念。App Store 是为苹果公司的 iPhone、iPod touch、iPad 以及 Mac 等旗下产品创建的服务,允许用户从 iTunes Store 或 Mac App Store 中浏览和下载一些为了 iPhone SDK(软件开发工具包)或 Mac 开发的应用程序。用户可以购买或免费试用 App Store 中的应用,并且直接下载到相应移动终端上。这是苹果公司开创的一个让网络与桌面设备(Mac PC)和移动设备(iPhone、iPod、iPad 等)相融合的新型经营模式,后来推广到互联网企业,如腾讯的 Q+平台等。2011 年 6 月,腾讯正式推出 Q+平台,并向第三方开发商发出邀约,一同构建互联网的开放平台。根据官方介绍,Q+是一个基于 Windows 系统的开放式应用平台,用户一键切换到 Q+后,它将接管原有的 Windows 桌面。通过它,用户可以便捷地进入丰富多彩的互联网世界,享受到第三方应用商提供的丰富的互联网应用。

现在,应用平台是指平台运营商(如苹果公司、腾讯等)通过整合产业链上的合作伙伴资源,以固定宽带或者移动互联网等形式构建的增值业务交易平台,为客户提供移动应用产品的交易、在线应用服务的使用,以及其他平台运营商业务,提供一站式的交易服务。

其核心是为用户提供软件产品和服务的电子商务平台。

应用平台的产品及服务目前主要包括移动设备（手机、平板电脑等设备）应用产品、在线应用服务、运营商业务、客户端［主要针对 PC（个人计算机）］软件、增值服务五大部分，涉及移动软件、游戏、购物、充值、办公、各种 CP/SP（内容提供商/服务提供商）的增值服务等多种类型，满足用户多样化的需求，具有非常广阔的市场发展前景。

2.2.2　平台的特征

研究表明，平台包括三个主要特征：需求互补、交叉网络外部性以及供给。

1. 需求互补

在双边市场中，平台的双方需求存在着明显的互补特征。例如，苹果公司 App Store 的消费者对各类应用的需求量，会随着开发者对平台的需求量增加而增加；反之亦然。但是这与传统单边市场的互补性有显著差别。

在传统单边市场中，互补性产品经常作为捆绑性产品被消费者购买或使用，所以消费者在购买使用时会考虑产品互补性带来的溢出效应。例如，一个消费者必须购买游戏主机和对应的游戏软件，才能享有娱乐功能。这种产品的互补性带来的溢出效应在同一个消费者身上。

在双边市场中，这种互补性特征发生了变化。平台企业向双方市场提供产品或服务，这其中存在互补性，但是并不一定是基于功能性互补，而是基于不同市场的用户安装需求。这个需求由平台双方的需求共同产生，无论哪一方需求消失，平台需求都不再存在。例如，在婚姻介绍所一类的中介市场上，买方都希望通过中介寻找到合适的对象，要满足买方的需求，前提是中介公司拥有大量的客户信息资源，如果没有，那么买方对婚姻介绍所的需求就为零。因此，这类婚姻介绍服务需求量越大，即中介平台一边的买方越多，另一方对中介的需求量也越大。为完成这整个过程，不一定需要一边用户同时购买中介向买方和卖方提供的服务。

2. 交叉网络外部性

平台的另一个重要特征就是交叉网络外部性。从字面理解，它至少包含两层重要含义：外部性和交叉网络。外部性是指每个市场中都有利益溢出。交叉网络是指这种利益溢出是在双边市场的用户之间相互溢出，而非一边市场内用户间相互溢出。

例如在操作系统平台上，使用某种操作系统的用户数量增加会相应增加第三方开发者开始或继续开发基于此操作系统的应用软件数量。当某类软件销量增加时，还会吸引更多的开发者开发更加丰富的软件。开发商数量和软件数量的增加也会让使用该操作系统的用户价值上升，吸引更多人使用。

3. 供给

在缺少平台的情况下，双边用户仍然能够实现低成本的交易，那么该平台的必要性就值得怀疑，这也是让·夏尔·罗歇和让·梯若尔研究得出的结果。市场两边的用户之间因为某些原因，达成交易较为困难或成本较高，才会有平台出现，方便双边用户。

不同于传统单边市场，平台提供的产品或服务并不具备独立性。例如在商场中，如果消费者和商家不发生基于商品的买卖,那么商场也就无法获得利润。又如在传媒产业中,常见的电视广告如果不能被观众充分地看到、听到,那么广告承载者(电视台、报刊等)的收入也不能得到保障。因此,如果失去平台双方用户之间的相互作用,产品和服务也就无法完成交易,平台也失去了价值。在传统单边市场中,厂商仅仅需要考虑自己的产品能为消费者创造多少价值,并从中获取多少利润。而在双边市场中,厂商需要考虑能够为双方用户都创造什么价值,从而通过平台,使更多的双方用户发生相互作用、从中获益。

2.2.3 平台的分类与业务模式

在传统的双边市场理论中,双边市场数量多且形势复杂,具有双边市场特征的产业,既包括传统产业,又包括新兴产业。演化到平台理论以后,不同学者因为对平台的理解略有差别,使得平台的分类方式也有很多,一般依据平台的不同特性产生不同的分类方式。其中,徐晋(2008)的分类较为完全,按照平台对外部参与者的开放程度、平台与外部参与者的连接方式以及平台在市场交易活动中的功能等进行划分。

1. 按照平台对外部参与者的开放程度分类

按照平台对外部参与者的开放程度,平台可分为开放平台、封闭平台和垄断平台。

(1) 开放平台。开放平台指市场买方与卖方各成员可以自由进入的平台市场。市场交易中,买卖双方进入平台,往往不需要特别的身份认证或者受到排他性歧视(不考虑交易成本而言)。例如网络门户网站、超级市场等。

(2) 封闭平台。封闭平台指现有成员可以组织后来者进入,常见的形式是平台交易中的某一方是开放平台,对另一方而言是封闭平台。例如,商厦中销售面积有限,先进入的商户可以阻止后来商户的进入,后来者可能需要支付更高的租金或采取其他策略才能进入商厦。这样,对于后来者而言,商厦就是封闭平台。

(3) 垄断平台。垄断平台指所有市场位置均由一个垄断者控制。例如,苹果公司的App Store中所有的应用都受到苹果公司的控制,形成了一个垄断平台。

同时根据不同的一体化程度,即判断平台和交易双方或多方的一体化程度,还可以将平台划分得更细,可分为开放一体化平台和封闭一体化平台。这种划分方式与前面提到的开放平台和封闭平台的主要差别就在于,后一种平台的提供者通常是卖家,由卖家向下一体化。

2. 按照平台与外部参与者的连接方式分类

按照平台与外部参与者的连接方式,平台可分为纵向平台、横向平台和观众平台。

(1) 纵向平台。纵向平台可促进卖家和买家形成交易。常见的纵向平台有购物中心、银行卡、游戏主机公司、B2B、B2C 网站等。

(2) 横向平台。横向平台可促进不同组成员的相互交流和组合。常见的横向平台有电子邮件系统、电信运营商的个人用户、社交网站等。

(3) 观众平台。观众平台是指通过给予观众(免费)服务和商品来捕捉目标客户,而这种(免费)服务与商品经常受到商家资助。常见的观众平台包括报纸、(免费)电视频道、(免费)网络搜索引擎、文件共享类网站等。

3. 按照平台在市场交易活动中的功能分类

按照平台在市场交易活动中的功能,平台可分为市场制造者(market maker)、受众创造者(audience maker)和需求协调者(demand coordinator)(埃文斯,2003)。

1) 市场制造者

市场制造者的特点是方便不同市场方的成员互相交易,通过交易平台提高搜寻交易对象的效率和双方配对成功的概率。一方用户的增加将导致交易的可能性增加和搜寻的成本降低,因此一方用户会因为另一方用户的增加而增加效用。例如,电子商务平台、交友组织、购物中心、房屋中介、超市等。

2) 受众创造者

受众创造者的特点是需要吸引足够多的观众、读者和网民。观众数量越多,且对广告信息作出正面的反应,广告商就会越看重这项服务;同样,有用信息越多,观众就越看重这项服务,平台对于观众的效用就越多。例如,免费电视、报纸、杂志、黄页和众多网络门户等。

3) 需求协调者

需求协调者通常不直接出售信息或达成交易,其主要职能是通过平台交易来满足双边用户不同的需求。例如,微软操作系统、银行卡组织、移动增值业务平台等。

2.3 数字平台竞争相关理论

在双边市场的情况中,市场的两边都可以形成竞争,不同类型的平台竞争都可能影响双边市场。同一平台主体之间也会存在内部竞争,两个或两个以上的平台之间存在外部竞争。平台竞争的最大特点是多面性。在传统市场中,吸引顾客的手段可以是在一个市场中以较低的价格提供较高的使用价值,而在双边市场的情况下,市场两边都可以出现竞争。

扩展阅读 2.3 平台经济反垄断的双边市场治理路径

平台开展业务必须想办法召集双边客户。在吸引双边客户的过程中,客户进入平台的方式和先后顺序对平台的结构、价格、竞争策略都有重要的影响,甚至在一定程度上决定了平台最终的形式以及价格均衡。例如,平台召集双边客户的方式之一,是先获得市场某一方的大量客户,免费为其提供服务,甚至进行补贴让他们使用服务,这样可以激发受益一方参与平台的积极性。通过这种投资方式,平台能够为市场培养,甚至提供一方或双方的客户,来推动平台获得全面的成功。平台竞争的表现主要有服务差异化、客户差异化、平台一方的多属现象、平台的排他行为、竞争的动态性、平台一方对产品多样性偏好以及内生性和非对称性这七个方面。在平台竞争中,主要针对这些表现制定平台定价和竞争策略。

2.3.1 数字经济及平台的特征

与传统实体经济和企业相比,数字经济及平台具有鲜明特征,经济学界归纳的特征比较多,与竞争有着紧密关联的特征主要有双边市场、网络效应、锁定效应、破坏性创新等。

1. 双边市场

数字经济最具代表性的商业模式是平台模式,而数字平台最主要的特征为双边市场,核心是让两个消费者群体均留在平台上,而两个市场的需求是正相关的,为了最大化其商业价值,平台需要将网络效应内部化即交叉补贴,向市场中网络效应低的一边收取更多费用,而按同等数量降低向网络效应高的一边收取的费用,甚至免除平台使用费来影响总交易数量。

这种不对称定价策略在实践中被线上广告模式和线上零售模式所采取。平台采用免费模式的根本原因在于,与传统经济不同,随着数字复制品的数量不断增加,复制效率不断提高,其边际成本无限下降并趋近于零,同时规模报酬递增。数字初创平台进入市场的资金门槛不断降低。作为新型的"组织经济",平台推进交易和互动,具有强大的资源配置功能,具有企业与市场的双重属性。

2. 网络效应和锁定效应

网络效应亦称网络外部性。在经济学上,外部性是指一主体给另一主体带来的收益(正外部性)或损失(负外部性),而后者对该收益或损失的产生并无选择权。当产品形成一个网络时,这种对市场参与者的影响被称为网络效应,可分为直接网络效应和间接网络效应两种情况,前者指该产品的价值会因使用这一商品人数的变化而变化,而后者指该商品的价值会因使用该商品的互补产品人数的变化而变化。

根据梅特卡夫定律,一个网络的价值等于该网络内节点数的平方。数字经济具有明显的网络效应,更早进入市场或因为通过颠覆性创新而获得更多资金、技术优势的数字平台,会因为先发优势在竞争中占据更有利的位置,而不断出现马太效应。数字经济条件下锁定效应普遍存在,导致数字产品或服务更换的转移成本较高,即通过路径依赖让用户习惯于一个经营者的产品和服务,在不付出高昂的转换成本前提下无法使用另一个经营者的相类似产品。基于此,数字经济领域相比传统行业更容易成为一个寡头垄断的市场。在网络效应视角下,在位企业和后发企业持续地通过产品创新进行竞争,此时呈现的是"为市场竞争"(competition for the market)而非"在市场竞争"(competition in the market)。当占据市场主导的产品出现时,成功企业"赢者通吃",这正是数字经济呈现出的特有竞争格局。

3. 破坏性创新

数字经济的主基调是创新。技术创新、产品创新、业态创新、模式创新已经成为数字经济发展和平台竞争的重要驱动力。平台竞争力主要表现为创新力,竞争强度主要由平台企业的创新能力决定。与传统的静态竞争理论着重于关注完全竞争市场模型下分配效率最优化不同,熊彼特的动态竞争理论最重要的就是破坏性创新或颠覆性创新在经济增长中的核心作用。熊彼特认为,对比价格竞争,"来自新商品、新技术、新供应来源、新型组织的竞争……具有决定性的成本或质量优势的竞争以及打击到现存企业的根基和生命而非边际利润和产量的竞争"更能代表竞争的本质。在破坏性创新驱动下,竞争的激烈程度加剧,竞争的动态性也得到增强。

2.3.2 数字平台市场竞争与垄断属性

数字经济及平台相比传统经济和企业所具有的上述显著差异,直接影响着数字平台市场竞争的独有品性,进而直接或间接塑造了数字平台垄断的基本属性。

首先,数据成为平台竞争的关键要素。数字经济是人类通过大数据即数字化的知识与信息的识别→选择→过滤→存储→使用,引导、实现资源的快速优化配置与再生,实现经济高质量发展的经济形态。在此种经济形态中,数据已经取代石油成为当今世界最有价值的资源,并成为继土地、劳动力、资本之后的第四大生产要素。数字平台之间的竞争主要围绕数据展开,或者因数据争夺而产生竞争,数据封锁便成为突出的竞争问题。平台寡头格局之下的数据封锁,容易形成进入壁垒。

其次,平台竞争的动态性更加显著。动态竞争理论视域下竞争被比喻成"一个发现的过程",竞争是一个不断创新、实验并获取反馈的过程,最终探寻最适合的商品、成本和价格。而在论证这种动态竞争的重要性时,竞争是一个过程而非状态,经济效率的衡量标准从对既定资源的最优配置转化为对长期的创新效率的追求。那么,除了以传统的市场份额和市场集中度继续作为衡量市场竞争强度的主要因素之外,必然需要以进入壁垒和创新效率等作为辅助考量因素。

再次,平台跨界竞争日益普遍。在数字经济条件下,平台相关产品和服务的市场进入门槛极低,可以较低成本并通过补贴迅速进入相邻领域开展跨界竞争,使提供不同产品和服务的平台经营者视彼此为竞争者成为现实,双方之间围绕吸引用户"注意力"和锁定用户展开争夺,而且平台跨界经营规模扩张几乎没有时空限制,这就为实力雄厚、技术领先、数据占优的头部平台资本无限扩张打开了方便之门。跨界竞争叠加创新因素和多元经营,促使数字经济的市场竞争强度更大、频率更高、范围更广,同时增加了垄断的不稳定性。这些都为数字平台市场竞争的分析增加了难度。

最后,平台"扼杀式"并购和寡头竞争并存。以消灭在位竞争者和潜在竞争者为目的的扼杀式并购,在数字平台中是显见的竞争策略,数字平台巨头表现尤甚。"赢者通吃"是平台发展的规律性现象,而"扼杀式"并购加剧了市场集中度,数字平台市场的寡头竞争格局得以固化和放大。二者并存叠加,必然给市场竞争施加双倍压力。

基于上述数字平台竞争的特性,在被互联网放大功能的规模经济和范围经济效应助力下,受颠覆性创新效应影响,平台企业在资本实力、数据优势、规则制定权力的加持下,运用数据、用户流量和算法等杠杆撬动各个市场上的份额,导致其商业平台无限伸展、商业疆界不断扩张,在不同场域出现了一系列垄断乱象,大部分可归入传统反垄断法视野中的垄断协议、滥用市场支配地位、经营者集中的制度框架予以监管。但是,由此产生的许多新现象和问题,需要在监管上更多关注大平台是否妨碍新机构进入、以算法达成更隐蔽的共谋、拒绝开放应当公开的信息、胁迫或误用用户和消费者等。现实中,监管没能跟上平台发展的步伐,产生监管滞后甚至监管空白,新问题导致风险隐患积累叠加,数字经济和平台发展已经进入新窗口期。应当承认,数字平台在推动经济发展的同时,给线上线下市场竞争秩序的维护和数字平台持续健康发展带来诸多严峻挑战。

2.3.3 数字平台对反垄断监管规则形成挑战

数字经济的市场竞争特质呈现出以数据为核心竞争要素、以算法及其他信息技术为重要竞争工具、以数字平台为主要竞争场域的特点。

扩展阅读 2.4 互联网平台经济监管中的"威慑式治理"

数字平台井喷式发展引发的垄断问题对传统反垄断规则及其分析工具的适配性形成挑战,即"对反垄断监管者来说,困难在于那些源于标准市场的传统智慧不再有效"。数字平台给反垄断规则及其分析工具带来的挑战,主要集中在相关市场界定、市场支配地位认定、反垄断监管执法进退维谷等方面。

1. 数字平台相关市场界定的挑战

相关市场界定为识别经营者市场势力、判定经营者行为的市场损害效果提供了场域,在各类反垄断案件中均具有至关重要的作用。众所周知,以替代性分析为主的传统定性分析方法大多注重消费者对产品或服务本身的功能用途需求、价格接受度与质量认可度。然而,该方法却可能难以适应以"非价格竞争"为主的数字平台竞争领域。正是由于社交网络、电子商务、搜索引擎等行业的数字平台普遍采取"免费"服务方式以换取消费者的个人数据及注意力,加之其产品及服务更新换代极快,整个市场具有极高的动态性,因而难以从功能、价格、质量等传统维度对其服务进行分析。

更为重要的是,随着传统行业与数字经济深度融合,数字化商业生态系统通常包含一系列适用场景差异明显但功能重合度较高的商品或服务,商品或服务的边界由此变得模糊。加之近年来数字平台资本不断扩张,双边乃至多边市场特性下的跨界竞争与融合以及非对称性定价模式,都极大地加深了直接适用传统替代分析方法的困难程度。

2. 数字平台市场支配地位认定的难题

市场份额、市场集中度与边际利润被认为是传统市场支配地位认定中的重要因素,也被称作支配地位认定的结构性认定因素。值得注意的是,高市场份额、高市场集中度、高边际利润均为平台本身的特征而非衡量市场力量的唯一标准,静态的分析方法和动态的平台竞争本质上产生抵牾。

其一,由于只能根据特定的相关商品市场来衡量平台的市场份额,界定相关商品市场的难度也会转化为市场份额测试结果的不精确。同时,由于数字经济领域高度创新和颠覆性创新,高市场份额并不代表平台就必然拥有市场力量,也不能证明其必然不拥有市场力量。许多数字商品价格为零,平台只能通过改进商品质量、优化服务功能开展竞争。高市场份额代表的很可能是企业创新的成功以及市场竞争的有效。

其二,由于科技发展迅速,技术的融合导致了商品的更新换代速率提高、商品寿命周期短。这使在位企业在短时间内受到实质性的竞争约束,最终导致市场份额快速变化。这迫使企业在创新成功后迅速通过高边际利润回收前期投入的大量沉没成本(如研发成本)实现盈利,否则新商品进入市场后,旧商品就会被迅速淘汰。

其三,网络效应的存在使数字经济的市场集中度更高,也更容易形成寡头垄断,并可能导致出现共同市场支配地位。但是这一行业特征也不能代表寡头垄断平台拥有不受竞争约束的市场力量。首先,由于数字平台竞争更加急剧和动态,寡头垄断平台可能缺少达成共谋的动机,反而可能持续创新、不断更新产品。其次,由于技术与产业融合度高,另一市场出现的新技术很可能会打破寡头垄断平台间约定的平衡。最后,对数据的收集与利用能力直接决定了数字平台在相关市场的竞争优势。数据在数字市场竞争中具有一定的排他性与稀缺性,平台完全能够通过签订独家协议的方式达成对数据的独家控制,继而以不公平价格出售数据产品、拒绝开放共享行业关键数据及采取大数据杀熟等数据滥用行为。

3. 数字平台使反垄断监管执法进退维谷

数字平台因其资本扩张、跨界混业经营,足以形成一个闭环的生态圈,在这个生态系统中,平台制定交易规则、提供交易场所、支付服务、金融服务甚至扮演交易监管者角色。

法治作为人类社会对美好治理的向往,具化到现代市场体系建设中,表现为一对核心的范畴——适度的政府规制与充分的市场自治。而现代市场体系建设的优劣,则取决于国家通过法律和监管对二者辩证关系的处理与有机变量的把握,追求实现以包容性法律环境促成包容性经济制度并与之匹配。

由于平台生态系统内交叉补贴、内部交易不透明以及信息不对称,自我规制和激励性监管对于平台企业意义尤甚。数字经济领域混业经营和跨界竞争乃市场常态。比如,一些平台企业广泛进入网约车、外卖、物流等细分市场,与之对应的监管部门和治理规则却各不相同。

2.3.4 反垄断监管理论的反思与创新

数字平台对传统反垄断监管从规则确立到执法实践形成全方位挑战,需要理论反思和创新,以增强监管理论对数字平台监管实践的解释力和指导力。

以谦抑性理念作为监管理论基础,理应被公法属性较强的反垄断法所坚守和发扬。谦抑涵盖了"谦"和"抑"两个维度:前者意味着国家/政府监管从立法到执法尊重市场经济规律和考量新问题的特殊性,后者则要求国家监管从立法到执法的自我克制,其实质即追求实现法治上的实体正义和程序正义。在数字平台监管意义上,在监管法律实践中,最能充分体现谦抑精神的是包容审慎监管原则。

法治范畴的包容审慎,首先必须依法,包括立法谦抑与依法监管;其次是科学监管,即尊重数字经济发展规律和平台垄断特征;最后是积极有效监管,即注重监管效能。控制监管成本,提高效益,注重监管合作和全过程监管,监管过程民主公正公平,监管结果可预期,都是包容审慎监管的目标。

从平台监管实践中凝练的包容审慎监管原则,价值目标在于更好地指导反垄断监管实践,探究数字经济发展规律,把握数字平台发展特征,识别平台垄断主要形态,依法包容创新发展,审慎监管防范风险。要深入理解数字平台反垄断监管的谦抑性理念和包容审慎监管原则,需运用系统观念和系统方法,在以《中华人民共和国反垄断法》修订为中心的数字竞争规则建设和改进平台反垄断监管实践中一以贯之。

本章小结

本章分三部分介绍了跨境电商的基本理论,包括双边市场理论、平台经济理论和数字平台竞争相关理论,主要围绕其定义、特征等展开阐述。

 实训项目

你了解哪些传统外贸方面的基础理论?谈谈传统外贸理论与跨境电商理论的区别和联系。

 课后习题

1. 跨境电商的理论有哪些?请展开论述。
2. 如何对平台进行分类?
3. 如何理解数字经济对平台的影响?

即测即练

第 3 章 跨境电商模式

伴随着 IT(信息技术)的快速发展,旧的商业模式不断地被颠覆,新的商业模式不断涌现。任何一种新兴的商业模式,其生命力的长短都取决于它是否能够有效解决经营主体面临的实际问题。跨境电商平台是跨境电商交易环节的中枢,起着非常重要的衔接作用。按照不同分类方式,跨境电商有不同类别,以交易主体属性分类原则可以分为 B2B 跨境电商、B2C 跨境电商以及 C2C 跨境电商。

> **引导案例**
>
> 2014 年 1 月,达令成立之初即注重移动端,仅将网页端作为品牌传播入口,每天上午 8 点上新,充分利用用户的碎片化时间。
>
> 达令成立之初定位为有品位的礼物电商,采用境外品牌授权模式,为用户挑选境外与众不同的礼物。2015 年 6 月,"达令礼物店"更名为"达令-全球有好货",突出进口跨境电商定位,采取直采自营模式。
>
> 达令主要面向"90 后",开始逐渐渗透"80 后"用户。其选择新潮商品,注重满足用户精神要求。2014 年 12 月,鹿晗代言达令。2015 年 6 月,鹿晗成为达令股东。2015 年 5 月,达令 App 在北京替鹿晗打出 300 平方米请假条,申请参与六一"达令儿童节"。
>
> 达令用户定位和产品定位均凸显出年轻化、个性化特色。在大数据基础上的多重选择机制使得商品筛选更加精细化、理性化。选择在目标用户中具有高人气的明星开展营销活动,迅速吸引目标用户入驻。进一步扩展目标人群范围,提升现有用户忠诚度等,将进一步增强达令的竞争力。
>
> 资料来源: https://jingyan.baidu.com/article/fedf073789ea6a35ac8977a9.html,《中国跨境电商自营平台案例分析》。

案例思考题:
1. 什么是跨境电商模式?
2. 达令 App 还可以采取哪些营销方式?

3.1 B2B 跨境电商

扩展阅读 3.1 什么是 B2B

3.1.1 B2B 跨境电商的概念

B2B 跨境电商是不同关境的企业与企业之间的电子商务,是指分属不同关境的企业,通过电子商务平台实现商品交易的各项活动,并以跨境物流实现商品从卖家流向买家以及相关的其他活动内容的一种新型电子商务应用模式,现已纳入海关一般贸易统计。

3.1.2　B2B 跨境电商的模式

按照平台盈利模式,B2B 跨境电商平台可分为信息服务平台与交易服务平台。

1. 信息服务平台

模式介绍:通过第三方跨境电商平台进行信息发布或信息搜索完成交易撮合的服务,其主要盈利模式包括收取会员服务费用和增值服务费用。

会员服务即卖方每年缴纳一定的会员费用后享受平台提供的各种服务,会员费是平台的主要收入来源。目前该种盈利模式市场趋向饱和。

增值服务即买卖双方免费成为平台会员后,平台为买卖双方提供增值服务,主要包括点击付费及展位推广服务等。

主要代表企业:阿里巴巴国际站、环球资源网。

2. 交易服务平台

模式介绍:能够实现买卖供需双方之间的网上交易和在线电子支付的一种商业模式,其主要盈利模式包括收取佣金以及展示费用。

佣金制是在成交以后按比例收取一定的佣金,不同行业采取不同的量度。买家可以通过真实交易数据准确地了解卖家状况。

展示费是上传产品时收取的费用,在不区分展位大小的同时,只要展示产品信息,便收取费用,直接线上支付展示费用。

主要代表企业:敦煌网、大龙网。

3.1.3　B2B 跨境电商的优劣势分析

B2B 跨境电商借助互联网的互动性、开放性推动了全球价值创造要素重组,帮助传统外贸企业实现转型升级。进出口商或进出口贸易公司已经不再作为国际商品及服务的主要载体,商物与物流取代传统的企业间跨境交易的载体,并实现贸易手段的创新。但是,由于各国(地区)信息化设施及企业信息化的水平不同、各个国家(地区)政策及消费习惯的差异,各国(地区)B2B 跨境电商发展存在较大的差异,发达国家(地区)在国际竞争中处于优势地位,而发展中国家(地区)则处于劣势地位。

1. B2B 跨境电商的优势

与传统的企业间跨境交易相比,B2B 跨境电商具有以下优势。

1)重塑全球供应链价值创造内容

从价值创造角度,在企业的供应链上除了资金流、物流、信息流外,最根本的就是要有增值流。B2B 跨境电商弥补了传统供应链的不足,它通过整合企业的上下游产业,以制造商为中心,对产业上游供应商、下游经销商、物流运输商及服务商以及往来银行进行垂直一体化的整合,构成一个电子商务供应链网络,消除了供应链上不必要的动作和消耗,使供应链向动态的、虚拟的、全球网络化的方向发展,使整个供应链的每个流程实现最合理的增值,重塑全球供应链价值创造内容。

2) 降低企业间的跨境交易成本

首先,B2B跨境电商有利于企业通过互联网发布广告信息或采购需求信息,从而节约交易成本;其次,B2B跨境电商有利于企业缩短中间供应链,减少不必要的中间环节成本,将节省下来的成本用于增加企业的研发投入、创建品牌、提升质量、完善营销与售后;最后,从集成协作角度,采购组织商能够通过网上招标、打包采购等途径迅速获得更优惠的价格。

3) 提高企业间的交易效率

B2B跨境电商在提高企业间交易效率方面的主要表现如下。

(1) 从交易双方的谈判效率看,B2B跨境电商的买卖双方可以通过网络谈判,以超文本方式(如图像、声音、文本信息等)实现信息交流,谈判效率是基于电话等沟通工具进行信息交流的传统商务活动无法比拟的。

(2) 从交易时间范围看,基于互联网的跨境业务可以全天候、无节假日地不间断运作,可以开展到传统营销人员和广告促销达不到的市场。

(3) 从交易准确率看,B2B跨境电商的电子采购方式不仅可以让采购商跟踪整个采购流程,而且可以让供应商从减小采购订单错误比例的自动购买订单系统获益。

4) 改善企业信息管理和决策水平

随着信息技术的发展和应用,EDI技术、条码技术、GPS(全球定位系统)等物流信息技术的使用在跨境电商物流领域将不断普及,从而大大提高企业信息处理和信息管理的能力,提高其对市场的反应能力及对用户的服务水平。

2. B2B跨境电商的劣势

我国B2B跨境电商发展快速,但与发达国家相比还有很大差距,主要存在以下劣势。

1) 企业信息化水平低

B2B电子商务模式提供了一个虚拟的网上交易平台。进入网上交易平台的企业必须具备一定的资格,这个资格就是企业内部必须有一套合格的电子化生产管理系统,且这套系统有能力与外部信息流无缝对接,以实现企业生产、采购、销售全过程的信息化。而在信息化水平及应用环境方面,发达国家一直占绝对优势,美国已有60%以上的小型企业、90%以上的大型企业借助互联网广泛开展电子商务活动。我国企业信息化建设虽然已有20多年历史,但企业信息化的规模、层次和应用水平都与发达国家有很大差距,"信息孤岛"现象严重,企业内部信息整合能力差,由此造成的结果是并没有发挥B2B跨境电商给企业带来的整体效应。

2) 物流费用高昂

在跨境电商大发展的今天,小批量、高频度的交易要求使得跨境物流需求碎片化。为降低物流成本,发达国家物流市场已形成综合的第三方物流服务商以及专业的运输、仓储服务商和区域性配送服务商分工合作的产业形态。在我国,第三方物流仍处于发展初期,物流服务功能单一,增值服务刚刚起步,加上物流配送中的"通关"障碍,我国的跨境电商B2B配送成本高、效率低。跨境电商物流远比我国境内物流服务复杂且难度大,物流服务内容、服务水平、服务质量等都无法与境内物流相提并论。

3）由"背靠背"引发的交易安全问题

电子商务的运作涉及多方面的安全问题，如资金安全、信息安全、货物安全、商业机密等。在跨境电商交易中，买卖双方往往不能直接见面，由于跨境支付涉及外汇兑换和资金跨国界流动，其交易的安全性、便捷性及监管要求等更复杂。因此，跨境结算的安全性与可靠性，是B2B跨境电商"背靠背"交易中必须面临的问题。此外，计算机病毒与网络黑客也给电子商务的发展带来安全隐患，一些外贸公司不敢贸然网上签约或交易结算，严重影响了B2B跨境电商的发展。

4）法律制度不健全

B2B跨境电商是一项复杂的系统工程，它不仅涉及参加贸易的双方，而且涉及不同国家、地区的市场监督管理、海关、税务、保险、运输、银行等部门。跨境物流存在物流费用高、关税高及安全性低等问题，跨境支付环节也比境内复杂，如何公平仲裁、保障贸易双方利益，需要统一的法律和政策框架以及强有力的跨国家、跨地区、跨部门的综合协调机制。但是，我国的电子商务环境并不健全，像知识产权保护问题、网络安全问题、电子合同的效力与执行问题等都需要法律方面的进一步完善。近年来，我国政府虽然已陆续出台促进跨境电商的政策，但主要还是针对B2C方面，针对B2B方面的政策支持力度还需要加大。

5）相关人才缺乏

跨境电商是基于互联网和国际贸易发展起来的新型贸易方式。目前，跨境B2B是跨境电商的主流模式。随着B2B跨境电商的火热发展，企业广泛求才。企业更加希望获得来源于复合型学科的跨境电商人才。跨境电商发展的外贸人员必须具备良好的职业素养和责任意识，能够用各类跨境电商平台从事国际贸易、跨境营销、产品详情页编辑等相关工作。

3.1.4 B2B跨境电商平台介绍

1. 信息服务B2B平台：阿里巴巴国际站

1）阿里巴巴国际站简介

阿里巴巴国际站于1999年正式上线。阿里巴巴国际站帮助中小企业拓展国际贸易的出口营销推广服务，通过向境外买家展示、推广供应商的企业和产品，进而获得贸易商机和订单，是出口企业拓展国际贸易的首选网络平台之一。

阿里巴巴国际站的核心业务是商机搜索与浏览、专用域名与商铺、中国供应商认证、网上活动与培训、线下会展及刊物、管理软件、贸易通等。

阿里巴巴国际站的主要营销模式有：国际站点及各大洲相关联盟站点、谷歌等线上推广渠道；买家服务部、国际商会、行业协会、展会等线下推广渠道；售后服务推广渠道。

阿里巴巴国际市场的主要收入来源于会员费、广告费以及针对会员推出的收费排名、展位服务等增值服务费。

2）阿里巴巴国际站积极应对公共卫生突发事件

2020年2月，阿里巴巴国际站针对公共卫生突发事件的影响，出台一系列外贸综合解决方案,为中小企业拓商机、提效率、金融"续命"、履约"托底"。

(1) 阿里巴巴国际站开启数字化定向流量双倍引入。阿里巴巴国际站面向全网商家增投海外高品质流量,并与"三月新贸节"融合,以超过40个营销场景作为承接,为平台商家开辟线上商机。面向已恢复生产、供货的商家全新上线快速交易和深度定制两个营销场景,帮助商家获取更多流量。

(2) 阿里巴巴国际站为商家提供专属线上办公支持,扶持新入驻商家。阿里巴巴国际站联合钉钉,为商家提供专属线上办公支持,商家在享受钉钉基本权益的同时,可以享受国际站会员专享权益。阿里巴巴国际站应对公共卫生突发事件,提出星等级"只升不降",数据管家行业版免费开放。除了支持"云办公",阿里巴巴国际站针对新入驻的商家提供旺铺装修、发品服务、运营培训、营销工具等新手扶持举措,为新入驻的出口通商家免费数字化建站,向新入驻金品诚企商家免费提供数字化营销服务。

(3) 企业金融和网商银行为阿里巴巴国际站商家"续命"。企业金融为部分商家提供免费赊销保障,蚂蚁旗下的网商银行专供湖北商家总额百亿元、为期12个月的特别扶助贷款,前3个月免息;为全量商家提供为期12个月、总额100亿元的特别扶助贷款,贷款利率打八折。

(4) 阿里巴巴国际站帮助商家减少不必要的损失。阿里巴巴跨境供应链可代办中国国际贸易促进委员会出具的"不可抗力实时性证明"及公共卫生突发事件相关形式证明、办证服务,帮助商家减少不必要的损失;根据商家不同情况,提供基础服务费和交易服务费免费或打折优惠,帮助商家降低交易履约成本。

(5) 阿里巴巴国际站物流协同菜鸟及生态。阿里巴巴国际站物流协同菜鸟及生态,为商家提供高确定性、全链路可视化的物流解决方案。国际快递覆盖20多条线路、30多个国内仓,为3C(计算机类、通信类和消费类)、纯电、假发、化妆品等多个行业提供解决方案,国际货运提供八大主流起运港口的海运整柜及拼箱服务,国际陆运承运车辆市场,开辟一条全新的国际贸易通道,让在线交易不断地变得更加简单、安全、高效。

2. 交易服务B2B平台:敦煌网

1) 敦煌网简介

敦煌网是国内首个为中小企业提供B2B网上交易的网站。它采取佣金制,自2019年2月20日起,对新卖家注册开始收取费用,只在买卖双方交易成功后收取费用。敦煌网的核心业务是产品上传、商品搜索、一站通、数据分析。

敦煌网的主要营销模式有海外营销、在线物流、在线支付、金融服务和网货中心。

敦煌网采用EDM(email direct marketing,电子邮件营销)模式低成本、高效率地拓展境外市场。自建的DHgate平台,为境外用户提供了高质量的商品信息,用户可以自由订阅英文EDM商品信息,第一时间了解市场最新供应情况。在敦煌网,买家可以根据卖家提供的信息来生成订单,可以选择直接批量采购,也可以选择先小量购买样品,再大量采购。这种线上小额批发一般使用快递,快递公司一般在一定金额范围内会代理报关。

2) 敦煌网召开2020 APEC(亚太经济合作组织)中小企业跨境电商峰会暨敦煌网全球合作伙伴大会

2020年3月26日,2020 APEC中小企业跨境电商峰会暨敦煌网全球合作伙伴大会以大型互动直播的方式如约召开。峰会设置主会场及金融科技、开放平台、海外拓展、渠道商启动四大分会场,提供近8小时的高密度马拉松式直播,吸引 22 000 余名跨境电商从业者突破疫情限制,通过峰会官网及雨果网双平台与众多业内专家、政企合作伙伴在网络上"胜利会师",参与人数实现超过行业常规线下大会10倍的突破。

与会嘉宾不仅探讨了跨境电商在疫情阻碍下所面临的挑战,更从中窥见行业新的发展趋势,帮助中小企业提升"免疫力",应对未来更加多变的商业环境,加快推动产业链与行业生态建设的不断完善,实现平台携手商家合力"国货出海"的积极局面。

这种即时性的互动也成为本次峰会直播的一大亮点。参与者不仅可以"面对面"(F2F)向"大咖"提问,还能随机赢取包括敦煌网各项平台权益及增值服务在内的红包大礼。据悉,敦煌网为了切实让利商户,在该项上的投入超过百万元。

3.2 B2C 跨境电商

3.2.1 B2C 跨境电商的概念

扩展阅读 3.2 什么是 B2C

B2C 跨境电商是指分属不同关境的企业直接面对消费者个人开展在线销售产品或服务,在电子商务平台上实现商品交易的各项活动,并通过跨境物流实现商品从卖家流向买家以及相关的其他活动内容的一种新型电子商务应用模式。

3.2.2 B2C 跨境电商的模式

按照平台运营方式,B2C 跨境电商平台可分为开放平台与自营平台。

1. 开放平台

模式介绍:开放平台开放的内容涉及跨境电商的各个环节,除了开放买家和卖家数据外,还包括开放商品、店铺、交易、物流、评价、仓储、营销推广等各环节和流程的业务,实现应用和平台系统化对接,并围绕平台建立自身开发者生态系统。

开放平台更多地作为管理运营平台商存在,通过整合平台服务资源同时共享数据,为买卖双方服务。

主要代表企业:易贝(eBay)、亚马逊(Amazon)、速卖通。

2. 自营平台

模式介绍:自营平台是指跨境电商对其经营产品统一生产或采购、产品展示、在线交易,并通过物流配送将产品投放到最终消费群体的行为。

自营平台通过量身定做符合自我品牌诉求和消费者需要的采购标准,来引入、管理和销售各品牌的商品,以品牌为支撑点突显自身的可靠性。自营平台在商品的引入、分类、展示、交易、配送、售后保障等整个交易流程各个重点环节管理均发力布局,通过互联网信息技术系统管理、建设大型仓储物流体系,实现对全交易流程的实时管理。

主要代表企业:兰亭集势(LightInTheBox)、环球易购等。

3.2.3　B2C 跨境电商的优劣势分析

B2C 跨境电商通过网上商店拓展了客户与企业交易的时间和空间,大大提高了交易效率,B2C 网站是网络深入人们生活的必然趋势。但人们在利用 B2C 跨境电商的便捷性的同时,也不能忽视 B2C 跨境电商存在的网络安全问题及在不同国家(地区)发展的差异问题。

1. B2C 跨境电商的优势

1) 符合消费需求个性化趋势

跨境电商企业作为数字化企业正好满足消费者个性化需求,由零售商委托工厂为消费者生产个性化产品。未来,工厂追求的目标将不再是工业化的大规模生产,多品种、定制化、优质和高效,多品种、小批量的"私人定制"趋势将越来越明显。

2) 实现消费品单一出口为全球出口

B2C 跨境电商网上零售商可以借助互联网的时空拓展性,建立国际分销渠道来销售商品,出口产品和国际市场都呈多元化趋势。国际市场多元化的好处在于,全球市场机会远远超过一个单一市场的机会。同时,不同收入国家(地区)的消费者即使有不同的消费特点,也都能在跨境贸易环境中获得满足感。

3) 减少制造商到终端消费者的中间环节

在 B2C 跨境电商模式下,由于信息的自由流通,商家获取比价信息的成本也大幅降低,零售商可以方便快捷地从更高层级的贸易商直接采购到自己需要的商品,通过小批量、多批次的频繁交易来降低库存压力,提高商品周转效率,提升自身竞争力;最终消费者也可以通过电子商务平台直接对接进出口商甚至源头厂家。电子商务的出现有效地消除了国际贸易链条上的多个流转环节,通过降低流转成本降低了商品价格,增强了零售商的盈利能力和消费者的消费能力。

4) 加快数字化产品的国际化进程

数字化产品是指信息、计算机软件、视听娱乐产品等可数字化表示并可用计算机网络传输的产品或劳务。在数字经济时代,这些产品(劳务)不必再通过实物载体形式提供,而是在线通过计算机网络传送给消费者。因此,随着 B2C 跨境电商模式的市场规模扩大,数字化产品将面向全球迅速传播,一国(地区)消费者可通过网上订阅模式、付费浏览模式、广告支持模式等获得境外优质的数字化产品。

2. B2C 跨境电商的劣势

1) 物流成本高昂

B2C 跨境电商销售的对象主要是消费者。其产品运输以小批量、多批种的国际快递物流为主要方式,物流成本高昂。

2) 物流服务水平差

网购的竞争就是时间的竞争、售后体验的竞争,B2C 跨境电商面对消费者的最大困境是商品物流配送问题。一些物流公司,因空运、清关等不确定因素,到货时间无法承诺。有些物流公司,因丢包事件时常发生,卖家申请退款赔偿的周期十分长。还有些物流公司的海外仓,货物转仓、越仓后信息登记不及时、客户查看不便、客户应答敷衍,严重影响了客户体验。

3) 新兴国家 B2C 跨境电商凸显"市场不规范"

因政策及监管的滞后，不少跨境电商企业的交易过程及支付方式都是和国家现有政策与法规相冲突的。于是，市场上出现了一些实际销售额惊人但在公开网站上相当低调的跨境卖家，这说明它们在通关、商检、收汇等出口法定程序是逃离国家监管的，有"灰色身份"的嫌疑。

4) 综合性人才缺乏

首先，B2C 跨境电商需要具有产品行业背景的专家，对行业产品具有国际和国内两个市场的专业知识；其次，B2C 跨境电商对语言要求很高，特别是小语种语言；再次，B2C 跨境电商需要国际化专业人才，即具有所在国（地区）文化、习俗、语言、法律等专业知识的人才，这样才能了解当地消费者的思维方式和生活方式；最后，B2C 跨境电商需要供应链管理专家，全球零售产品方案制订、采购、生产、运输、库存、出口、物流配送等一系列环节都需要专业的供应链管理人才。

3.2.4　B2C 跨境电商平台介绍

1. 开放 B2C 平台：eBay

1) eBay 简介

eBay 在 1995 年 9 月成立，1998 年 9 月在纳斯达克成功上市；2002 年 6 月收购 PayPal（贝宝），全球领先的交易市场与网络支付系统两大巨头强强联手；2003 年 7 月收购易趣，正式进军中国市场。eBay 作为全球商务与支付行业的领先者，为不同规模的商家提供共同发展的商业平台。eBay 在线交易平台是全球领先的线上购物网站。

eBay 对入驻其平台进行跨境电商贸易的商家收取两项费用；一项是刊登费，即商家在 eBay 上刊登物品所收取的费用；一项是成交费和佣金，即当商家的物品成功售出时收取的一定比例的成交费和佣金。

除了为卖家和最终消费者提供交易平台等基础服务外，eBay 还积极布局出口电商"产业链"服务，为入驻其平台的卖家提供多种服务。

2) eBay 新卖家金鹰计划

2020 年 1 月 7 日，eBay 成功举办"eBay2020 上海企业卖家高峰会"。在此次峰会上，eBay 着重介绍了"eBay 新卖家金鹰计划"。

"eBay 新卖家金鹰计划"面向新入驻 eBay 平台的三类卖家群体（高潜力的高产卖家、知名品牌卖家以及有影响力的区域标杆卖家）做重点扶持和培养，帮助其加速增长、扩大品牌知名度、提升市场渗透率。该计划自 2019 年推出，经过 1 年的培育，已经孵化了超过 20 个百万级卖家，受到了广大新卖家的认可和欢迎。2020 年，"新卖家金鹰计划"挟三大特色服务优化升级，再次出发，强势赋能 eBay 新卖家成长。三大特色服务分别是：eBay 大数据精准支持；eBay 跨境电商人才培育助力企业人才建设；资源对接。

2. 自营 B2C 平台：兰亭集势

1) 兰亭集势简介

兰亭集势是以技术驱动、大数据为贯穿点，整合供应链生态圈服务的在线 B2C 跨境电商公司。兰亭集势成立于2007年。2010年6月,兰亭集势收购3C电子商务网站欧酷网;2013年6月6日,兰亭集势在美国纽约证券交易所挂牌上市,成为中国跨境电商第一股;2014年1月6日,兰亭集势完成对美国社交电商网站Ador公司的收购,Ador公司总部位于西雅图,Ador公司的管理团队和员工加入兰亭集势,并设立兰亭集势在美国的第一个办公室;2018年11月8日,兰亭集势收购新加坡电商ezbuy。ezbuy于2010年在新加坡成立,是东南亚市场领先的跨境电商平台之一。该公司目前在新加坡、马来西亚、印度尼西亚、泰国和巴基斯坦拥有超过300万客户。

兰亭集势业务涵盖兰亭主站、兰亭MINI站、兰亭全球买家平台、兰亭智通、鲁智深云ERP软件平台、移动端互联网购物App、共享海外仓业务等。

2)兰亭集势拥有世界一流的供应链体系

兰亭集势采取自营模式,在供应链环节、供应链管理以及商品管理上不断创新,形成了自身独特的供应链体系。

(1)供应链环节。兰亭集势向制造厂采购商品后直接销售至境外,有效地减少了供应链环节,实现了从工厂到网站再到消费者的最短销售,进而从中获取较高的毛利率。

(2)供应链管理。兰亭集势从供应链广度和供应链合作深度两个方面创新供应链管理模式。

供应链广度:积极寻求与更多的供应商进行合作,不断增加供应链商品的品类,从而提升网站内商品种类的丰富度。

供应链合作深度:将供应商纳入产业链条,促使供应商主动对产品作出更新,从而加快网站内产品的更新速度。

(3)商品管理。在商品管理上,针对定制类商品和标准品,兰亭集势分别采取不同的管理模式。

定制类商品:第一,提前对供应商流程化生产协调能力进行培训,要求供应商在接到订单的规定时间内,按照网站需求完成商品定做,并将成品送至兰亭集势的仓库;第二,定制的标准品,要求供应商在48小时内将成品送至兰亭集势仓库;第三,兰亭集势成立专门的产品设计中心,加强产品的设计能力。

标准品:要求部分供应商提前备货,并存放至兰亭集势仓库。通过这种方法,兰亭集势的订单处理率得到提高,有效地避免了库存风险。

本章小结

本章分两节来阐述与探讨跨境电商模式,介绍了不同标准下跨境电商的分类,介绍B2B、B2C两种主要跨境电商模式并分析其优劣势,列举B2B、B2C跨境电商模式的主要代表企业。B2B跨境电商按照平台盈利模式,可分为信息服务平台与交易服务平台,代表企业是阿里巴巴国际站和敦煌网;B2C跨境电商平台代表企业是易贝和兰亭集势。

实训项目

上网查找以下几家公司的"前世今生":网易考拉、海囤全球、拼多多、小红书,对公司进行SWOT(strengths,优势;weaknesses,劣势;opportunities,机会;threats,威胁)分析,并分析这几家公司跨境电商平台模式,写出分析报告。

课后习题

1. 简述B2B跨境电商、B2C跨境电商的概念及其区别。
2. B2B跨境电商的具体实现模式有哪些?
3. 平台型B2C跨境电商有何特点?
4. 请选择本章所介绍的跨境电商平台,有选择地进入平台主页,探索该平台商业模式运作特点。

即测即练

第 2 篇

跨境电商实务篇

第 4 章 跨境电商平台

目前,跨境电商在国家相关政策的大力扶持下飞速发展,许多跨境电商平台应运而生并蓬勃发展。这些跨境电商平台的出现,一定程度上影响了经营者传统的运营节奏、推广策略、物流模式和支付方法等。同时,由于跨境电商平台种类众多,企业和个人需要根据自身的产品优势和区位特点,选择合适的平台。目前在中国,主流的跨境电商平台有阿里巴巴国际站、速卖通、亚马逊等。

引导案例

Shopee(虾皮)成立于2015年,被称为"跨境电商平台的后起之秀"。Shopee平台主要面向东南亚市场,包括马来西亚、新加坡、印度尼西亚、泰国、越南、菲律宾等。Shopee社群媒体粉丝数量超3 000万,拥有700万活跃卖家,员工超8 000人,遍布东南亚及中国,是东南亚发展最快的电商平台,是国货出海东南亚首选平台。2018年,Shopee App下载量超1.95亿,成为2018年东南亚购物类App下载量榜单第一名。2019年,其App全球下载量突破2亿。据App Annie数据,2020年第三季度,Shopee再度获得东南亚购物类App总下载量榜单第一名,平均月活跃用户数及安卓用户使用总时长第一,并斩获全球购物类App总下载量亚军。

扩展阅读 4.1　Shopee(虾皮)

Shopee的快速走红主要得益于以下几方面。

第一是本土化策略。Shopee绝大部分高层都在东南亚生活了数十年,对东南亚市场的了解非常深厚,Shopee会针对本土人才进行招聘和培养,在当地形成良性的人才培养梯队。Shopee依据每个市场特性制订本土化方案,以迎合当地消费者需求。例如,Shopee在印度尼西亚和马来西亚市场发起斋月大促活动,推广引流,两大市场迎来一年一度的流量高峰。此外,Shopee建立了7个App、服务7个市场。

第二是移动端优先。Shopee从移动端切入,推出简洁干净、易于使用的交互页面,使消费者顺畅地使用App每个功能,实现在30秒内完成选择并购买商品,优化移动端体验,如推出Shopee Shake摇金币游戏契合移动端碎片化场景,在2018年"11·11"当天,东南亚用户总计玩了9 400万次Shopee Shake。

第三是社交明星引流。Shopee以"社交"作为切入点,结合本地元素、流量明星、互动游戏、社交网络等方式,获取高黏性用户。比如,在2018年Shopee 12·12生日大促中,Shopee宣布由韩国首席女子天团BLACKPINK担任首位区域品牌代言人;2019年8月14日,Shopee宣布由全球足球巨星克里斯蒂亚诺·罗纳尔多(C罗)出任全新品牌代言人,以 Shopee 标志性的年度大促"9·9 超级购物节"为起点,携手平台,共同揭幕 2019 年下半年的购物旺季。

第四是 Shopee 会切身考虑卖家的需求,采用无货源模式,让很多卖家不用囤货、积货,卖家承担的风险比较小,这对卖家尤其是新手卖家非常友好。Shopee 对待卖家的态度很有诚意,如为了帮助中国卖家解决物流问题,在义乌、泉州等地修建了中转仓,这样中国卖家可以以低廉的成本快速地将商品送到东南亚消费者手中。

资料来源:https://baike.baidu.com/item/Shopee/22071757?fr=aladdin。

案例思考题:
1. Shopee 平台如何快速走红?
2. 你知道哪些跨境电商平台?

4.1 阿里巴巴国际站

4.1.1 阿里巴巴国际站平台介绍

阿里巴巴国际站成立于 1999 年,是阿里巴巴集团的第一个业务板块,现已成为全球领先的跨境贸易 B2B 电子商务平台。阿里巴巴国际站是帮助中小企业拓展国际贸易的出口营销推广服务贸易平台,通过向境外买家展示、推广供应商的企业和产品,进而获得贸易商机和订单,是出口企业拓展国际贸易普遍使用的网络平台之一。

阿里巴巴国际站以数字化格局的技术与产品,重构跨境贸易全链路,精准匹配跨境贸易买卖双方业务需求,为客户提供数字化营销、交易、金融及供应链服务。

2019 年 1 月 18 日,阿里巴巴国际站发布了"新外贸操作系统",这也是阿里巴巴赋能商业社会的承诺。阿里巴巴国际站通过数字化重构交易履约体系,帮助商家在做跨境贸易时,像做内贸一样简单。阿里巴巴面对全球的消费者和商家群体,构建出以"数字化人货场"为内环、"数字化交易履约系统"为外环、"数字化信用体系"为连接纽带的三大全新矩阵布局。

在这个数字化商业系统中,首要关键点便是作为内环的"数字化人货场"。以人为例,数据赋能"人"就是帮助企业做客户资产管理,从企业端的固定资产做数字化赋能,并通过数字化的方式去存储现有客户需求。其次,则是商品(即"货")信息升级并分层、分场景赋能,卖家通过商品的数字化重构,提高自身竞争力。就像沃尔玛针对消费者偏向小批量、碎片化、定制化采购需求,提高定制化能力以及小批量生产的能力一样。阿里巴巴通过数字化的方式帮助商家将产品设计、生产工艺不断展现出来,抓住买家的眼球。最后,打造多元化的"场",如多元场景和关系型导购或者全球展会场景拓展,对所有参展商家的商品和服务进行数字化,并通过数字化的方式让线上买家和商户实时互动,让"场"发挥更大的效应。而作为外环的"数字化交易履约系统"则在这个过程中扮演着保护伞的角色,全面升级包括信用保障、外贸综合服务平台、国际物流、国际快递、金融服务、支付结算在内的跨境供应链。

4.1.2 阿里巴巴国际站平台操作

1. 登录操作平台

在浏览器主页输入 https://www.alibaba.com/，单击登录按钮，登录阿里巴巴国际站官网。如果是新用户，可以单击注册按钮进入注册页面，输入本人基本信息进行免费注册。注册成功后就可以利用账户和密码登录平台了，具体如图4-1所示。

图4-1 阿里巴巴国际站登录对话框

2. 登录后台管理工具

阿里巴巴国际站有一个即时沟通工具：TradeManager，其后台管理界面如图4-2所示。它类似于腾讯QQ，业务员可以用它与客户沟通及关注后台数据。每个业务员必须有一个账号，一般要求24小时在线，并设置成开机自动启动。这也是曝光率提高、询盘（询盘也叫询价，是指交易的一方准备购买或出售某种商品，向对方询问买卖该商品的有关交易条件）量增加的一个重要操作。登录后就可以看到后台的管理界面了。

3. 填写关键词

当注册企业想要客户通过在阿里巴巴国际站上搜索该词来找到企业的某个产品时，关键词的运用无疑是客户轻松找到企业产品的"绿色通道"。产品关键词的设置虽然跟排序无关，但它在提升匹配度上起到决定性作用。

在填写关键词时需要注意三个要点：首先，使关键词保持完整性。其次，通过新奇的组合来实现。避免使用一些热门组合，因为那些卖家能想到的组合往往也是别人能想到的，就会导致竞争激烈，使排名很有可能靠后，即使偶尔有好的排名，卖家还需要经常花大把的时间来维护；一些组合出来的长尾词、偏门词，客户根本就不去通过该词搜索。最后，注意填写的位置。阿里巴巴国际站的关键词填写栏有三个，具体如图4-3所示。此处可以根据不同的情况采用不同的方法填写。方法一：三个产品关键词栏里各填写不同的产品关键词；方法二：三个产品关键词栏里都填写同一个产品关键词。例如：橱窗产品

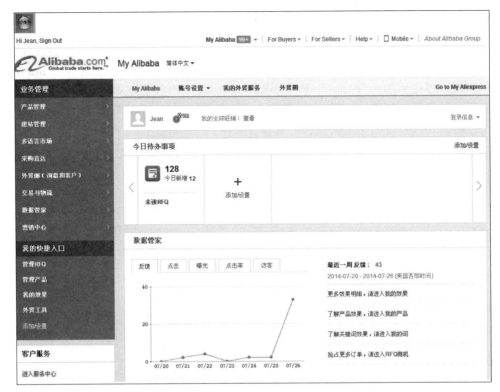

图 4-2　阿里巴巴国际站 TradeManager 后台管理界面

可以选择三个栏里各填不同的关键词；热度较高的产品在三个关键词栏里填同一个关键词；热度较低的产品长尾关键词则在三个关键词栏里填不同的产品关键词。

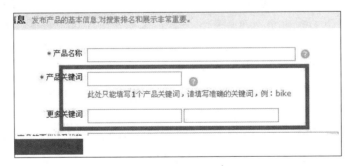

图 4-3　阿里巴巴国际站关键词填写

4.1.3　阿里巴巴国际站平台规则

1. 注册规则

1）注册前提

用户在申请注册阿里巴巴国际站用户账户前，应了解、同意并遵守《免费会员资格协议》(Free Membership Agreement)等相关协议/规则。

2）账户仅限自身注册

用户应以其自身名义注册阿里巴巴国际站账户，不得有如下行为：冒用他人名义注册账户；向他人出租、出借其营业执照等法人单位证明文件用以注册账户；借用、租用他人营业执照用以注册账户；伪造、变造营业执照用以注册账户。

3）账户信息合法合规

用户应依照相关规定填写用户账户信息，其中不得包含违反国家法律法规、涉嫌侵犯他人权利或干扰阿里巴巴国际站正常运营秩序等的相关信息。

4）账户管理

用户应严格保密并妥善保管账户及密码，管理及规范账户操作人的行为。同时，用户需定期检查账户的安全性，不断加强对各种"钓鱼"网站的识别能力，应禁止离职人员继续使用账户并及时变更密码。

5）账户责任

用户明确同意通过其阿里巴巴国际站账户及密码进行的任何操作均应被视为用户行为，其法律后果由用户自身承担。

6）服务使用

用户账户下购买的服务仅限自身使用，不得许可他人使用；用户不得擅自将服务全部或部分转让给他人。

7）账户安全

为了保护用户的合法权益，阿里巴巴国际站一旦发现（或有理由怀疑将发生）数据异常或账户行为存在潜在风险，包括但不限于IP（网际互连协议）地址异常、信息泄露、信息被扒取、信息被非法使用等可能危害到用户或平台利益的情况，有权对相关用户账户随时采取各种保护、限制或处罚措施。

2. 发布规则

1）合法且不侵权

用户在阿里巴巴国际站发布信息应遵循合法、真实、准确、有效、完整的基本原则，不得包含违反国家法律法规或涉嫌侵犯他人知识产权等合法权益的相关内容，详见《阿里巴巴国际站禁限售规则》《阿里巴巴国际站知识产权规则》《不当使用他人信息处理规则》。

2）合规

用户发布信息应符合电子商务英文网站的一般规范及要求，不得有滥发、类目错放、重复铺货等行为。阿里巴巴国际站的信息发布操作应遵循《产品信息填写规则》《公司信息填写规则》《商品信息滥发违规处罚规则》，以及《阿里巴巴国际站搜索排序规则》等其他阿里巴巴国际站不时公布的操作规范和指引。

3. 交易规则

1）交易行为原则

诚信交易原则：用户应恪守诚信交易原则，按交易双方的约定履行相关交易协议，按照约定的时间、地点、交运方式、支付方式、货品验收方式等进行真实有效的交易行为，共同营造阿里巴巴国际站合法、诚信的交易市场秩序。

合法合规原则：用户在交易中使用阿里巴巴国际站服务（包括但不限于交易服务）的，应遵守所有适用的法律法规、阿里巴巴国际站规则、其他在阿里巴巴国际站不时公布的规则及有关服务相应的阿里巴巴国际站合同。

2）交易规则的适用范围

交易规则适用于阿里巴巴国际站用户（作为买卖双方）相关的跨境货物交易（简称"交易"），不适用于外贸服务市场等中国内地境内用户间的产品或服务交易。

3）跨境交易合同

阿里巴巴国际站支持买卖双方通过网站提供的在线交易系统及相关技术服务（统称"在线交易服务"）进行跨境货物交易。买卖双方在进行上述交易时，应遵守阿里巴巴国际站规则、阿里巴巴交易服务协议、相关的阿里巴巴国际站服务合同（如中国供货商服务合同等）和相关规则。买卖双方有责任协商确认与上述交易对应的跨境交易合同，并就货品数量、价格、规格、材质等货品属性及支付方式、交付时间、地点、交运方式、货品验收等条款进行诚信约定。如果用户使用安全支付（secure payment）、信用保障（credit insurance）等特殊服务，则首先应按前述特殊服务相应的合同约定和/或规则（如适用）处理，但如果前述规则没有明确规定，则按阿里巴巴国际站规则处理。

为维护阿里巴巴国际站诚信的交易环境和平台健康有序的市场秩序，对于不当获取网站权益的合同、不真实的合同或不诚信的合同等，阿里巴巴国际站有权单方决定对相关交易及涉及用户进行处置和处罚，并保留对不当获取的网站权益进行处置和追偿相关损失等权利。

阿里巴巴国际站并不鼓励用户（作为买方或卖方）通过本站结识后仍然坚持通过线下传统跨境贸易方式进行交易，请买卖双方自行保留相关交易凭证，并维护相应权益。对于此类线下合同所引发的纠纷，阿里巴巴国际站仅提供有限的纠纷调处。

4．放款规则

在确认合同后，买卖双方应按照阿里巴巴国际站补充服务协议进行交易支付。同时，买方应依照交易合同约定的支付金额、支付方式、收款账号进行付款。

为保障买卖双方的权益，阿里巴巴国际站建议使用安全支付、信用保障交易服务产品认可的支付方式。除非特殊约定，一般情况下交易所产生的额外费用（如银行、第三方机构收取的费用等）由产品或服务的使用方承担；买卖双方应自行承担交易过程中汇率变动的风险。

5．评价规则

对于阿里巴巴国际站认可的在线交易方式，买家可以对完结的交易进行评价，但是评价是有时限的，具体见表 4-1。其中，信用保障和安全支付的相关内容可供参考。

表 4-1　阿里巴巴国际站的评价时限

交易类型	评价时限
信用保障	因交易合同中保障范围的不同而有所差异，最长不超过 45 天
安全支付	买家确认收货后或系统自动确认收货起，最长不超过 30 天

在评价或沟通中,禁止出现违法或不当言语(包括但不限于跟该交易无关的广告消息、淫秽、色情、侮辱、诽谤、泄露他人姓名、联系方式、地址等隐私、侵犯他人合法权益方面的言语及破坏社会稳定等言语),阿里巴巴国际站有权视情况隐藏或屏蔽相关内容,或直接删除整条评价及相应的评价积分,并对相关用户进行处理。

6. 纠纷处理规则

用户在在线交易服务中或通过阿里巴巴国际站结识后,通过线下传统贸易方式进行交易,而在交易履行过程中产生交易争议,买卖双方应自行协商解决。若双方无法协商或协商不能达成一致意见,一方或双方可申请提交阿里巴巴国际站进行纠纷调处,阿里巴巴国际站有权根据相关规则决定是否受理相关争议投诉。其中,发起交易纠纷投诉、提出判责要求的用户称为投诉方,另一方为被投诉方。

阿里巴巴国际站可视实际情况行使单方面决定权,同意介入调处其交易纠纷。阿里巴巴国际站提供投诉举报平台(网址:https://service.alibaba.com/complaint/center/index.htm,以下简称"投诉平台")供争议双方使用。争议双方应通过投诉平台提交投诉、反通知、支持双方主张的证据材料。投诉方未在规定时间内提供证据材料或虽提交证据材料但不能充分说明其主张的,阿里巴巴国际站有权不予受理并关闭该投诉。投诉双方应保证在投诉平台所提供的证据材料真实、准确且没有误导性。任意一方有涂改、伪造、变造证据材料情形的,阿里巴巴国际站有权直接作出不利于该方的决定。

阿里巴巴国际站目前接受三种交易类型的纠纷投诉,具体见表4-2。其中,信用保障和安全支付相关内容仅供参考,具体需要以阿里巴巴国际站服务相关协议和规则为准。

表4-2 阿里巴巴国际站三种交易类型的投诉时效及相关规定

交易类型	投诉时效	纠纷调处时效	保障金额
信用保障	根据交易合同中发货方式的不同而有所差异,且最长不超过确认收货后30天	阿里巴巴国际站纠纷处理团队会在20天内给出答复,若有特殊情况,纠纷调处时长会有适当的调整	因交易合同中保障范围的不同而有所差异,且最大不超过交易合同实收金额
安全支付	买家完成支付后至确认收货前或系统自动确认收货前,且最长不超过卖家发货之日起90天		
线下支付	在约定交货之日起90天内		

对于涉嫌欺诈类投诉(包括但不限于收款不发货、严重货不对板和收货不付款等情况),阿里巴巴国际站有权延长投诉受理时效或不设具体的受理时效。

卖家对销售的货品负有承担售后问题的责任,须自觉遵守对买家作出的售后服务承诺,并遵守相关法律、法规及/或阿里巴巴国际站相关规则。若用户未按照履行约定导致交易中产品的主要商业目标无法达成,平台有权根据实际投诉情况来酌情延长纠纷投诉受理时效,不受上述投诉受理时效规则所限。

对于阿里巴巴国际站决定调处的纠纷，阿里巴巴国际站将根据相关规则对相关事实进行认定，双方均有义务针对自己主张提供相关事实依据，阿里巴巴国际站有权根据已收集到的数据进行独立判断，并作出处理决定。若认定某方存在违约违规行为，阿里巴巴国际站将按相关服务合同及相关规则进行处理。鉴于阿里巴巴国际站非专业争议解决机构，对证据的鉴别能力及对纠纷的处理能力有限，阿里巴巴国际站不保证争议处理结果符合买卖双方的期望，亦不对争议处理结果承担任何责任。如阿里巴巴国际站介入斡旋后，买卖双方仍无法就相关争议达成一致意见，买卖双方应另行采用诉讼或仲裁等方式解决争议。同时，阿里巴巴国际站的处理并不能免除责任方依据适用法律法规应受的处罚。

4.2 亚马逊

4.2.1 亚马逊平台介绍

亚马逊，美国最大的一家电子商务公司，成立于1995年，位于美国华盛顿州的西雅图。亚马逊是最早基于互联网进行电子商务的公司之一，其最初定位是网络书店和网上销售音像制品，1997年转型成为综合性网络零售商。亚马逊在推广跨境电商时，采取的方式是收购或自建本土化网站进入境外市场；同时，在世界各地推出全球开店业务，目标直指全球范围内的采购和销售。在全球范围内，亚马逊是对卖家要求最高的跨境电商平台，它不仅要求卖家的商品质量必须有优势，而且要求卖家的商品必须有品牌。其手续也比速卖通等平台复杂。亚马逊鼓励用户自主购物，将用户对于售前客服的需求降至最低，这就要求卖家提供非常详细、准确的产品详情和图片。

亚马逊支持货到付款，并且拥有自己的付费会员群体Amazon Prime。2022年，美国Amazon Prime会员收费标准调整为每年139美元，Amazon Prime会员享受免运费2日送达服务（个别商品除外），还能通过亚马逊Prime Video观看海量电影和电视剧，并享受Kindle（由亚马逊设计和销售的电子阅读器）电子书资源服务。根据CIRP（消费者情报研究合作伙伴）的统计，93%的会员用户表示对服务质量感到满意，并打算继续使用该服务。这一庞大的会员人群主要为国外的高端消费群体，他们是亚马逊最有价值的财富之一。

4.2.2 亚马逊平台操作

步骤一：登录https://gs.amazon.cn/。以欧洲为例，单击"前往站点注册"按钮，跳转到欧洲站页面，单击"立即开店"按钮（如果想开通整个欧洲站，记得打钩），图4-4为亚马逊欧洲站的界面。

步骤二：账户创建。将姓名、密码、邮箱地址等信息一一填入，要用拼音，不能用中文，图4-5为亚马逊创建账户的界面。

步骤三：账户建好后便会跳转到下个页面，填写好相关信息后，选择业务类型，单击"同意并继续"按钮，图4-6为选择业务类型的界面。

图 4-4 亚马逊欧洲站的界面

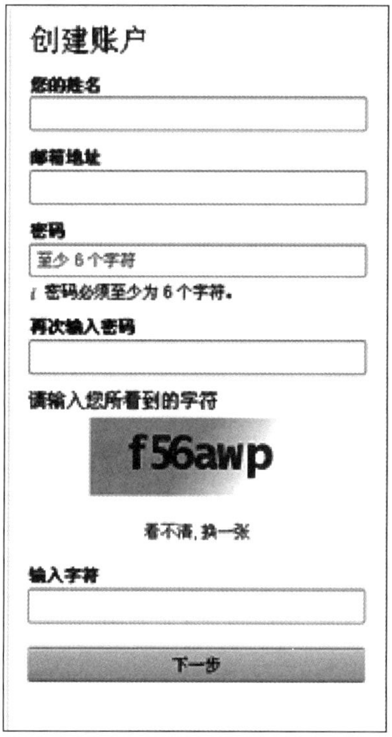

图 4-5 亚马逊创建账户的界面

如果选择的业务类型是个人，需要填写卖家信息、付款信息、其他信息和店铺名称，具体如图 4-7 所示。

如果选择的业务类型是企业，需要填写业务信息、卖家信息、付款信息和其他信息以及店铺名称，具体如图 4-8 所示。

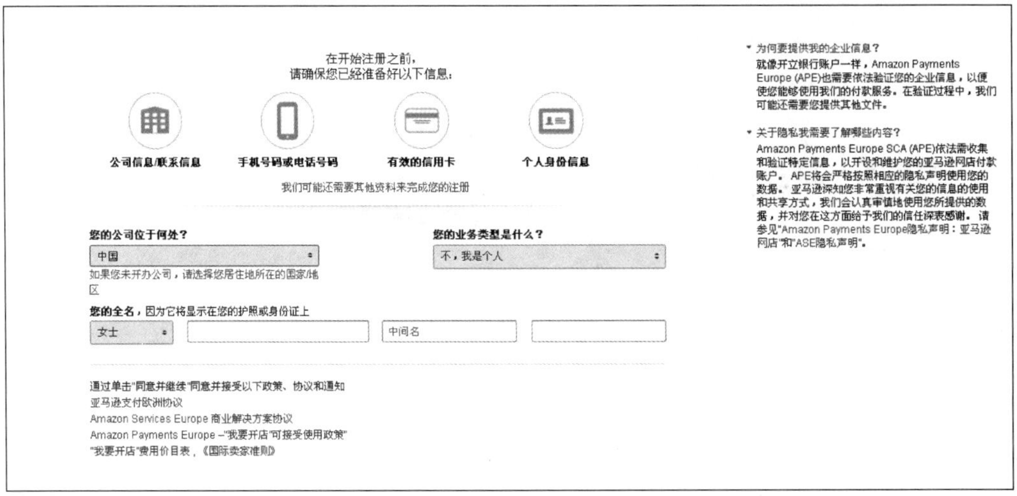

图 4-6　选择业务类型的界面

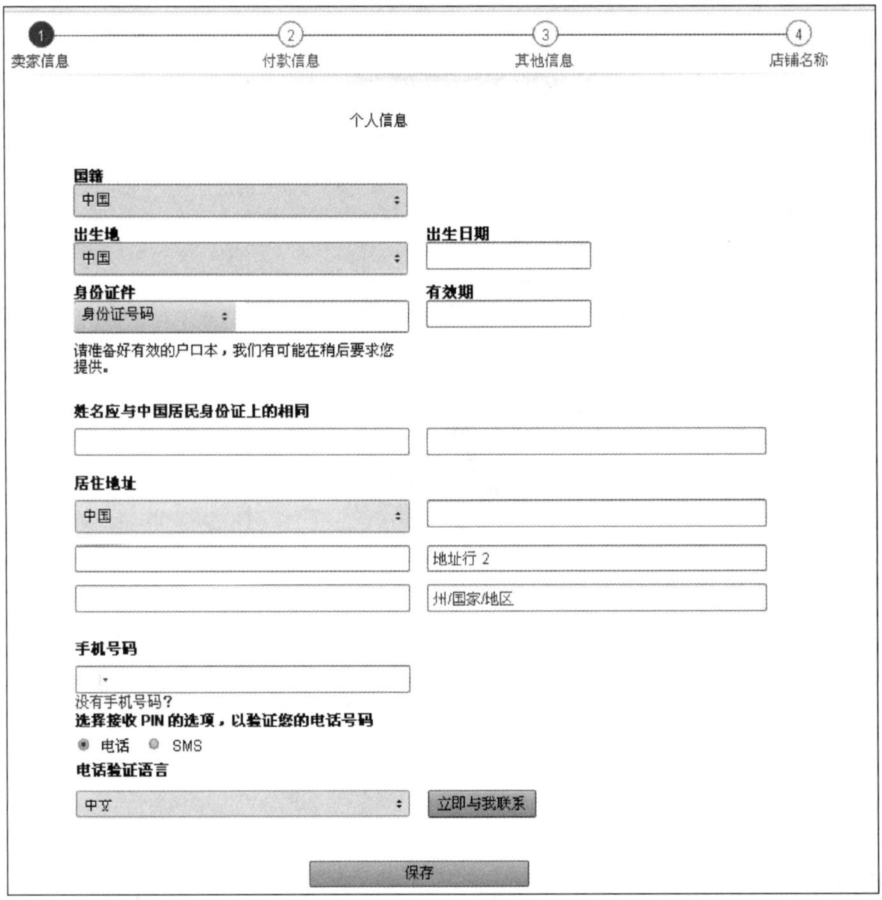

图 4-7　填写个人卖家信息

图 4-8　填写企业业务信息

4.2.3　亚马逊平台规则

1. 注册规则

企业资质：入驻亚马逊的卖家必须是在中华人民共和国（港、澳、台地区除外）注册的企业，且需要具备销售相应商品的资质，如：

能够开具发票：如果顾客需要发票，须及时为顾客提供普通销售发票；

具备全国配送能力：亚马逊顾客遍布全国，卖家会收到来自全国各地的订单，所以如果选择了自主配送模式，卖家需要具备将商品配送至全国的能力。个体工商户不能入驻亚马逊商城。

亚马逊规定一个卖家只允许有一个亚马逊账户。一旦卖家被平台发现拥有两个及以上亚马逊账户，那么平台会告知卖家账户关联的信息，并且封锁卖家账户作为惩罚。

对于国内卖家，的确存在使用多账户的情况。为了避免新账户和旧账户的关联，卖家应尽量做到：使用不同的注册地址，使用不同的电子邮箱，使用不同的联系手机，使用不同的信用卡信息，使用不同的 IP 地址，使用新用户名称，使用新店铺名称等。

2. 发布规则

1) 确保商品质量

影响商品质量的违规行为可大致分为"严重不符"的违规行为和"知识产权"违规行为。

（1）"严重不符"的违规行为。卖家发布和配送的商品必须与相应商品详情页面的描述、图片完全一致。发布或配送"严重不符"的商品违反了亚马逊政策。例如：

① 配送已残损、存在缺陷、分类错误、描述错误或缺失详情页面的商品图片中显示的零件的商品；

② 在畅销相关商品的详情页面发布卖家的商品进行销售，而卖家的商品却与该页面

的描述不完全一致。

如果卖家出售严重不符的商品,则应为买家退款或换货。如果卖家拒不退款或换货,则买家能够通过亚马逊商城交易保障索赔获得退款。

(2)"知识产权"违规行为。亚马逊尊重他人的知识产权。作为卖家要负责确保提供的商品合法且已授权,可进行销售或转售,并且这些商品没有侵犯他人的知识产权,如版权、专利权、商标权以及宣传的权利等。例如:

① 在未经商标所有者授权的情况下出售与热门商标商品相同的商品(也称为"假冒伪劣");

② 制造和出售与热门商标商品相同的商品;

③ 在未经版权所有者授权的情况下,在自己商品的包装上使用其他方的版权内容。

如果卖家发布的内容侵犯了他人的知识产权,则亚马逊可能会取消卖家的商品,或者中止或取消卖家的销售权限。

2)禁止销售未授权及无证商品

所有在亚马逊上供售的商品必须是经商业化生产,授权或批准作为零售商品出售的商品。

3)正确使用商品详情页面,与实际的商品信息匹配

禁止为已存在于亚马逊目录的商品创建商品详情页面。使用现有商品详情页面发布商品以供销售时,所选的商品详情页面必须在各个方面准确描述该商品,包括(但不限于)以下属性:制造商、版次、捆绑组合、版本、格式或播放器兼容性。同时,卖家不得为完全相同的商品创建另一条商品信息。

4)禁止翻版媒介类商品

禁止非法出售未经持权者许可而再复制、配音、汇编或转换的媒介类商品[包括图书、电影、CD(激光唱片)、电视节目、软件、视频游戏等]。

禁止媒介类商品的促销版,包括图书(试读副本和未校对样稿)、音乐和视频(试看录像)。这些产品仅用于推广目的,一般不授权零售分销或销售。

5)不得侵犯他人公开权

卖家有责任确保其商品和商品信息未侵犯他人的公开权。例如,卖家必须先获取相关方的适当许可,才能在商品信息或商品中使用名人的图片和姓名。这包括名人产品代言,以及在商品或宣传材料(如海报、鼠标垫、钟表、数字格式的图片集、广告等)上使用名人的肖像。

3. 交易规则

1)禁止非法复制、复印或制造的任何商品

卖家在亚马逊平台上出售的商品必须是正品。亚马逊禁止发布侵犯他人商标权的商品和商品信息。卖家必须先获取他人的适当许可才能使用其商标。亚马逊禁止发布侵犯他人版权的内容。卖家必须先获取他人的适当许可才能使用其版权。卖家有责任确保其商品未侵犯他人的专利权。

2)禁止滥用销售排名

销售排名功能有助于买家评估商品的受欢迎程度。禁止任何试图操纵销售排名的行

为,不得征求或故意接受虚假或欺诈性订单,其中包括:不得下单购买自己的商品;不得向买家提供补偿以使其购买卖家的商品,或为了提升销售排名向买家提供优惠码;此外,不得在商品详情页面信息(包括商品名称和描述)中宣传关于该商品的畅销排名信息。

3) 禁止滥用搜索和浏览

当买家使用亚马逊的搜索引擎和浏览结构时,他们希望找到相关且准确的结果。与商品相关的所有信息(包括关键字和搜索词)必须符合优化商品信息以便搜索和浏览中提供的指南。禁止任何试图操纵搜索和浏览体验的行为。

4) 禁止任何试图规避已制定的亚马逊销售流程或将亚马逊用户转移到其他网站或销售流程的行为

禁止使用任何广告、营销信息(特价优惠)或"购买号召"引导、提示或鼓励亚马逊用户离开亚马逊网站,方式包括使用电子邮件或者在任何卖家生成的确认电子邮件信息或任何商品/商品信息描述字段中包含超链接、URL(统一资源定位系统)或网址。

5) 禁止进行不当的电子邮件通信

禁止主动向亚马逊买家发送电子邮件(必要时可进行有关订单配送及相关客户服务的电子邮件通信),禁止进行任何类型与营销相关的电子邮件通信。

6) 禁止滥用亚马逊销售服务

如果卖家反复上传大量数据,或以其他方式过度或不合理地使用该服务,则亚马逊可自行限制或阻止卖家访问商品上传数据或被滥用的任何其他功能,直到卖家停止这种滥用行为。

4. 放款规则

对于正常经营的账号,亚马逊放款日固定,14天为一个放款周期,但由于自发货的账号存在一定的潜在风险,亚马逊对于有自发货的账号,放款时会留存一部分储备金以降低风险,留存金额一般是一个或两个放款周期的收款额。

5. 评价规则

禁止任何试图操纵评分、反馈或评论的行为。买家可通过评分和反馈功能评估卖家的总体绩效,从而帮助卖家在亚马逊商城建立声誉。不得发布侮辱性或不恰当的反馈,也不得发布交易合作伙伴的个人信息。这也包括不得对自己的账户发布评分或反馈。卖家可以请求买家提供反馈,但不可以利诱买家,使其提供或删除反馈。

6. 售后规则

(1) 禁止任何滥用亚马逊商城交易保障索赔流程的行为。被亚马逊商城交易保障索赔的次数或总金额过多的卖家,有可能被终止销售权限。如果买家对商品或服务不满意,他们可以联系卖家,让其酌情安排退款、退货或更换。如果亚马逊根据亚马逊商城交易保障条款向买家作出了赔偿,亚马逊有权向卖家寻求补偿。

(2) 禁止任何试图在交易完成后提高商品销售价格的行为。此外,卖家不得设置过高的订单配送费用。

(3) 亚马逊对不符合其安全标准的第三方卖家包裹罚款。亚马逊对不符合其安全标准的包裹收取罚款,这部分收费将归到亚马逊的计划外服务收费(unplanned services)中。

亚马逊的安全要求包括规定卖家对含有有害物质(如气溶胶或电子产品)的产品进行特殊包装。亚马逊已于2018年11月29日开始试运行该规定,其表示在正式收取罚款前1个月会告知卖家。

4.3 敦煌网

4.3.1 敦煌网平台介绍

敦煌网创建于2004年,CEO(首席执行官)是创始人王树彤。敦煌网B2B在线交易平台于2005年正式上线,致力于帮助中国中小企业通过跨境电商平台走向全球市场,是我国首家为中小企业提供B2B网上交易服务的网站,是为国外众多的中小采购商有效提供采购服务的全天候国际网上批发交易平台。

敦煌网开创了DHgate小额B2B交易平台,打造了外贸交易服务一体化平台DHport,为优质企业提供了直接对接境外市场需求的通路,率先为传统贸易线上化提供从金融、物流、支付、信保到关、检、税、汇等领域的一站式综合服务。

4.3.2 敦煌网平台操作

注册敦煌网卖家账户时提交的相关资料,包括注册人姓名、身份证号码、公司名称、营业执照号码等。

步骤一:登录敦煌网网站 http://seller.dhgate.com/,单击"轻松注册"按钮,具体如图4-9所示。

图4-9 敦煌网首页

步骤二：填写基本注册信息，如图 4-10 所示。

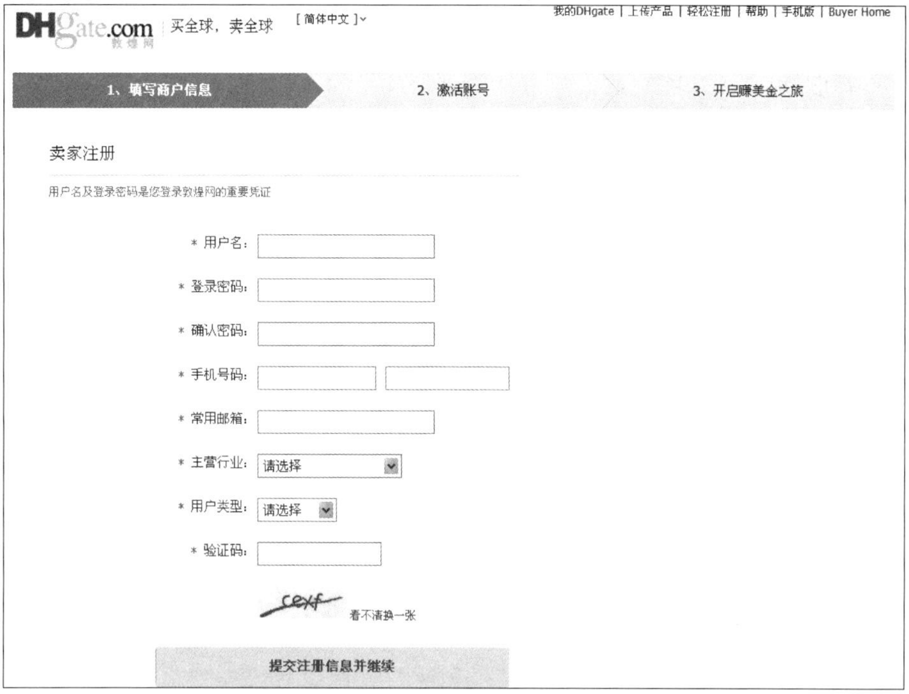

图 4-10　敦煌网填写基本注册信息

步骤三：注册后，根据注册成功提示直接进入邮箱验证，如图 4-11 所示。

图 4-11　敦煌网邮箱验证

4.3.3　敦煌网平台规则

1．注册规则

注册人年龄须在 18 周岁到 70 周岁之间；仅限中国内地的企业或个人，以及中国香港地区的企业申请注册。

使用同一营业执照注册的企业卖家账户数量不得超过 10 个，使用同一身份信息注册的个人卖家账户数量仅限 1 个。

企业关联账户不得超过 10 个,个人无关联账户。关联卖家禁止对同一产品重复上架。

卖家每个关联账户使用独立的资金账户,当任意一个资金账户余额为负时,敦煌网有权从其关联账户的资金账户中扣除相应款项;卖家账户如发生违规行为,敦煌网有权视情节严重程度,对其关联账户进行连带处罚。

2. 发布规则

1) 禁止销售(限售)产品规则

敦煌网卖家禁止销售国家法律法规禁止销售、买家所在国家的法律规定禁止销售、根据敦煌网平台要求禁止销售的商品,或被卡组织、政府监管机构等第三方机构投诉发布的相关禁限售产品。

具体的禁售、限售产品列表参见网址 http://seller.dhgate.com/policynew/c_5000003.html。

卖家违反禁限售产品规则、发布禁限售产品,平台会对此类产品收取罚金,该罚金需由卖家自行承担。

2) 知识产权规则

违规情形包括但不仅限于以下举例:

卖家账户频繁上传侵权产品;采取刻意规避平台规则或监管措施的方式销售侵权产品,如:以错放类目、使用变形词、遮盖或涂抹商标等手段规避,以各种形式暗示产品为品牌产品;卡组织、政府监管机构、法院、其他国际权益组织等第三方机构提起诉讼或法律要求;因应司法、执法或行政机关要求,敦煌网对卖家账户进行处理或采取其他相关措施。

每条违规记录自处罚之日起有效期为 1 年;针对多次发生侵权违规行为或违规情节严重的卖家,平台有权直接进行关闭账户的处罚。每条投诉记录自投诉之日起有效期为 1 年;卖家账户在 3 个自然日内被同一知识产权人投诉多次或多个产品均计为 1 次有效投诉;平台会根据司法或行政机关的要求对卖家账户作出处理,包括无固定期限冻结、关闭账户、终止账户。表 4-3 为关于知识产权、禁限售(第三方投诉)的处罚说明。

表 4-3 关于知识产权、禁限售(第三方投诉)的处罚说明

黄牌数量	处罚类型	说明	账户处罚	
0 张	警告	不累计,不限制账户权限	首次违规	禁限售 50 美元/产品
3 张	循环放款	押款 30%,周期 30 天,最高金额 5 000 美元		
6 张	循环放款	押款 30%,周期 30 天,最高金额 10 000 美元	知识产权:3 张/次 禁限售:6 张/次	
12 张	期限冻结 7 天	店铺冻结 7 天		
18 张	全店降权	整体店铺降权 30 天		
24 张	店铺屏蔽	关闭店铺销售权限,强制整改 180 天		
30 张	关闭账户	永久冻结账户、停止访问,资金冻结 180 天	严重违规	

因卖家售卖侵权品、禁销品等行为导致品牌商、组织或其他国际权益组织的罚款,需由卖家自行承担。

卖家账户产生的罚金或罚款,敦煌网有权从卖家资金账户扣除相应款项。该款项优先从卖家美元资金账户扣除,如美元资金账户余额不足,剩余款项会通过人民币资金账户扣除(汇率以处罚当日的中国银行第一笔的现汇买入价为准),若卖家所有资金账户余额不足以支付相应款项,敦煌网有权处理卖家账户及关联账户,并且保留追究相关损失或法律责任的权利。

3. 交易规则

1)禁止销售未经授权的产品和相应的仿制品

敦煌网是一个外贸交易平台,买家全部为境外用户,不允许销售未经授权的产品和相应的仿制品。

系统随时对网站上的所有产品进行过滤筛选,挑选出违规产品并下架;与品牌拥有者联合执法,凡被品牌拥有者指正的商品,将立即下架;建立一整套举报机制,产品经理甚至卖家有权对违规商品进行举报。

对于违规卖家,将给予警告、冻结账户以及关闭账户的惩罚。同时违规行为将会被记录到卖家档案,从而影响卖家的信用评分以及产品展示。

2)禁止复制他人产品图片以及产品描述内容

卖家如果发现自己拥有的产品图片以及描述内容被其他卖家所抄袭,可以向敦煌网举报,经核实后,敦煌网协助卖家联系抄袭者并勒令其下架产品进行修改。

3)禁止在网站上留有联系方式

敦煌网为广大卖家提供了一个免费的交易平台,建立了站内沟通工具(站内信),并且提供了国际支付的解决方案,过滤了绝大多数的欺诈行为,为买卖双方交易进行担保。所有的这些都能够帮助买卖双方在未曾谋面的基础上建立信任,形成在线交易,因此线下联系和交易是不允许发生的,包括买卖双方的电子邮件、电话、网址、MSN 以及其他通信方式,在网站的任何地方留有联系方式都是不允许的。网站系统和专门的巡逻人员将对网上内容进行检查,发现违规现象,就对卖家进行警告、冻结账户以及关闭账户的惩罚。

4)禁止采用不正当手段扰乱市场秩序

产品描述和实物严重不符的情况,如买家收到的实际产品不具备产品描述功能、实际产品材质和描述不符、以次充好等,此类情况的发生会影响到其他诚信卖家的正常经营,使平台的买家流失,并且增加了交易纠纷,无形中延长了付款周期,严重扰乱市场秩序。

一些卖家会设置低廉的商品价格吸引买家注意,与此同时有意提升运输价格,造成运输价格和实际严重不符,导致买家对卖家和网站不信任,不但不会继续付款,而且容易流失。

扰乱平台经营秩序一般违规,给予 1 张黄牌/次;严重扰乱平台经营秩序,给予 6 张黄牌/次;扰乱平台经营秩序情节严重,将关闭账户。

4. 放款规则

目前,敦煌网支持 EMS、DHL、FedEx、UPS、TNT、USPS、HK Post、China Post、燕

文、Equick 等可在线跟踪的货运方式。针对有货运跟踪号的放款方式,订单放款规则如下。

(1) 买家主动确认签收。敦煌网会对买家确认签收的订单(除被风控调查订单)的货运信息进行核实,如果订单查询妥投,会根据妥投信息作出处理,具体如表 4-4 所示。

表 4-4 "买家主动确认签收"放款规则

类别	货运情况	订单完成时限
第一类	妥投且时间、邮编和签收人都一致	此订单款项可放款至卖家资金账户,订单完成
第二类	妥投且时间、邮编和签收人任意一项不一致	账户放款将可能延迟或暂停
第三类	部分未妥投、全部未妥投或无查询信息	

(2) 买家未主动确认签收,卖家请款。对于买家未主动确认签收的订单,卖家请款后,敦煌网会先根据卖家上传的运单号核实妥投情况并作出相应处理,具体如表 4-5 所示。

表 4-5 "买家未主动确认签收,卖家请款"放款规则

类别	货运情况	订单完成时限
第一类	妥投且时间、邮编和签收人都一致	发送催点信给买家,买家在 5 天内未发起任何投诉、协议或者纠纷,也没有邮件回复,将该订单款项放款至卖家资金账户,订单完成
第二类	妥投且时间、邮编和签收人任意一项不一致	账户放款将可能被延迟或暂停
第三类	部分未妥投、全部未妥投或无查询信息	

(3) 买家未主动确认签收,卖家在订单确认收款后的 90 天内也未请款。卖家完全发货后,若买家一直未确认签收,并且卖家在订单确认收款后 90 天内也未请款,平台将在完全发货 120 天后将该订单款项放款至卖家资金账户,订单完成。

(4) 卖家账户及交易符合以下条件时,账户放款将可能被延迟或暂停。

第一,订单当前有黄条。订单当前有黄条的订单,放款将被延迟;黄条去除后,放款流程继续。

第二,当卖家当前账户纠纷率过高时,卖家账户放款将被延迟。

25%≤纠纷率<40%,最早可放款时间 20 天;40%≤纠纷率≤50%,最早可放款时间 45 天;纠纷率>50%,最早可放款时间 120 天。

第三,当卖家账户及交易表现异常时,敦煌网可能人工介入对卖家账户或交易进行必要调查,根据其异常程度,卖家账户或订单放款将可能被延迟或无固定期限暂停。卖家账户放款被无固定期限暂停时,卖家账户及其关联账户将被无固定期限冻结,并不允许再在敦煌网注册新账户。

(5) 无固定期限暂停放款判定规则。当卖家账户或交易违反以下一条或几条规则时,放款将可能被无固定期限暂停:交易为虚假交易;卖家实际销售产品为侵权品或禁销品;卖家关联账户处于因平台调查关闭状态;卖家关联账户处于无固定期限限制提款

状态；卖家账户被司法机关调查中；卖家账户及其交易涉及其他违法行为。

（6）当卖家账户触犯多个放款限制规则时，最终放款延迟时间以时限较长者执行。

5．评价规则

买家对商品的评价当以客观事实为依据、以理性分析为基础。买家评价分为服务评价和综合评价两种。其中，服务评价包括商品描述、沟通、物流、运费评价共四项，是买家对卖家的单向评分；综合评价包括综合性的打分（1～5 分）和文字评论两部分。

卖家评价分数将展现在产品最终页及店铺产品最终页，因此分数越高，买家下单的概率越大。

买家的评价留言对其他买家有很好的指导和建议作用，评价分值会影响到买家搜索时的产品排序，产品评价越多，五星好评越多，产品的转化率越高。

6．售后规则

1）提供第三方质保服务

2014 年 10 月，敦煌网和第三方质保服务提供商 SquareTrade 达成战略合作，SquareTrade 为敦煌网平台上的 3C 产品提供第三方质保服务。对于敦煌网来说，该服务一方面能为境外买家购买的 3C 产品提供持续有效的售后保障；另一方面也能为平台的卖家减轻售后服务的负担和压力，有利于提升买家的购买体验，提高敦煌网 3C 类产品的销售量和好评率。

2）卖家售后服务承诺

2015 年 7 月，敦煌网"卖家售后服务承诺"正式上线，卖家可以根据不同的产品自己设置相关的服务承诺，有售后服务承诺的产品，在订单展示页都会有标记，买家能很清楚地知道具体的售后服务范围及售后保障，这让买家觉得选择购买该产品将更有保障，不仅如此，还能有效避免纠纷，真正做到"我的服务我做主"！

4.4 出口时代

4.4.1 出口时代平台介绍

1．出口时代网概况

出口时代（www.exportimes.com）（图 4-12）由传统外贸龙头企业投资成立，是其母公司辽宁迈克集团股份有限公司转型电子商务服务的重大战略布局。辽宁迈克集团股份有限公司成立于 1994 年 3 月 4 日，其前身为辽宁省机械设备进出口公司（成立于 1979 年）；集团更早可追溯到辽宁省机械公司（成立于 1960 年），是集国际工程承包、国际贸易、国内贸易、房地产开发、仓储运输、物业管理为一体的综合性企业。

出口时代是辽宁迈克集团股份有限公司独立研发出的国际贸易全价值链的一站式服务平台，辽宁迈克集团股份有限公司于 2013 年全资注册了"大连出口时代电子商务有限公司"，该公司即成为出口时代网的运营商。

出口时代将被建设成具有国际影响力的第三方服务平台，帮助中小企业从烦琐的进

图 4-12 出口时代的首页

出口业务流程中解脱出来,使企业专心生产和研发;同时通过平台盘活金融服务,打造具有活力的电子商务产业,围绕核心用户的个性化、碎片化需求,帮助中小企业高效率、低成本地实现国际贸易便利化。

2. 出口时代的功能

出口时代开拓了国际市场服务,包括报关、报检、租船、订舱等常规外贸服务,还有银行退税、融资金融服务,以及到现场安装调试的售后服务,并将这些服务有效连接为一体。此跨境电商平台的创新点在于将国际贸易涉及的所有步骤完全融合,真正为客户实现国际贸易一站式服务。其最典型的盈利服务模式包括以下三个方面。

1)提供电商代运营服务,收取订单成交佣金

由出口时代工作人员代理运营企业店铺,全权负责产品发布、店铺日常管理运营,后续实时帮助关注产品询盘、审核采购信息,并在询盘转化为订单的整个过程中提供专业服务。不成交不收费,成交后提成订单成交佣金。此项服务适用于试图将产品打入国际市场,但苦于找不到方法、没有稳定专业外贸业务员的供应商企业。

2)提供网络店铺服务,收取自营店铺年费

店铺全权自营,自主发布产品,直接与采购商联络,按年收取固定会员费,并可按需求定制增值服务,按具体服务另行收费。此项服务适用于自有外贸业务团队或专业外贸业务员,对电子商务较熟悉的供应商企业。

3)提供综合商务配套服务,收取服务费

出口时代网提供围绕电子商务的增值线下服务,即从业务洽谈磋商到货物外运以及融资、展会、培训等一站式自助式外贸专业服务,按具体项目收取增值服务费,以及为境外采购商提供工厂评估、产品检验、国际认证、赊销担保、行程安排等专业线下服务,按具体项目收取增值服务费。

4.4.2 出口时代平台操作

1. 创建账号

1）注册

在任意出口时代页面的右上角单击 Join Free(免费注册)按钮,具体见图 4-13。

图 4-13　出口时代免费注册页面

2）邮箱验证

输入电子邮箱地址和验证码,单击"下一步"按钮后,会收到一封验证邮件,单击邮件中的链接进入完善信息页面,具体见图 4-14。

图 4-14　出口时代创建账号页面

3）填写信息

填写需要的信息,包括用户名、密码、国家/地区以及验证码,图 4-15 为出口时代完善信息页面。此处需要注意,为了增加信任级别,需要确保所提供的产品和公司信息详细而完整,同时需要确保所填写的联系信息准确和详细。

信息填写完毕后,即可单击创建账户按钮。至此,卖家便正式注册成为出口时代的会员。

2. 联系供应商的方式

可以通过以下三种方式联系供应商。

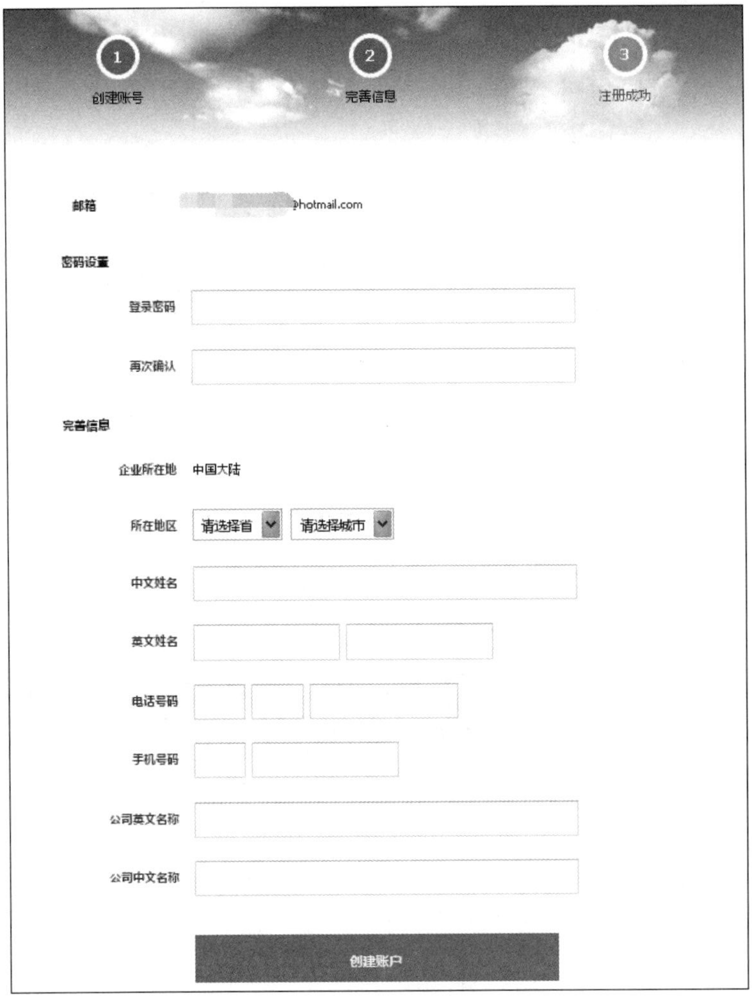

图 4-15 出口时代完善信息页面

1) 直接对供应商发送询盘

单击进入详细页面,直接对供应商发送询盘,图 4-16 为给供应商发送询盘页面。这种方式的好处是可以直接与供应商联系,能够在较短的预期时间内得到回应。按照页面的提示信息依次填入 Title(标题)、Message(信息)和 Your Email Address(你的电子邮件地址)。

2) 联系供应商

在产品详细页面中单击 Contact Supplier(联系供应商)按钮,图 4-17 为联系供应商页面。这种方式也可以联系到供应商,但联系的原因需要后续跟进,在一定程度上影响了联系的效率和时间。

3) 发布采购信息

在任意出口时代页面中单击"Post Buying Request"(发布采购信息)按钮,联系出口时代的相关客户服务人员,这样可以间接地联系到供应商,客户服务人员会把用户的问题

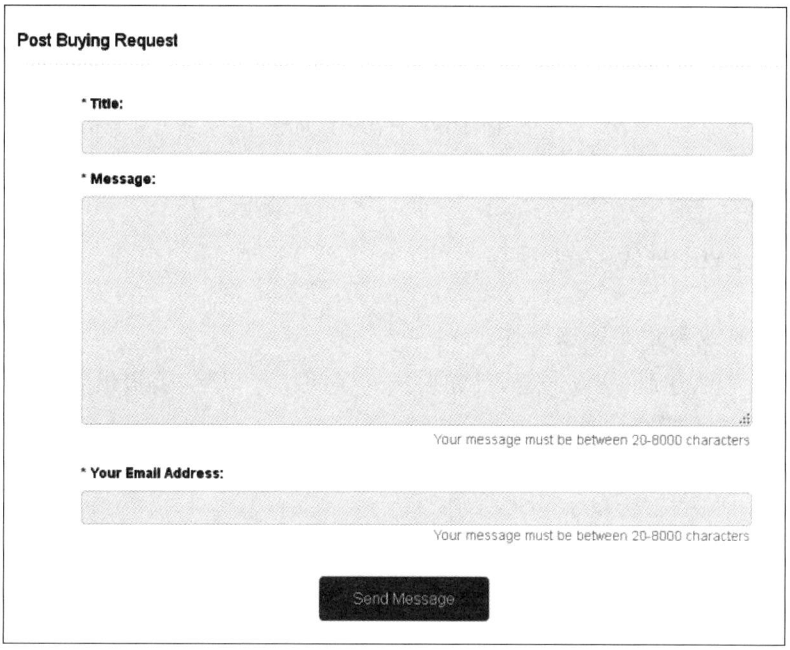

图 4-16　给供应商发送询盘页面

图 4-17　联系供应商页面

及反馈发送给相应的供应商。

因为这种方式是间接沟通,所以和前两种方式比较而言,联系时间比较长,响应速度比较慢。

此外,还可以通过搜索列表找到供应商:先要在任意出口时代页面中找到搜索框,选择"Supplier"(供应商),然后在搜索框中输入一个与待查找供应商相对应的关键词,输入完成后,单击 SEARCH 按钮,这样便会得到相应的搜索结果。

3. 查找合适的产品

当登录平台的用户需要查找合适的产品时,可以先在搜索框中搜索。也就是先在任意出口时代页面中找到搜索框,之后选择"Products"(产品),接着在搜索框中输入一个与所找产品对应的关键词,单击 SEARCH 按钮,就会得到相应的结果,图 4-18 为产品搜索页面。

如果已经确定所查找产品的类别,也可以通过查找类别来找到产品。这需要先在出口时代首页选择全部类目或者具体某一类目来寻找想要搜索的产品。这样可以大大节省

图 4-18 产品搜索页面

搜索的时间,同时可以有效提高搜索的准确度。

4.4.3 出口时代平台规则

1. 融资通业务企业审核条件

(1) 企业合法注册、持续经营,且注册成立时间 5 年以上(需提供企业营业执照等相关资料及股东个人资产信息)。

(2) 供应商资信记录良好,银行资信良好,无不良信誉记录;平台会委托中诚信对企业资信进行调查,调查时间 4~7 个工作日。

(3) 供应商公司年营业额 50 万元人民币以上。

2. 订单审核

(1) 订单赊销的账期<90 天。

(2) 提交已合作买家订单原件;提供复印件或扫描件的,应协助提供买卖双方邮件往来记录或与该买家的历史订单资料;或提供买家联系邮箱,由平台与买家联系,核实订单真实性。

(3) 委托平台出口报关和物流;已融资客户订单项下出口报关等必须委托平台,不得私自出口;已融资买家对应出口业务必须全部委托平台出口,原则上禁止单一买家部分业务委托。

3. 融资审核

(1) 平台直接收汇。

(2) 客户与境外买家结算方式为 O/A(赊销)、D/A(承兑交单)或者远期信用证的,不提供融资支持,可使用赊销买断、信用证买断等服务;对于以 D/P(付款交单)方式结算的,平台应控制货权提单,并建议购买中信保保险。

(3) 已融资后买家取消订单,客户应立即归还平台该笔订单项下融资款。

(4) 已融资订单项下相应回款必须归还平台融资,不得挪用。

(5) 客户新增境外买家的,须按公司规定对新买家进行准入核准,同样遵循新买家首单不融资的相关规定。

4.5 eBay

4.5.1 eBay 平台介绍

eBay 是全球化的电商平台之一,是可以让全球民众在网上购买物品的线上拍卖及购物网站。eBay 于 1995 年 9 月 4 日由 Pierre Omidyar(皮埃尔·奥米迪亚)以 AuctionWeb

的名称创立于美国加利福尼亚州圣荷西。AuctionWeb 是 eBay 的前身。eBay 的创立最初是为了帮助创始人奥米迪亚的未婚妻交换皮礼士糖果盒。2002 年 6 月,eBay 合并了 PayPal(目前全球最大的在线支付提供商)。2003 年 7 月,eBay 合并了中国最大电子商务公司 EachNet(易趣),并推出联名拍卖网站"eBay 易趣"。2016 年 5 月 6 日,eBay 宣布收购 Expertmaker(一家使用机器学习进行大数据分析的瑞典企业)。

eBay 操作比较简单,投入不大,适合有一定外贸资源的人做。

4.5.2　eBay 平台操作

步骤一:登录 eBay 中国官网 https://www.ebay.cn/,见图 4-19。

图 4-19　eBay 中国官网

步骤二:单击"注册"按钮。进入 eBay 注册页面后,设置账号及密码,见图 4-20。

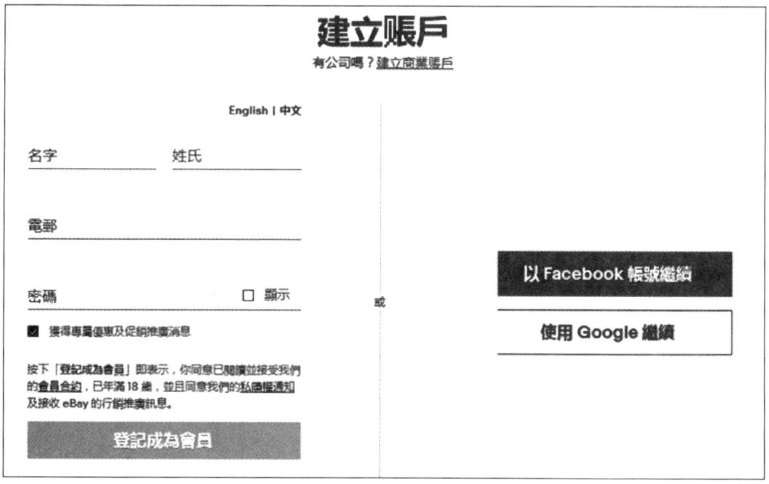

图 4-20　eBay 注册页面

步骤三：输入联络资料，见图 4-21。

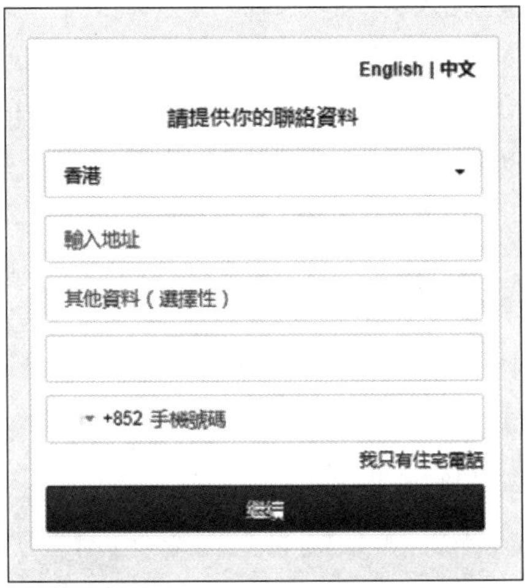

图 4-21　eBay 输入联络资料页面

步骤四：确认电话号码，见图 4-22。

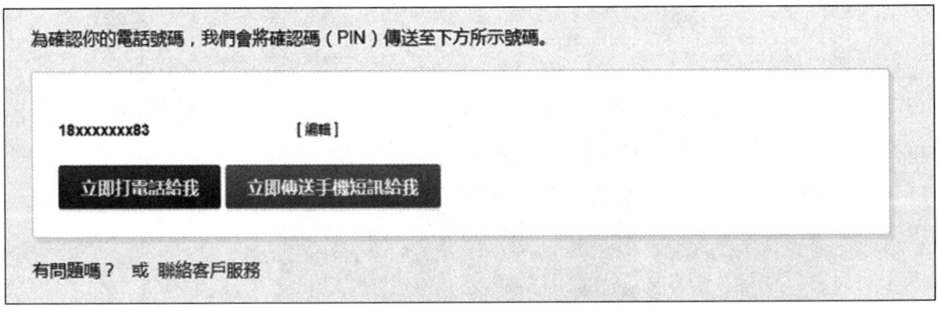

图 4-22　eBay 确认电话号码页面

步骤五：输入确认码（PIN）（个人身份识别码），见图 4-23。

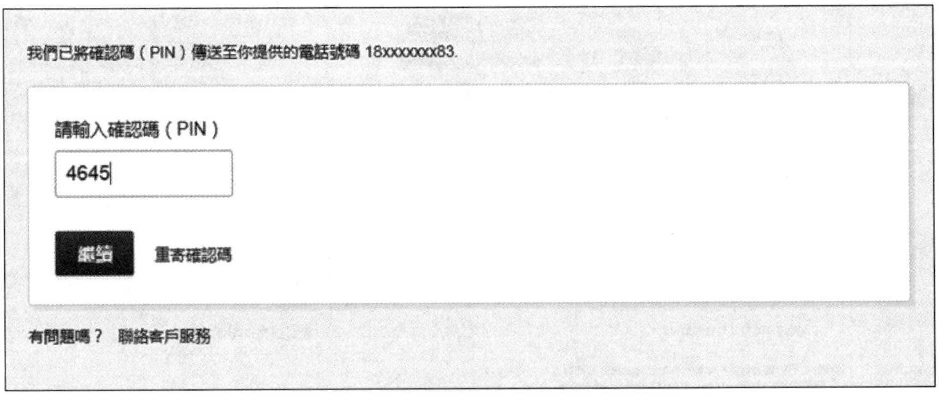

图 4-23　eBay 输入确认码（PIN）页面

步骤六：登录eBay平台，完成注册，见图4-24。

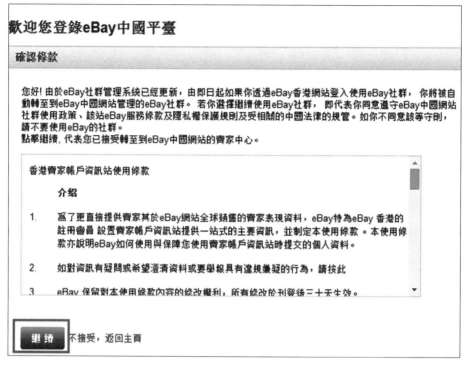

图4-24 登录eBay平台页面

4.5.3 eBay平台规则

1. 注册规则

企业注册eBay需满足以下条件。

第一，合法登记的企业用户，并且能提供eBay要求的所有相关文件。

第二，须注册为商业账户。

第三，每一个卖家只能申请一个企业入驻通道账户。

第四，申请账号需通过eBay卖家账号认证且连接到已认证的PayPal账号。

个人卖家只需注册并认证一个eBay账号，即可在全球开启销售之旅。

2. 发布规则

1）刊登规则

正确描述欲刊登的物品信息，不仅可以提高成交率，也可避免卖家交易过后因物品描述不符而产生不必要的交易纠纷，不正确的刊登描述会扰乱eBay市场交易秩序。刊登描述不当会导致违规商品被删除、账户受限，严重者，账户会被冻结。在刊登物品时，卖家应特别注意以下规则。

第一，选择正确的物品分类。物品必须刊登在正确的类别中，如出售物品存在多级子分类,需将物品刊登在相对应的分类中。

第二,正确设置物品所在地。卖家必须在物品所在地栏如实填写物品寄出地点。一般情况下,物品所在地需与账户信息相符,如果物品在外地或其他国家,务必在刊登时选择真实的所在地(不能仅在物品描述中做声明),避免日后不必要的交易纠纷。需特别注意,运费的设置要与物品所在地相匹配,若账户信息为中国,物品所在地为美国,物品被一个美国买家拍下,运费价格需与美国当地运费相匹配,而不能设置为中国到美国的运费。

第三,使用符合 eBay 标准的链接。在 eBay 刊登物品时,可以在物品描述中使用一些链接来帮助促销物品。但是,有些类型的链接是不允许的。例如,不能链接到个人或商业网站。本链接政策适用于一切可以将用户引导到 eBay 之外的文字或图片(如照片、商标或图标等),任何链接均不能指向 eBay 以外含物品销售信息的页面。

第四,物品图片标准。高品质的图片能给买家提供更好的购物体验,使物品更容易出售,因此 eBay 对物品图片刊登有一套详细标准。

(1) 所有物品刊登必须至少包含一张图片,图片的最长边不得低于 500 像素(建议高于 800 像素)。

(2) 图片不得包含任何边框、文字或插图。

(3) 二手物品刊登不得使用 eBay catalog(产品目录)图片。

(4) 尊重知识产权,不得盗用他人的图片及描述。

2) 预售刊登规则

预售刊登是指卖方刊登那些他们在刊登时未拥有的物品。此类刊登的物品,通常在对大众的交货日期前就已预先出售。卖方需保证自物品购买之日(即刊登结束之日或从 eBay 店面购买刊登物品之日)起 30 天之内可以送货,eBay 允许其有限制地刊登预售物品。

3) 编码规则

eBay 禁止会员在刊登物品中使用以下几种特定类型的 HTML(超文本标记语言)和 JavaScript 编码文字功能。违反此刊登规则会导致在线商品被删除,多次违规会导致账户受限,严重者账户将被冻结。建议用户在刊登商品前先咨询刊登物品平台客服,以避免不必要的违规。

3. 交易规则

1) 知识产权违规(商标权,著作权,专利权)

其包括:复制品、赝品和未经授权的复制品政策,刊登物品时描述物品的规则和举报用户违反知识产权保护条款。比如,未经授权卖了别的品牌的产品或者仿品,刊登物品时使用了别人店铺的描述或者图片,都会被认定为知识产权违规。

2) 交易行为违规

其包括卖家自我抬价和成交不卖。

卖家自我抬价指的是人为抬高物品价格,也就是卖家在竞拍的过程中,通过注册或操纵其他用户名虚假出价,或者是由卖家本人或与卖家有关联的人所进行,从而达到将价格抬高的目的。

成交不卖指的是收取了买家的货款但是一直不发货给买家,所以卖家在平时一定要注意对库存的把控,超卖之后及时联系买家进行沟通。

3）用户沟通违规

其包括：使用不雅言辞,未经允许地滥发邮件(垃圾邮件)和滥用 eBay 联系功能。如果卖家在和买家沟通过程中"爆粗"、频发邮件,就会被认为沟通违规。当然如果买家在写评价的时候"爆粗口",也会被 eBay 隐藏掉。

4. 放款规则

eBay 新卖家所收到的款项都被 PayPal 暂时冻结,提示冻结至买家留好评或者 21 天后。21 天是最长时间,并且可以促使买卖双方交易完整。比如交易出现问题,确保账户有足够的余额进行退款或者补偿。如果交易没有问题,会在 21 天之内解除资金冻结状态。因此,卖家要在第一时间将快递单号添加到自己的后台物流系统,然后标记"已发货",PayPal 会根据其提供的快递单号和日期来预计送达日期并据情况进行解冻处理；刚注册的账户,如果还没有进行 PayPal 认证,建议立即进行账户认证,这将有助于账户安全,增加 PayPal 信任；同时卖家在发货的第一时间应当与付款方及时沟通,避免买家提出争议、投诉,并保存发货快递单据。

出现下列任一情况,PayPal 可能会提前放款。

（1）卖家在交易中标记已发货并上传追踪号后,国内交易 7 天后释放,跨国交易 14 天后释放。

（2）买家在账户表示已收货,款项会自动释放。（这里包括买家给卖家留好评或者买家给 PayPal 发邮件告知已收到货）。

5. 评价规则

买家购买后不留评价,平台会给卖家自动默认好评,并且 eBay 每个周三会针对有利于卖家的纠纷或者退款保障,买家违规以及 eBay 通过包裹追踪号能判定的,不属于卖家责任的情况下,比如,不可抗力,eBay 认可物流相关,都会移除差评。

6. 售后规则

1）新退货政策

2018 年 8 月 1 日起,如果 eBay 发现退货产品已交付给卖家,并且已过去两个工作日,eBay 会将款退给买家。买家的退款一旦被返还,eBay 将会自动关闭退款请求,以保护卖家不被进一步索要退款,并保护他们的指标免受不必要的影响。

2）换货服务

卖家可以给买家提供"换货"选择,而不是全额退款。卖家需在退货政策中标明该服务,或在买家要求退款时提及此项服务。卖家可以在 My eBay 和卖家中心定制退货参数,自动同意换货请求,加快换货流程(退货和退款要求除外)。

提供换货服务,可以帮助卖家改善售后体验、减少不必要的纠纷、迅速解决问题,进而提高客户的忠诚度。

4.6 Wish

4.6.1 Wish 平台功能

Wish（购物趣）平台是在移动互联网发展中诞生的，和其他电商平台最大的区别在于，Wish 基于移动端 App 运营，买家都是通过移动端浏览和购物的。Wish 平台于 2011 年 12 月创立于美国旧金山硅谷，起初是一个类似于国内蘑菇街的导购平台，平台的创始人是来自谷歌和雅虎的顶尖工程师——出生在欧洲的彼得·舒尔泽斯基（Peter Szulczewski）和来自广州的张晟（Danny Zhang），他们奠定了平台强有力的基础和技术核心。2013 年 5 月，Wish 在线交易平台正式上线，移动端 App 于同年 6 月推出，当年经营收益超过 1 亿美元。

与其他电商平台相比，Wish 平台卖家上传商品是免费的，卖家在交易成功后只需向平台支付一定比例的佣金，整个过程非常简单。Wish 平台没有比较功能，因此价格在 Wish 平台上不是最敏感的，规则与其他平台有很大不同，后期流量主要取决于产品的优化和客服质量。

4.6.2 Wish 平台操作

在注册之前，首先准备好注册全球速卖通所需的材料：一张银行储蓄卡、一个国际通用邮箱以及身份证的扫描件。

步骤一：登录 https://china-merchant.wish.com，单击"立即开店"按钮，见图 4-25。

图 4-25　Wish 平台页面

步骤二：在跳转页面中，根据提示，设置用户名，见图4-26。

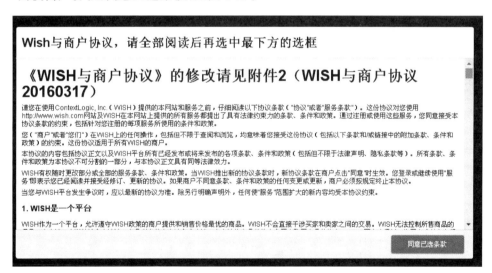

图 4-26　设置用户名页面

阅读商户协议，同意已选条款，见图4-27。

图 4-27　阅读商户协议

步骤三：发送验证邮件，见图4-28。登录电子邮箱，单击激活电子邮件中的链接，确认电子邮箱地址，见图4-29。

图 4-28　发送验证邮件

图 4-29　电子邮箱验证

步骤四：设置店铺名称，填写个人信息，见图 4-30。

图 4-30　填写个人信息

步骤五：完成实名认证（图4-31）。建议用公司资料申请注册，直接联系Wish招商经理指导开店。

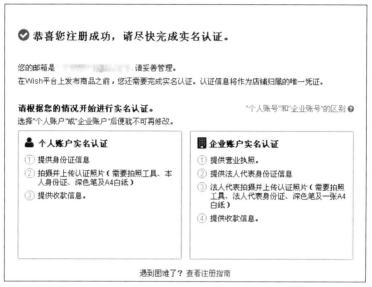

图4-31　完成实名认证

个人账号与企业账号的区别见图4-32。

图4-32　个人账号与企业账号的区别

（1）选择个人账户实名认证，见图 4-33。

图 4-33　个人账户实名认证

选择支付平台，完成注册，见图 4-34。

图 4-34　选择支付平台

（2）选择企业账号认证，请准备好企业营业执照、法人身份证信息。输入公司名称。注意：个体工商户不可作为企业账户；填写统一社会信用代码；上传清晰的营业执照彩色正面照片，见图 4-35。

输入法人代表姓名和法人代表身份证号，见图 4-36。

添加收款信息，见图 4-37。

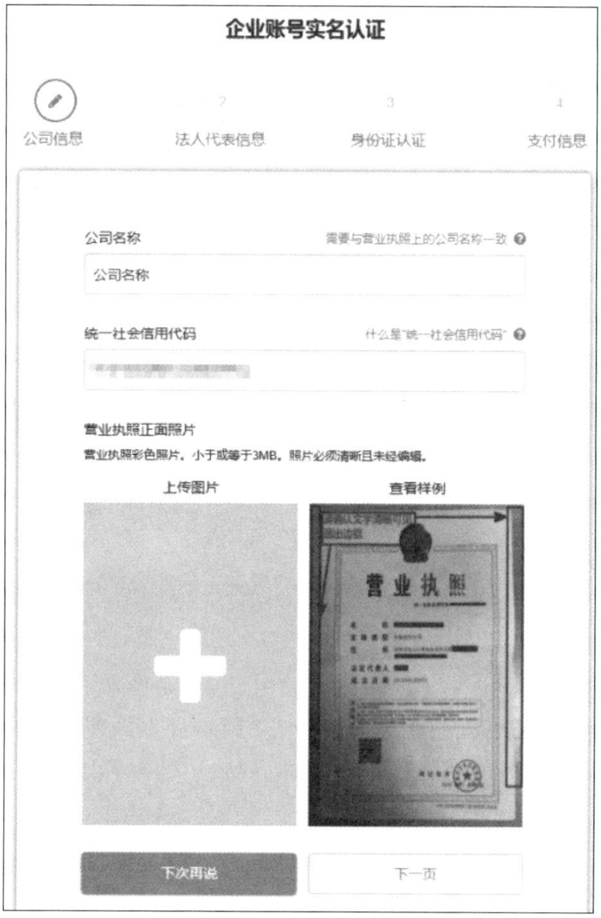

图 4-35　填写公司信息

图 4-36　法人代表信息

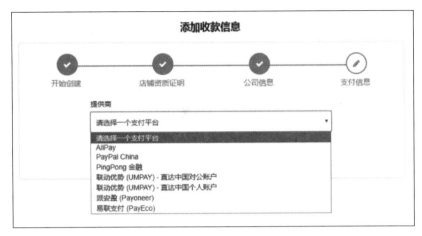

图 4-37 添加收款信息

4.6.3 Wish 平台规则

1. 注册规则

（1）商家资质要求：Wish 的商家可以是生产者、品牌所有者、零售商、手工艺者、发明者或者艺术家等。商家必须自己创造、生产或拥有批发或零售的权力才能进行商品销售。每位商家都必须遵守法律法规，所出售的商品、店铺内容以及一些限运商品等必须符合法律标准。

（2）账户要求：注册期间提供的信息必须真实、准确；如果注册期间提供的账户信息不准确，账户可能会被暂停。每个实体只能有一个账户，如果公司或个人有多个账户，则多个账户都有可能被暂停。

（3）自 2018 年 10 月 1 日开始，Wish 新注册的店铺须缴纳 2 000 美元的店铺预缴注册费。这项政策旨在确保新注册商户账户为用户提供最优质的产品和服务。该政策适用于 2018 年 10 月 1 日以后完成注册流程的所有商户账户。同时，自 2018 年 10 月 1 日起，非活跃商户账户也被要求缴纳 2 000 美元的店铺预缴注册费。商户需要在注册流程最后一步缴纳店铺预缴注册费，完成缴纳后才能开启店铺。

2. 发布规则

1）提供的信息必须准确

如果对所列产品提供的信息不准确，该产品可能会被移除，且相应的账户可能面临罚款或被暂停。

2）严禁销售伪造产品

如果商户推出伪造产品进行出售，这些产品将被清除，并且其账户将面临罚款，可能还会被暂停。

3）产品不能侵犯其他方的知识产权

产品图像和文本不得侵犯其他方的知识产权，这包括但不限于版权、商标和专利。如果商户列出的产品侵犯了其他方知识产权,这些产品将被清除,并且其账户将面临罚款,可能还会被暂停。

4）严禁列出重复的产品

严禁列出重复的产品。相同尺寸的产品必须列为一款产品。不得上传重复的产品。如果商户上传重复的产品,产品将被移除,且其账户将被暂停。

3. 交易规则

1）严禁出售伪造产品

这一点相较于国内的大部分贸易平台要更加严苛,会有严格的审核过程。Wish 平台严禁销售模仿或影射其他方知识产权的产品。如果商户推出伪造产品,这些产品将被清除,并且其账户将面临罚款,可能还会被暂停。

2）严禁销售侵犯另一个实体的知识产权的产品

Wish 平台审核销售品不只是杜绝赝品,还禁止商户销售的产品图像、文本侵犯其他方的知识产权,这包括但不限于版权、商标和专利。如果商户列出侵犯其他知识产权的产品,这些商品将被清除,并且其账户将面临罚款,可能还会被暂停。

3）误导性产品规则

自 2018 年 5 月 2 日起,若产品被检测出存在误导性,对于其在过去 30 个自然日内的相关订单,商户将被处以 100% 订单金额的罚款,外加单笔订单 100 美元的罚款,总罚款金额最低为 100 美元。

4）虚假广告政策通知

若广告产品与实际描述不符,商户将被处以 100% 订单金额的罚款,罚款最低为 100 美元,该政策适用于 1 个月内的订单。

5）质量退款罚款政策

自 2018 年 4 月 23 日起,因产品不适合、产品与描述不符、仿冒品等原因发生的与质量相关的退款,商家将被处以 30% 订单价值的罚款,最高可达 5 美元。

6）禁售品罚款政策

自 2018 年 4 月 30 日开始,如果卖家产品被发现不符合 Wish 禁售品政策,则卖家将被处以 10 美元罚款,并且该产品也将被系统下架,"禁售品"的示例包括但不限于侵犯他人知识产权的产品、违禁品。

4. 放款规则

放款时间:固定在每月的 1 日、15 日。

满足放款的条件:订单已确认收货,即物流信息显示妥投或者买家主动确认收货;90 天后无人确认收货,也无人退款,自动放款,这种情况一般是因为选择平邮,平邮没有妥投信息;若为只针对美国、澳大利亚的平邮,30 天后无人确认收货,也无人退款,平台也会自动放款。因此,卖家选择平邮时切记,这是平台所认可的物流渠道,也必须有国内段的物流信息。

确认收货发生的时间点(针对过去的每一个单):1 日放款之后至 15 日放款之前,达到放款条件的订单,会在 15 日统一放款;每月 15 日放款之后至下月 1 日放款之前,达到放款条件的订单,会在1日放款。

被罚款订单放款时间:仿牌被抓(不是所有卖家都是这种情况),1年之后返还一半,2年之后返还全部。

2017年9月,Payoneer(派安盈)与Wish联手推出提前放款,可以提前30天发放Wish店铺对应的待发放款项,加快资金流转速度。卖家将Wish店铺绑定到Payoneer收款,就会自动进入能否使用提前放款的筛选系统。提前放款的参与条件由店铺销量、店铺评分、收款稳定性等若干因素决定。只要卖家店铺符合参与提前放款的条件,Payoneer就会立即通知卖家。每月卖家最多有两次提前放款机会,每笔放款的数额由Wish系统和算法决定。如果卖家不需要某一笔提前放款,忽略该邮件即可。

5. 评价规则

平台每个月都会对产品进行用户服务品质排名,想要被界定为高品质的产品,应该始终拥有良好的评论、低退货率、高配送效率和较少的客户问题。如果被认定是高品质产品,则能获得被审核时间段内所有未产生退款的订单金额的1%的返利,审核时间将会在被审核时间段的两个月之后。

拥有低评价的产品商户需及时优化或者下架该产品,否则Wish将移除该评价极低的产品,而且商户要承担该产品相关的所有退款责任。

6. 售后规则

1) 延迟发货的规定

对于所有在2018年4月12日以及此日后生成的订单,延时发货的订单将按照该新政予以罚款。如果自订单生成起至物流服务商确认发货的时长超过168小时(7个自然日),那么该订单将被判定为延时发货,同时商户将被处以罚款20%订单金额或1美元,罚款数额按高的计算。

2) 买家售后管理

出于尽量减轻商户负担,以及海内外客户习惯差异的考虑,Wish平台会和买家对接,直接受理相关的投诉和售后需求。

受信任的商户也有权直接处理买家的要求。商户的历史销售情况,包括发货时效、商品可信度、纠纷率等都将成为考核指标。

Wish平台的优势在于智能数据分享,向买家推送感兴趣的产品,再加上主要是在移动端App运营,因此相较于其他平台而言,弱化了商户与买家沟通的机能。Wish平台的出发点是希望尽量减轻商户的负担,让商户只需负责上架产品和发货的工作,至于沟通方面,则留给平台负责。

本章小结

本章共分六节来阐述跨境电商平台操作。从第一节到第六节分别介绍了阿里巴巴国际站、亚马逊、敦煌网、出口时代、eBay、Wish的平台功能、平台操作以及平台规则。

实训项目

在阿里巴巴国际站操作后台发布一款产品,要求类目放置正确,产品名称、关键词与文本相匹配,产品信息完整度100%,详情页内容详尽,产品信息完整专业,版面美观、具有一定逻辑性和层次感。

 课后习题

1. 组成小组,登录阿里巴巴速卖通、亚马逊、敦煌网、兰亭集势、eBay以及Wish平台注册账号,了解每个跨境电商平台相关规则。

2. 选择一个跨境电商平台开立一个跨境电商店铺,并回答以下问题:

(1) 简要介绍你了解的跨境电商平台有哪些,比较它们的不同点。

(2) 你会选择哪个平台开立你的店铺?简要说明理由。

(3) 你会选择什么主营产品?说明你是如何选定这个(类)产品或你为什么选这个(类)产品。

 即测即练

第 5 章 跨境电商交易流程

B2C 模式交易流程较为简单,本章主要介绍 B2B 交易流程,当然很多内容也适合 B2C。

跨境电商与传统电商或传统贸易的交易流程基本相似,都经历交易前的准备、交易磋商以及合同履行三个环节。但跨境电商的交易始于跨境电商交易平台,同样也终于平台,其交易主体来自不同关境,以电子商务的手段将传统贸易中的展示、磋商、成交和结算环节电子化,并通过跨境物流送达商品。因此,跨境电商商业模式下的国际市场调研所考虑的因素比国内电子商务更为复杂,调研的渠道及手段和传统贸易也有所不同。同时,跨境电商涉及的交易安全问题更为复杂。

引导案例

英国 A 商 5 月 3 日向德国 B 商发出一项要约(发盘),销售某商品一批,限 5 月 9 日复到有效。B 商于该要约的次日 5 月 6 日上午答复 A 商,表示完全同意该要约内容。但 A 商在发出要约后发现该商品行情趋涨,遂于 5 月 7 日下午致电 B 商,要求撤销其要约。A 商收到 B 商承诺(接受)通知的时间是 5 月 8 日上午。

资料来源:https://max.book118.com/html/2021/1125/6235152120004100.shtm。

案例思考题:
1. 上述交易过程涉及哪些跨境电商的交易环节?
2. 你还知道跨境电商交易的其他流程吗?

5.1 跨境电商交易流程简介

B2B 跨境电商交易流程包括以下几个方面。

扩展阅读 5.1 B2B 跨境电商交易流程简图

1. 交易准备

交易准备包括:找寻目标市场,选择目标客户(通过发出询价与信息反馈,对潜在的客户进行筛选)。选定客户后,建立客户关系,进而进行实质性的业务洽谈,即进入交易磋商和订立合同阶段。

2. 交易磋商

交易磋商包括询价、发盘、还价和接受(受盘)。交易双方对所洽谈的各项贸易条件达成一致意见,即为交易成功,并签订合同。以上各项工作均主要通过互联网途径完成。

3. 合同履行

该阶段工作包括很多业务环节,按照工作落实的顺序要求,包括备货、落实信用证(在信用证支付条件下)、订舱、制单、结汇。这个阶段一些环节的工作是通过互联网途径制订完成的。

以 CIF(成本加保险费加运费)价格成交、信用证支付的出口业务为例,其整个交易的环节按照各项工作的流程来进行。其他贸易术语或使用其他运输方式的出口合同,其所涉及的环节同上述环节大致相同。由于使用的贸易术语不同,交易的卖方和买方承担的义务与责任也有所差异。

进口贸易在交易准备阶段和交易磋商阶段的各个业务环节与出口交易的程序是相同的。买卖双方通过谈判达成买卖协议后,一般多以出口合同的形式规定买方和卖方的责任与义务。此后,进入合同履行阶段。一方履行出口合同,意味着另一方履行进口合同。

5.2 国际市场调研与客户开发

5.2.1 跨境电商市场调研的内容

跨境电商的国际市场调研与传统的市场调研一样,应遵循一定的方法和步骤,以保证市场调研的质量。跨境电商国际市场调研通常主要包括以下几个部分:国别(地区)调研、市场需求调研、可控因素调研和不可控制因素调研。

1. 国别(地区)调研

国别(地区)调研主要是为了贯彻国别(地区)政策、选择适宜的市场、创造有利条件,建立跨境电商贸易关系,具体如下。

(1) 一般概况调研:人口、面积、气候、函电文字、通用语言、电子商务的普及情况、电子商务平台的使用情况等。

(2) 政治情况调研:政治制度、对外政策以及与我国的关系等。

(3) 经济情况调研:主要物产资源、工农业生产、财政金融、就业状况、收入状况、使用电商购物的人群特性等。

(4) 对外贸易情况调研:主要进出口商品贸易额,进出口贸易的主要国别(地区),对外贸易政策,海关税率和商检措施,海关对于邮件、小包、快递类的管制措施,民法和商法以及与我国进行贸易的情况等。

(5) 运输条件调研:邮政包裹、商业快递的选择和使用情况及清关能力等。

2. 市场需求调研

市场需求调研一般从以下三方面开展:市场需求容量调研、市场消费特点调研以及目标人群调研。市场需求容量调研主要包括:现有和潜在的需求容量;市场最大和最小需求容量;不同商品的需求特点和需求规模;不同市场空间的营销机会以及企业和竞争对手的现有市场占有率等情况的调查分析。市场消费特点调研包括消费水平、质量要求、消费习惯、销售季节、产品销售周期、商品供求价格变动规律等。目标人群调研,有助于了解目标人群的消费特点、喜爱的品牌,以及这些品牌在该市场的占有率,同时也有助于了解竞争对手是如何布局他们的同类商品线的。结合目标人群的特性,做好第三方平台或独立平台的选择,在选商品方面,要立足于第三方平台或者独立平台的目标人群的需求以及购物习惯。如出口跨境电商方面,eBay 的 3C 类电子产品、家居类产品销量较好,亚马逊在品牌服饰上优势明显,速卖通在新兴市场国家销量增长较快等。

3. 可控因素调研

可控因素调研主要包括对产品、价格、销售渠道和促销方式等因素的调研。

1) 产品调研

产品调研包括:有关产品性能、特征及客户对产品的意见和要求的调研;市场适销商品调研,包括品种、规格、用料、颜色、包装、商标、运费等;产品寿命周期调研,以了解产品所处寿命期的阶段;产品的包装、名牌等给客户的印象的调研,以了解这些形式是否与消费者或用户的习俗相适应。

2) 价格调研

价格调研包括:产品价格的需求弹性调研;竞争对手价格变化情况调研;新产品价格制定或老产品价格调整所产生的效果调研;选样实施价格优惠策略的时机和实施这一策略的效果调研。

3) 销售渠道调研

销售渠道调研包括:企业现有产品分销渠道状况;中间商在分销渠道中的作用及各自实力;用户对中间商尤其是代理商、零售商的印象等内容的调研。

4) 促销方式调研

促销方式调研主要是对人员推销、广告宣传、公共关系等促销方式的实施效果进行分析、对比。

4. 不可控制因素调研

(1) 政治环境调研。政治环境调研包括对企业产品的主要用户所在国家或地区的政府现行政策、法令及政治形势的稳定程度等方面的调研。

(2) 经济发展状况调研。经济发展状况调研主要是调查企业所面对的市场在宏观经济发展中将产生何种变化。

(3) 社会文化因素调研。社会文化因素调研调查一些对市场需求变动产生影响的社会文化因素,如文化程度、职业、社会道德与审美意识等。

(4) 技术发展状况与趋势调研。技术发展状况与趋势调研主要是为了解与本企业生产有关的技术水平状况及趋势,同时还应把握社会相同产品生产企业的技术水平的提高情况。

(5) 市场竞争情况调研。市场竞争情况调研包括市场容量、供货主要来源、主要生产者、主要竞争者、主要消费对象等。竞争对手调研主要调查竞争对手数量、竞争对手的市场占有率及变动趋势、竞争对手已经或将要采用的营销策略、潜在竞争对手情况等方面。

5.2.2 跨境电商的市场调研

对于跨境电商市场调研而言,除了一些传统手段的市场调研法仍然在使用外,随着科技的进步,特别是 IT 的飞速发展,利用网络进行跨境电商市场调研越来越成为主流方式。

跨境电商市场调研有两种方法:一种是直接进行的一手资料调研,即直接调研法,主要有传统的访问法、观察法和试验法等,如电话访问法、邮寄询问法等。同样,其也可以基于网络根据不同的调查方式细分,如网上观察法、专题讨论法、在线问卷法、网上实验法和网上搜索法,使用最多的是专题讨论法和在线问卷法。另一种是利用互联网的媒体功能,在互联网上收集二手资料,即间接调研法,二手资料的收集相对比较容易,花费少,来源也更广。利用互联网收集二手资料更加方便,速度也比传统方法快得多,而且通常可以直接从网上复制,因此大大缩短了资料收集、输入及处理的时间。间接调研法有网站跟踪法和加入邮件列表等。

随着信息电子化的推进,利用网络进行跨境电商市场调研变得越来越容易。利用互联网进行市场调研,实际上已经很难严格区分一手资料和二手资料。

1. 网上观察法

网上观察法主要是利用相关软件和人员,记录登录网络浏览者浏览的活动的方法。相关软件能够记录:登录网络浏览者浏览企业网页时所显示的内容和浏览的时间;在网上喜欢看什么商品网页;看商品时,先关注的是商品的价格、服务、外形还是其他人对商品的评价;是否有就相关商品和企业进行沟通的愿望等。另外,利用搜索引擎的强大搜索功能可获得大量的一手资料,通过访问目标企业的网站查询相关信息,如企业的新闻报道、产品介绍、促销策略等。

2. 专题讨论法

专题讨论可通过新闻组(Usenet)、公告板系统(BBS)或邮件列表讨论组进行。其步骤如下。

(1) 确定要调查的目标市场。
(2) 识别目标市场中要加以调查的讨论组。
(3) 确定可以讨论或准备讨论的具体话题。
(4) 登录相应的讨论组,通过过滤系统发现有用的信息,或创建新话题让大家讨论,从而获得有用的信息。

3. 在线问卷法

利用在线调查问卷获取信息是最常用的在线调研方法。在网站上设置调查表,即请求浏览其网站的每个人参与企业的各种调查。访问者在线回答问题并提交到网站服务器,从服务器即可看到调查的结果。在线问卷调查可以委托专业公司进行。在线问卷法广泛地应用于各种调查活动,这实际上就是传统问卷调查方法在互联网上的表现形式。最简单的调查表可能只有几个问题需要回答,或者几个答案供选择。而复杂的在线调查可能有几十个甚至更多的问题。还可以在具有相应的功能支持的跨境电商企业网站上设置多语种调查表进行调查,网上调查也被认为是跨境电商网站的主要功能之一。

1)调查问卷的基本结构

调查问卷一般包括三个部分,即标题及标题说明、问卷的调查内容和结束语。

(1)标题及标题说明。标题及标题说明是调查者向被调查者写的简短信,主要说明调查的目的、意义、选择方法以及填答说明等,一般放在问卷的开头。

(2)问卷的调查内容。问卷的调查内容主要包括各类问答题及其指导语,这是调查问卷的主体,也是问卷设计的主要内容。问卷中的问答题,从形式看,可分为封闭式、开放式和混合式三大类。封闭式问答题既提问题,又给若干答案,被调查者只需在选中的答案中打"√"即可。开放式问答题只提问题,不给具体答案,要求被调查者根据自己的实际情况自由作答。混合式问答题,又称半封闭式问答题,是在采用封闭式问答题的同时,最后再附上一项开放式问题。至于指导语,也就是填答说明,用来指导被调查者填答问题的各种解释和说明。

(3)结束语。结束语一般放在问卷的最后面,对被调查者表示感谢,也可征询被调查者对问卷设计和问卷调查本身的看法与感受,要诚恳、亲切。

2)在线问卷发布的主要途径

在线问卷发布的主要途径有以下四种。

(1)将问卷放置在自己网站或问卷网上,等待访问者访问时填写问卷。

(2)通过微信朋友圈将问卷链接地址发送给微信朋友,说明并请求被调查者协助调查或转发问卷。

(3)通过已知的电子邮箱地址,以电子邮件(E-mail)的方式将设计好的调查问卷直接发送到被调查者的邮箱,或者在电子邮件正文中给出一个网址链接到在线调查表页面,这种方式在一定程度上可以对用户成分加以选择,并节约被访问者的上网时间。被调查者完成后再通过电子邮件将问卷返回。

(4)在相应的讨论组中发布问卷信息或者调查题目。

4. 网上实验法

网上实验法可以通过在网络中所投放的广告内容与形式进行实验。设计几种不同的广告内容和形式在网页或者新闻组上发布,也可以利用电子邮件传递广告。广告的效果可以通过服务器端的访问统计软件随时监测,也可以利用查看客户反馈信息量的大小来判断,还可以借助专门的广告评估机构来评定。

5. 网上搜索法

利用网上搜索可以收集到市场调研所需要的大部分二手资料,如大型国际调查咨询公司的公开性可查报告,大型国际性企业、商业组织、学术团体及报刊等发布的调查资料,各国政府发布的调查统计信息等。互联网上虽有海量的二手资料,但要找到自己需要的信息,首先必须熟悉搜索引擎的使用,其次要掌握专题型网络信息资源的分布。

6. 网站跟踪法

作为市场调研的日常资料收集工作,需要对一些提供信息的网站进行定期跟踪,对有价值的信息及时地进行收集、记录、分类、整理。对于一个特定的市场调研项目,至少要在一定时期内对某些领域的信息进行跟踪。一般来说,可以提供大量一手市场信息和二手资料的网站有各类网上博览会、各行业的经贸信息网站、企业间的跨境电商网站、国际大型调研咨询公司网站、各国政府统计机构网站等。

7. 加入邮件列表

很多网站为了维持与用户的关系,常常将一些有价值的信息以新闻邮件和电子刊物等形式免费向用户发送,通常只要进行简单的登记即可加入邮件列表。比较有价值的邮件列表如各大电子商务网站初步整理出来的市场供求信息、各种调查报告等。定期处理收到的邮件列表信息也是一种有效的资料收集方法。

5.2.3 寻找和了解客户的途径

互联网搜索和境外组织获取是跨境电商寻找与了解客户的主要途径。

互联网搜索主要通过搜索引擎,网络黄页,行业协会网站,国际展览会、博览会网站与其他方式。

1. 搜索引擎

搜索引擎指自动从互联网收集信息,经过整理以后,提供给用户进行查询的系统。互联网上的信息浩瀚万千,而且毫无秩序,像汪洋上的一个个小岛,网页链接是这些小岛之间纵横交错的桥梁,而搜索引擎则为用户绘制了一幅一目了然的信息地图,供用户随时查阅。它们从互联网提取各个网站的信息(以网页文字为主),建立起数据库,并能检索与用户查询条件相匹配的记录,按一定的排列顺序返回结果。

搜索引擎营销是外贸企业海外推广的有效手段之一,而在搜索引擎营销中,最为重要的莫过于选好关键词,并对关键词进行良好的关联管理。

利用搜索引擎寻找客户的主要步骤和方法如下。

第一步:明确营销目标。

在项目启动前,卖家建立营销项目的预期目标,分析目标用户,并了解用户在各种采购周期的关注点变化的影响因素。对目标用户的分析需要了解以下几个方面:目标用户会有什么文化习惯?哪些国家和地区是目标用户?用户经常访问哪些网站?用户使用哪些方法来查找他们需要的产品和服务?通过对这些问题的分析,推广工作才会更有针对性。

第二步:选取和评估主题关键词。

了解与公司品牌、行业特色、产品线、产品特点和营销活动相关的"关键词"。要研究这些关键词,列表中应尽可能地将"关键字"罗列详细,并采取详尽的方式列出短语和词组的所有组合。

第三步:创建合理的分类。

在识别关键词的基础上,对关键词进行分类整理,如目标对象,关键词可能包括进口商、供应商、买家、卖家等;产品定位,关键词可能包括价格、销量、评价等。

第四步:分析竞争对手。

通过"产品名称+关键词"或"关键词+产品名称"的搜索方法识别客户群体中知名度

较高、与自己企业特征相似的其他品牌，并从品牌店铺、品牌产品等方面进行详细分析。

2. 网络黄页

网络黄页（企业名录）是跨境贸易人士获取商业信息的主要途径之一，它是纸上黄页在互联网上延伸和发展的结果，是了解境外客户的直接渠道。传统黄页是以纸张形式打印企业电话号码的黄页广告。其产品包括公司地址、公司名称、邮政编码、电话号码、联系人等基本信息。网络黄页拥有独立业务 Logo（商标/徽标）的企业网站，可提供多种选择的版本，包括企业邮件、产品动态、数据库空间、交易信息、企业简介、即时消息、短信交互等。通过网页上的行业划分，可以找到你要在线查找的企业，或输入关键字，搜索你需要搜索的企业。

3. 行业协会网站

行业协会网站的信息集中反映本行业领域内（业内）有关国内及国外生产、销售、市场状况的行业性网站，是外贸行业人士比较喜爱的用于了解国内外商务行情的便利渠道。在搜索引擎中输入所要找的行业协会的名称，即可找到该协会的网站。例如，在搜索引擎百度上输入文字"中国食品土畜进出口商会"，就可找到该商会的网站。进入某境外行业网站，在搜索引擎中输入关键词，如输入"产品名称＋association"，就能找到相关的协会网站。

4. 国际展览会、博览会网站

国内外大型的、固定办展的国际进出口商品展览会或博览会都有本展会的官方网站，并且拥有大量的世界范围的参展客户名录，这些参展客户一般都是相关的制造商或经销商或进出口贸易企业。在这些网站上搜索信息，能够使企业的商业视野更加开阔，并获得参展的信息和参展产品情况的信息，查询展览会、博览会网站的方法比较简单，在搜索引擎（如百度）中输入博览会名称，即可找到该会网站。

要搜索国外展会网站，只要在国外的搜索引擎中输入关键词即可。例如，"产品＋exhibition 或 fair 或 conference"。在这些展会网站上，通常可以得到有关展会概况、参展企业名称及参展企业数量、参展企业来源国家或地区、展馆及参展的大类产品参展动态，尤其是新产品发展的动态等。

5. 其他

通过 B2B、B2C 等网络平台，可以获得大量的供求信息。境外组织信息主要包括通过银行或外国咨询公司获取的信息、国外商会和老客户提供的情况。

5.2.4 网上商务信息发布的途径

网上发布商务信息的渠道和形式众多，各有长短。发布信息时，企业应根据自身情况及信息发布的目标选择合适的渠道与方式。常用的方式有以下几种。

1. 网站

建立企业自己的网站，它如同企业名片，不但包含企业信息，还能更好地树立企业在市场和行业内的形象，是企业的广告宣传载体。企业网站办得好，会成为企业的无形资产。

2. 网络内容服务商

企业可向国内外专业的网络服务商购买相关服务产品,如产品发布、客户寻求等。国内一些成熟的网站访问量巨大、信息涵盖范围广、网站知名度高,是企业可以关注和选择的目标网站,如搜狐、网易、新浪、百度、腾讯等。

3. 供求信息平台

供求信息平台是目前最为普遍和有效的信息发布途径之一,对于跨境商务企业而言,主要是各种 B2B 及 C2C 平台。其会员注册数量多,平台活跃程度高。其服务一般分为免费会员和付费会员两种。免费会员一般能够发布各种供求、合作、代理信息,有上传图片、联系方式等简单操作;付费会员则能享受到更周到的服务,如发布信息的数量、上传图片的数量等都有明显增加。

4. 黄页网站/企业名录

黄页网站/企业名录由于有大量的浏览客户,所以也是发布信息的重要渠道。大部分黄页网站都可以免费发布信息。另外,这些网站一旦发布信息,可以较长时间地保持发布记录,而且能够分门别类地进行归档,便于客户查询。

5. 网络报纸或网络杂志

互联网的发展改变了大众主要依靠"纸面"形式的阅读方式。国内外的一些著名报纸、杂志纷纷在互联网上建立自己的主页,发行网络报纸、杂志。使用这种阅读方式的人群也在不断地扩大。对于注重广告宣传的跨境商务企业来说,在这些网络报刊上做广告也是一个很好的传播渠道。

5.3 网上交易磋商

5.3.1 网上交易磋商的方式

网上交易磋商(online transaction negotiation)是指买卖双方通过互联网的形式,就某项交易的达成进行协商,以求完成交易的过程。

1. 网上交易磋商的基本方式

网上交易磋商的基本方式有两种:口头磋商和书面磋商。

口头磋商是交易双方利用互联网洽商交易,其主要方法有互联网在线服务(如 Skype 等)、跨境电话、微信语音等。口头磋商的优点是可以使双方及时、准确地了解对方的合作态度,根据具体进展随时调整战略。

书面磋商是交易双方通过电子邮件、电传或互联网等通信方式磋商洽谈。有时口头和书面两种形式也可以结合使用。随着现代化通信技术的发展,书面磋商越来越简便易行,而且费用与口头磋商相比有时更低廉,因此,通过网络通信技术或平台进行交易磋商成为网络贸易的主要业务洽谈方式。

2. 网上交易磋商的通信途径

现阶段,跨境电商网上交易磋商常用的通信途径有以下几种。

1)电子邮件

目前,利用电子邮件进行业务联系在国际贸易中普遍使用。发电子邮件不但操作容易,而且它的特点符合贸易的需要:不受时间地点的限制,可随时收发;极低廉的通信成本;能收发多样化信息载体的文件,如照(图)片、链接、PDF(可携带文件格式)格式文件等。它是通过书写形式进行业务沟通的主要途径。

2)即时通信软件

即时通信(instant message,IM)是指能时时发送和接收互联网消息等的业务。在跨境电商业务中,选择合适的即时性沟通工具可以让网上磋商效率提高。但选择不同工具应当针对不同目标市场客户群的使用习惯及不同跨境电商平台的站内信息反馈功能来进行。

3)传真与网络传真

传真(fax)曾是发展最快的非话电信业务。它是将文字、图表、相片等记录在纸面的静止图像,通过扫描和光电变换,变成电信号,经各类信道传送到目的地,在接收端通过一系列逆变换过程,获得与发送原稿相似记录副本的通信方式。网络传真(network fax)是基于PSTN(公共交换电话网络)和互联网络的传真存储转发,也称电子传真。它整合了电话网、智能网和互联网技术,其原理是通过互联网将文件传送到传真服务器上,由服务器转换成传真机接收的通用图形格式后,再通过PSTN发送到全球各地的普通传真机上。由于通信技术迅速发展,电子网络传真正逐渐成为取代传真机的新一代通信工具。网络传真采用客户端、Web浏览器和电子邮件三种常用方式发送传真。

5.3.2 交易磋商的主要内容

交易磋商通常要磋商11个交易条件,也就是《2010年国际贸易术语解释通则》(Incoterms 2010)中的11个贸易术语所对应的交易条件。每个交易条件构成交易合同中的一个贸易条款,而这11个贸易条款构成交易合同的主要内容。

为使磋商进行得有序、有效率,按照洽商内容的重要程度,将交易条款(件)分为两类:一般贸易条件和基本贸易条件。

一般贸易条件:货名、规格、数量、包装、价格、装运期和支付条件。保险条款磋商与否,需要依据交易所使用的价格术语而定。

基本贸易条件:检验检疫、争议与索赔、不可抗力和仲裁。

一般而言,一笔交易首先要对一般贸易条件进行磋商,达成一致后,再对基本贸易条件一一商定。一旦谈判双方对各项条件达成一致,交易合同即告成立。

5.3.3 网上交易磋商的基本过程

通过互联网进行交易磋商与传统的贸易磋商在内容和过程上是一致的。网上交易磋商的一般程序包括询价(inquiry)、发盘(offer)、还价(counter-offer)和接受(acceptance)(承诺)四个环节。电子合同与传统的纸质合同最明显的不同主要是,合同必须经数字签名及第三方权威认证机构的认证,才能实现在合同上签字的功能。

1. 询价

询价，是指交易的一方为购买或出售商品，向另一方询问商品的交易条件以邀请对方发盘的表示。其内容可有价格、数量、规格、质量、包装、运输、交货时间，并可获取样品、目录等。在实际业务中，询盘主要询问价格，因此通常把询盘称为询价。任何希望交易的一方都可以以口头表述或者书面的形式来进行询价。询价的目的是检验对方对交易条款的诚意和理解，有时可能是一笔交易的起点，但对买卖双方并无法律约束力，不是交易磋商时必要的环节，也没有固定的格式。

1）书面形式询价的实例解读

买方询价（也称邀请发价）：

Please offer wedding dress most favorable price.（请报婚纱的最优惠价格。）

Bookable middle size T-shirt 2 000 dozen, please cable lowest price earliest delivery.（拟订购中号 T 恤衫 2 000 打，请电告最低价格和最快交货期。）

卖方询价（也称邀请递盘）：

Can supply wedding dress, please bid.（可供婚纱，请递盘。）

Can supply T-shirt march shipment, cable if interested.（可供 T 恤衫 3 月装运，如有兴趣电告。）

在实际的网络贸易中，业务洽谈多是以电子邮件进行沟通，此时会使用询价函。询价函的撰写：一是表明如何获知对方信息的，二是表明去函目的，三是鼓励对方回函。

2）口头形式询价的实例解读

买方询价：

We're interested in your Flying Pigeon brand bicycles. I'd like to have your lowest quotation for 500 sets CFR Singapore in May.（我们对你方飞鸽牌自行车很感兴趣，请报 CFR 新加坡的最低价，数量 500 辆，5 月装运。）

卖方询价：

We are one of the leading companies dealing in spices in Tianjin. These are all our samples. If you'd like to have our competitive quotations, I shall supply you with it immediately.（我们公司是天津经营香料的主要公司之一。这里展示的都是我公司的样品。如果需要我方有竞争性报价，我们可以马上提供。）

2. 发盘

在国际贸易实务中，发盘也称发价、报盘、报价。发盘可以是交易一方接到对方的询价后，应对方询盘的要求发出，也可以在没有询价的情况下，主动向对方发出确定的交易条件。发盘一般由卖方发出，但也可以由买方发出，称为递盘。其在法律上称为"要约"。根据《联合国国际货物销售合同公约》(the United Nations Convention on Contracts for the International Sale of Goods, CISG，以下简称《公约》)解释，发盘指向一个或一个以上特定的人提出订立合同的建议，并且表明在确定的数量和价格及其他条件得到对方接受时，承受其约束。

发盘通常由卖方公司主动发出，习惯上称为卖方发价。例如：

Offer 5 000 dozen sport shirts sample March 15th USD84. 50 per dozen CIF New York export standard packing, May/June shipment payment by Irrevocable sight L/C subject reply here 20th. （兹发盘 5 000 打运动衫，规格按 3 月 15 日样品，每打 CIF 纽约价为 84.50 美元，标准出口包装，5—6 月装运，以不可撤销的信用证支付，限 20 日复到。）

3. 还价

还价又称还盘，是受价人对发盘的内容不完全同意而提出修改或变更的表示。还价的形式可有不同，有的明确使用"还价"字样，有的则不使用，在内容中表示出对发盘内容的修改构成还价。需要注意的是，还价是对发盘的拒绝，还价一经确定，原发盘即失去效力，发盘人便不再受原发盘的约束。对还价做再还价，就是对新发盘的还价。在实际业务中，一项交易的洽谈中可以有多次还价，即反复地讨价还价，直至最终对各项交易条件取得一致意见，交易达成。如果在讨价还价中未能对交易条件达成一致，而且任何一方无意继续洽商，则洽商终止，未能成交。

4. 接受

接受是交易的一方在接到对方的发盘或还价后，以声明或行为向对方表示同意。法律上将接受称作承诺。接受和发盘一样，既属于商业行为，又属于法律行为。一方的要约或反要约经过另一方接受，交易即告达成，合同即告订立，合同双方均应承担各自的义务。表示接受，一般用"接受""同意""确认"等术语。在国际贸易中，由于各种原因，有时受价的接受通知晚于发盘人规定的有效期送达，这在法律上称为"逾期接受"或"迟到的接受"。对于这种迟到的接受，发盘人不受其约束，不具法律效力。

接受的撤回是指受价人在该接受未生效前收回接受的行为。如果事先考虑不周，或对市场行情的变化不能及时有效地把握，受价人发出接受通知之后可以撤回其接受，只要撤回通知在接受到达受价人之前到达发盘人，或二者同时到达即可。

5.3.4 《公约》和《中华人民共和国民法典》对电子商务条件下磋商过程的相关规定

1980 年颁行的《公约》是影响最为广泛的国际法律文件，其具有强行法的性质而非具有"软法"性质的示范法。我国是公约的缔约国，公约对我国相关法律的制定产生重大影响，《中华人民共和国民法典》（以下简称《民法典》）中大量借鉴了公约的相关规定。公约虽然是迄今为止最为成功的一部国际法律，但由于其严格限制适用范围，因而其无法有效地应对当下电子商务条件下新的交易形式，也无法适用于服务贸易。这里阐述《公约》和《民法典》对电子商务条件下磋商过程中有关环节的相关规定。

《公约》制定、颁行以来，其促进了许多缔约国的法律改革，构建了世界范围内买卖法的统一规则，并有力地推进了经济全球化的进程。因此，《公约》曾被认为是所有国际性法律文件中最为成功的一部国际性法律。但经济全球化和国际贸易的发展，尤其是电子商务等新的交易形式的发展，对《公约》的完善提出了新的要求。中国是《公约》最早缔约国之一，《公约》促进了我国合同法的改革，也对我国改革开放和市场经济的法治建设产生了深远的影响。因此，未来《公约》的完善也将会影响到我国法治的未来走向。《公约》和根据《民法典》对电子商务条件下磋商过程作出的相关规定如下。

1. 询盘过程

根据《民法典》的规定,要约邀请是希望他人向自己发出要约的表示。拍卖公告、招标公告、招股说明书、债券募集办法、基金招募说明书、商业广告和宣传、寄送的价目表等为要约邀请。

2. 发盘过程

1) 发盘的内容必须十分确定

所谓十分确定,是指发盘必须列明货物品名、价格、数量,或者决定价格、数量的方法。《公约》第十四条规定,发盘只要包括以上三个条件,即为十分确定。但是上述十分确定的三个条件只是最低要求。在实际业务中,如果只按这三个条件而不提及其他,很容易给履行合同带来困难,也容易产生纠纷。慎重起见,我们应在对外报价时,将货物的品名、规格、数量、价格、包装、交货期限和支付方式等列明。

2) 发盘必须送达受盘人才能生效

不论什么原因导致发盘未能送达受盘人,该发盘均无效。送达是指将发盘内容通知特定的受盘人或送交受盘人,送达标志是将发盘送交特定受盘人的营业场所或通信地址。如无营业场所,则送交受盘人的惯常居住地。

《民法典》第一百三十七条规定:"以对话方式作出的意思表示,相对人知道其内容时生效。以非对话方式作出的意思表示,到达相对人时生效。以非对话方式作出的采用数据电文形式的意思表示,相对人指定特定系统接收数据电文的,该数据电文进入该特定系统时生效;未指定特定系统的,相对人知道或者应当知道该数据电文进入其系统时生效。当事人对采用数据电文形式的意思表示的生效时间另有约定的,按照其约定。"

3) 发盘的有效期

发盘的有效期指给予对方表示接受的时间限制,超过发盘规定的期限,发盘人即不受约束。

发盘人对发盘有效期可做明确的规定。例如:采取口头发盘时,除发盘人发盘时另有声明外,受盘人只能当场接受方有效;采用函电成交时,可规定最迟接受的期限(如到5月31日有效),或规定一段接受的期限(如发盘有效期为10天)。

如果发盘中没有明确规定有效期,受盘人应在合理时间内接受,否则该发盘无效。"合理时间"无明确规定。有效期的规定要考虑国外法律的不同规定和所在国与我国所处的地理位置及时差,明确有效期的起止日期。例如,"我方时间×月×日复到"或"我方时间5日为复到有效"。该时间的起算,《公约》解释,从发盘人电报、电话等多交发时刻起算。如信上未载明发信日期,则从信封上所载日期起算(我国信封邮戳日期)。发盘人以电话或其他快速通信方式规定的接受日期,从发盘送达受盘人时起算。

4) 发盘的撤回和修改

《公约》第十五条规定,一项发盘只要其撤回通知先于发盘或与发盘同时到达受盘人,该发盘就可被撤回。

撤回的实质是阻止发盘生效。因此,在受盘人接到发盘之前,发盘人可以用更为迅速的传递方式,声明撤回和修改发盘内容。只要该项声明是早于或与发盘同时送达受盘人,撤回和修改即生效。但在现代通信技术发达的时代,贸易商都采用电子邮件等方式进行询盘、发盘,撤回不可能实现,故需对发盘内容做好详细考虑。

5) 发盘的撤销

英美法系和大陆法系国家的法律将撤回和撤销作为同一个概念对待,其实二者有很大的区别:撤回指发盘人在其发盘生效前的更改或取消;撤销指发盘人将发盘已送达受盘人、发盘生效之后再取消。

由于各国法律在对待发盘有效期之内是否可以撤销的问题存在不同解释,这样就形成了法律冲突,有碍国际贸易发展。为了解决这个法律冲突,《公约》做了如下规定:①当撤销通知于受盘人发出接受通知之前到达受盘人时,发盘可以撤销;②下列情况不得撤销:发盘写明有效期或以其他方式表明发盘不可撤销;受盘人有理由相信该发盘不可撤销,并本着对该发盘的信赖行事。

6) 发盘的终止

发盘的终止是指发盘的法律效力消失。《民法典》第四百七十八条规定,有下列情形之一的,要约失效:

(1) 要约被拒绝;

(2) 要约被依法撤销;

(3) 承诺期限届满,受要约人未作出承诺;

(4) 受要约人对要约的内容作出实质性变更。

3. 还价过程

还价是指受盘人收到发盘以后,对发盘表示接受,但对发盘的内容不同意或不完全同意,向发盘人提出修改建议或新的限制性条件的口头或书面的表示。

交易磋商中,还价是对原发盘的拒绝,是一项新的发盘,因其对原发盘的交易条件做了修改、增添或限制,实际上构成了新的发盘。因此,还价一经作出,原发盘即失去效力,发盘人不再受到约束,它等于受盘人向原发盘人提出的一项新发盘。

4. 接受过程

1) 接受的构成条件

(1) 接受必须是无条件地同意发盘所提出的交易条件,即接受内容应该与原发盘完全一致。如果受盘人对发盘或递盘、还价的内容做了修改、添加或限制,就构成还价。但并不是所有的更改都构成还价。《公约》解释,只有"实质性"变更才构成还价,否则可视作"有条件的接受"。

实质性的变更,根据《公约》第十九条的规定,有关货物价格、付款、货物质量和数量、交货地点和时间,双方赔偿责任范围、争端解决条件;非实质性变更包括单证的份数、单据的种类。如果发盘人不表示反对,则视为有效接受。交易条件以变更后的条件为准。

(2) 接受必须在有效期内送达受盘人。如果发盘明确规定了具体的有效期限,受盘人只有在此期限内表示接受才有效。如果是用信件或电报通知接受,由于接受通知不能立即送达发盘人,则有一个接受通知何时生效的问题。对此,国际上不同法系的法律规定不一样。

《公约》采用到达生效。发盘有效期内接受未到达,则接受无效。

2) 逾期接受

如果接受晚于有效期或合理时间才送达发盘人,该项接受便成为逾期接受或迟到的接受。它对发盘人无约束力,实际上是新的发盘。《公约》规定,在以下两种情形下接受仍然有效。

(1) 如果发盘人毫不迟延地用口头或书面形式将此种意见通知受盘人,则逾期接受仍有效。

(2) 如果载有逾期接受的信件或其他书面文件证明,它是在传递正常、能及时送达发盘人的情况下寄发的,则该项逾期接受是有接受力的(即逾期接受是由于传递不正常情况造成的延误),除非发盘人毫无迟延地用口头或书面通知受盘人,他认为他的发盘已经失效。

由此可见,发生逾期接受时,合同可否成立主要取决于发盘人。因此,在遭遇逾期接受时,发盘人及时通知受盘人明确其态度是十分必要的。

《公约》还规定,在接受期限的最后一天是发盘人所在地正式假日或非营业日,而使对方的接受不能送达发盘人地址,只要证明上述情况属实,该项接受的最后期限应顺延至下一个营业日有效。而在计算接受期限时,接受期间的正式假日或非营业日期应计算在内。

3) 接受的撤回问题

《公约》规定,接受是可以撤回的,只要撤回通知先于接受通知或与接受通知同时到达发盘人即可。大陆法系也有同样的规定。而英美法系认为,接受通知一旦投邮发出就立即生效,合同成立,撤销已生效的接受,无异于撤销一份合同,即构成毁约行为。因此,发盘人一定要谨慎,规定"接受于接受通知到达时生效"。

5.4 合同的签订和履行

5.4.1 合同的签订

1. 合同签订的方式

在交易磋商中,一方发盘经另一方接受以后,签订买卖合同交易即告成立,买卖双方就形成合同关系。合同不仅是双方履约的依据,也是处理贸易争议的主要依据。在电子商务合同中,须经当事人的数字签名及第三方权威认证机构的认证,才能实现合同当事人的签字功能。

国际上越来越多的跨境厂商采用电子邮件方式来签订商务合同。目前,缮制此类合同主要有三种方法:一是直接使用邮件正文文本作为合同;二是采用通过附件发送的Word、Excel等电子文档作为合同;三是先由一方发送Word、Excel等电子文档,另一方接收后用打印机打出,然后签字盖章,再使用扫描仪扫描成PDF或图片格式,最后通过电子邮件回传第一方(或通过传真方式回传)。从规范化、安全性的角度行事,更多的跨境商务企业使用第三种方法。

除了上述采用电子邮件签订合同的方式外,在现阶段,传统的贸易合同形式依然广泛存在于国际贸易中,甚至占主要地位。在国际上,对书面合同的形式没有具体的限制。买卖双方可以采用正式的合同(contract)、确认书(confirmation)、协议(agreement),也可以采取订单(order for goods)等形式,而它们则以书面形式存在。

1) 合同

合同的特点在于,内容比较全面,对双方的权利和义务以及发生争议后如何处理,均有比较详细的规定,一般在大宗、复杂、贵重或成交额较大的商品交易中采取这种形式。合同若由卖方制作,就称为销售合同(sales contract);合同若由买方制作,则为购货合同(purchase contract)。

2) 确认书

确认书属于一种简式合同,它适用于小批量或金额不大但批次较多的业务,或者已订有代理、包销等长期贸易协议的交易。

与合同相比,确认书往往不列出或不完全列出基本贸易条件,而只列明一般贸易条件。

3) 协议

协议或协议书在法律上与合同具有相同的含义。若买卖双方所商洽的交易较为复杂,经过谈判后,商定了一部分条件,其他条件有待于进一步协商,双方可先签订一个"初步协议"或者"原则性协议",把双方已商定的交易条件确定下来,其余条件待日后另行洽谈。

4) 订单

订单是指由进口商或实际买主拟制的货物订购单。在买卖双方达成交易后,境外买主通常将他们拟制的订单寄来一份,以便卖方据此履行交货和交单等合同义务;有的还寄来正本一式两份,要求对方签署后返回一份。这种经磋商成交后寄来的订单,实际上是境外客户的购货合同或购货确认书。

合同的条款是构成跨境电子交易合同的主要内容。对每一个交易条件进行洽商而达成一致后,将它们一一明确无误地写入合同,就是交易条款。这些条款分别是货名、规格、数量、包装、价格、装运期和支付条件、保险条款、检验检疫、争议与索赔、不可抗力和仲裁条款。

2. 电子合同的生效条件

根据《公约》的规定,合同的成立应该具备要约和承诺两个阶段。《民法典》第四百七十一条规定,当事人订立合同,可以采取要约、承诺方式或者其他方式。也就是说,发盘经过对方有效接受,合同即告成立。但是,合同是否具有法律效力,还要看其是否具有一定的条件,不具有法律效力的合同是不受法律保护的。

一份合法有效的合同必须具有下述特征:当事人双方具有民事行为能力;当事人在自愿和真实的基础上达成协议;合同标的物合法。

我国法律规定,当事人订立合同,有书面形式、口头形式和其他形式。口头合同也叫口头协议,是指双方当事人以谈话、电话等口头形式对合同内容达成一致的协议,其优点是节省时间,方便且快捷,但这种合同无任何书面或其他有形载体来表现其内容,因而对交易双方的利益均无保障,一旦发生争议,就很被动。跨境电商合同作为书面合同的一种,这种合同的载体是信息系统,为确保经双方确认的电子信息内容不被编辑,往往要求增加合同当事人的亲笔签名,即"电子签名",但目前这方面在技术上还有难度,各个国家还有争议。

3. 跨境电商合同的生效时间

跨境电商合同的生效时间就是开始对当事人产生法律约束力的时间,一般来说,收件人收到数据电文的时间即为到达生效的时间。

这一规定和《联合国国际贸易法委员会电子商务示范法》第十五条的规定基本相同,后者规定收件人检索到数据电文的时间为生效时间。同时,《民法典》第四百九十一条还规定,当事人采用信件、数据电文等形式订立合同要求签订确认书的,签订确认书时合同成立。

4. 跨境电商合同的生效地点

跨境电商合同的生效地点涉及《民法典》第四百九十二条规定,承诺生效的地点为合同成立的地点。采用数据电文形式订立合同的,收件人的主营业地为合同成立的地点;没有主营业地的,其住所地为合同成立的地点。当事人另有约定的,按照其约定。以上规定充分考虑了电子商务的特殊性,即使收件人接收数据电文的信息系统与收件人不在同一管辖区内,也能解决今后发生合同纠纷的管辖权及其适用法律问题。

5.4.2 合同的履行

跨境电商合同的履行主要是指在跨境电商合同商订后,买卖双方所做的促使整个交易顺利完成的所有工作。它和网上交易磋商一样,属于整个跨境电商的业务流程中最主要部分。其中,履行出口合同的程序,主要包括货(备货)、证(催证、审证、改证)、船(订舱)、款(制单结汇)四个密不可分的环节。目前,跨境电商出口合同履行主要按照电子商务合同及第三方平台的规则组织出境业务的执行,具体流程主要包括买方付款、卖家发货、检验监管、平台报关与物流配送和信息跟踪。

1. 买方付款

合同订立后,买方应在规定的时间期限内及时付款,以便卖方可以及时发货。买方可以选用合同订立时规定的付款方式。在第三方平台业务中,买方可以根据第三方平台的规则,按照跨境电商中常用的付款方式进行付款,如各种信用卡、银行转账或第三方支付方式等。第三方支付是随着互联网发展而兴起的区别于传统支付方式的新型支付方式,它主要由独立的第三方机构通过与银行的合作,提供交易支付平台。买家在订购好商品后,先将货款打到交易支付平台的账户,等收到货物并验货合格后,再通知第三方支付平台将货款付给卖家。目前,第三方支付既满足了用户对便捷性和低费率的要求,又大大简化了小额出口业务的收款环节,是跨境电商小额贸易的主流支付方式。

2. 卖家发货

一般情况下,卖家在备好货的前提下会选择合同规定的物流模式将货物送达买家,如果合同没有对物流模式进行规定,卖家会根据买家的要求或者自身的商业习惯或规则选取具体的物流模式。

在第三方平台的交易模式下,卖家需要根据平台针对特定商品设置的运费模板进行物流配送。以"保税区发货模式"为例,境内商家从境外大批量订购商品,邮寄到中国海关的保税区,等用户下单以后,将货物直接从保税区发出,在货物有问题的情况下还可以退换,这大大缩短了物流时间、降低了物流成本,而且使售后也有了保障,极大地方便了有境外购物需求的消费者。

在大宗商品交易 B2B 模式下,卖家会选择等同于传统国际贸易的发货方式。在支付方式已经落实、货物已备妥后,卖家就要根据合同规定的运输方式(海运、空运或国际多式联运)履行交货义务,其具体工作是办理货物托运及发送装运通知等。

3. 检验监管

检验检疫部门在货物进入海关监管仓库前会实施检验监管。虽然各个地区的地方政府对跨境商品的报检手续因政策不同而有所不同,但大体流程是基本一致的,包括以下几点。

1) 备案审核

从事跨境电商业务的企业需要在检验检疫部门办理备案手续并做好备案审核。备案主要指从事跨境电商业务的企业在跨境电商平台进行登记,向检验检疫机构提供企业信息及产品信息。企业信息主要包括:企业基本信息,与经营范围相对应的资质证明文件以及进出口企业质量诚信经营承诺书(包括对进出口商品的质量保证、不合格商品的召回承诺等)。产品信息主要有品牌、HS 编码(海关编码)、规格型号、原产国别、供应商名称等。此外,卖家还需要根据不同的商品风险等级,提交商品符合性申明、质量检测报告、质量安全评估报告等。

2) 检验监管

为有效控制产品的质量安全风险,在做好备案工作后,需要由法定检验机构或第三方检验检疫机构来对产品质量安全进行合格评定。凡属法定检验的出口货物,必须根据国家有关进出口商品检验检疫方面的法规,在规定的时间和地点向检验检疫机构报检,经检验检疫合格后,由检验检疫机构发给检验合格证书,海关才予以放行,否则不得出口。

需要说明的是,对于大多数以邮政包裹的方式运送的跨境电商产品,卖家可以不提供检验检疫许可证。因为跨境电商食品大多通过邮政包裹的方式运送,而非传统的集装箱方式,很难对单独包裹提供检验检疫许可证。但为了避免客户索赔,卖家应当严格按照平台可售的商品类目选品,在平台上详细告知消费者产品基本信息。对于食品类产品至少包括产品名称、品牌、配方或配料表、是否转基因产品、原产国、产品适用的生产标准国别、储存条件、使用方法等,在产品的外包装上附有可查证产品基本信息的中文标识和标签,还可以打印一份产品的英文说明标签放在包裹中,让境外客户在收到包裹的时候能够了解该产品的保质期和储存条件等情况。

4. 平台报关

与传统贸易不同,出口跨境电商企业向海关申办报关业务主要是通过电子商务通关服务平台与海关互联网对接的形式来进行,具体步骤包括以下几点。

第一,企业向海关办理注册登记手续。

第二，平台数据对接。在进行报关申报前，需要相关的企业包括电子商务企业或个人、支付企业及物流企业通过电子商务平台提交订单、支付和物流等信息，之后再将以上信息通过电子商务通关服务平台与海关互联网对接，也可以由海关人员通过电子仓储管理系统将信息通过电子商务通关服务平台与海关互联网对接。

第三，申报。我国海关对跨境电商进出境申报的时间进行了规定。出口申报时间为货物运抵海关监管场所后，装货 24 小时前。企业和个人在向海关申请的同时，应分别按照一般进出口货物和进出境邮递物品有关规定办理征免税手续。

5. 物流配送和信息跟踪

进出境货物或物品在办理进出境申报、单证审核、货物查验和关税征免等手续后，即可被海关准予放行。发货人将与当地的物流相配合将商品配送到收货人的手中，收货人可以通过电子交易平台查询物流跟踪信息。当商品到达消费者手中并完成签收之后，整个物流配送过程才算结束。

对于小额跨境电商 B2C 出口业务来说，如果采用海外仓运营方式，则在合同履约、物流配送等方面会简化很多。

以亚马逊海外仓配送模式下的出口履约环节为例：第一，跨境电商卖家根据自己对产品销量以及淡旺季的判断，向仓库发送库存；第二，客户在平台下单后，海外仓会自行发货；第三，等海外仓成功发货后收汇；第四，后期根据库存来补充库存；第五，售后的退换货一般由海外仓工作人员完成。

本章小结

本章根据《公约》及《民法典》的规定，较为系统地介绍了跨境贸易网上交易磋商的主要内容与注意事项，电子商务合同的特点及外贸电子合同签订与履约操作要点等，旨在帮助卖家在国际竞争市场中做到既要规范经营、又要提高网络贸易的效率，同时也为了保护网络消费者的利益。

本章共分四节。第一节总体介绍跨境电商交易流程；第二节介绍国际市场调研与客户开发；第三节介绍网上交易磋商的方式、主要内容以及网上交易磋商四个基本环节：询价、发盘、还价和接受；第四节介绍合同的签订和履行。

实训项目

给你的贸易伙伴（同学）就某个你们感兴趣的商品在网上笔头洽谈，按照洽谈的进度，分别发报盘，接受两个还价和接收的电子信函。

课后习题

1. 什么是发盘？构成一项法律上有效发盘的条件是什么？
2. 交易磋商前，交易双方应该进行哪些准备工作？

3. 简述跨境电商市场的直接调研法与间接调研法的区别。
4. 简述跨境电商出口流程。
5. 《公约》和《民法典》对电子商务条件下磋商过程的"接受"做了哪些规定？

 即测即练

第 6 章 跨境电商定价及网络营销

近几年,跨境电商发展快速,无论是传统的进出口外贸企业,还是原来做内贸或电子商务的企业,以及一些自主创业的小微企业或个人,都会尝试利用跨境电商来提升自身的竞争力或寻找创业的机会。但是到目前为止,很多跨境电商企业,尤其是很多开展跨境电商业务的小微企业和个人,对产品定价技巧以及网络营销方法还不是很熟悉,而这两者又是跨境电商业务能否成功的关键。

> **引导案例**
>
> 当 Facebook(脸书)已经慢慢变成爸爸妈妈在用的社群平台时,年轻有活力的 Instagram(照片墙)俨然成为社群新霸主,也让品牌在思考营销 360 策略时,绝不能漏了这个新一代的数字化利器,若没有考虑 Instagram,很有可能会丧失市场上的竞争机会。Instagram 不断扩大对每一个人的社群行为的影响,也让许多品牌卖家更积极地在平台上运用各式营销操作,其中结合"网红"营销,就是目前品牌经常操作的营销方式。
>
> 一般来说,粉丝数介于 1 000 和 10 000 之间的"网红"称为"纳米网红",他们虽是成长中的"网红",但威力巨大。SKUKING 跨境电商独立站的数据报告显示,有别于大"网红"的广泛影响力,"小型网红"或"纳米网红"展现出绝佳的粉丝互动率,他们非常愿意跟粉丝"交陪",与粉丝有着更紧密的情感。
>
> Appify 跨境电商独立站 App 开发项目主任 Bagon 认为,Dunkin'Donuts(唐恩都乐)就抓住这个特点,邀请"小型网红"或"纳米网红"共同参与"Coffee First"品牌活动,通过他们发布的帖文,沟通享受美味咖啡的真实感受与愉悦心情。从消费者的角度,"网红"们就像身边好友般地真实分享。同时,他们的高参与互动率,也使活动产生了更高的营销效益。
>
> 资料来源:https://baijiahao.baidu.com/s?id=17542640428984046082&wfr=spider&for=pc,《跨境电商数字化营销:5个Instagram+网红营销的品牌成功案例》。
>
> **案例思考题:**
> 1. 跨境电商网络营销的重要性体现在哪些方面?
> 2. 跨境电商网络营销的方法有哪些?

6.1 跨境电商产品定价

扩展阅读 6.1 如何为 dropshipping 定价

在很多跨境电商平台上,对商品的搜索排序起着重要影响的两大因素分别是销量和关键词,而影响销量最为关键的因素则往往是价格。

6.1.1 产品定价的定义

1. 成本构成

成本构成一般指产品成本中所包含的各个成本项目,更具体而言,还包括这些成本项目不同的数额和占比,即产品(劳务或作业)成本的构成情况。不同生产部门的产品成本结构通常是不相同的。例如:采掘业的产品成本结构,生产工人工资的比重较大;而机械制造业的产品成本结构,原材料费用的比重较大。

跨境电商销售产品的成本构成主要包含产品的生产/采购成本、国内物流费、国际物流运费、开店费用(含佣金)、推广成本、服务成本等。

由于每个产品的种类繁多,产品重量、属性各不相同导致的物流成本差异较大,再加之每个跨境电商平台收取的平台佣金额度不同,不同订单的推广和服务成本又因具体情况而异,故针对跨境电商产品的成本构成通常只分析其包含的成本项目,而无须细算各产品的各项成本占比。

2. 开店费用

各个跨境电商平台包含的开店费用项目和收费标准都不尽相同,下面介绍各主流跨境电商平台当前的开店费用及标准。

1) 亚马逊开店费用

亚马逊卖家分专业卖家(professional seller)与个人卖家(individual seller)两类。由于亚马逊是多站点平台,根据站点的不同,各类开店费用也有异,见表6-1。

表6-1 亚马逊北美站点的开店费用及相关说明

账号类型	专业卖家	个人卖家
注册主体	个人/公司	个人/公司
月租金	39.99美元/月	免费
按件收费	免费	0.99美元/件
销售佣金	根据不同品类,亚马逊收取不同比例的佣金,一般为8%~15%	
功能区别	单一上传/批量上传,可下载数据报告	单一上传,无数据报告

2) 速卖通开店费用

(1) 店铺保证金。速卖通的店铺保证金实行按类目收费,不同类目的收费金额不同。例如,电子烟、手机类目3万元人民币,真人发类目5万元人民币,其他类目1万元人民币。

(2) 类目佣金。速卖通平台会在交易完成后,根据卖家订单成交总金额(包含产品金额和运费)收取交易手续费(即交易佣金)。其中,产品的交易佣金按照该产品所属类目的佣金比例收取,运费的交易佣金按照5%的比例收取。

(3) 商标(R标或TM标)。速卖通规定,如若卖家手上早已有品牌商授权的商标,或所申请的类目不需要商标授权就可售卖,商标注册费用不必再付;如若所需类目需要商标,而卖家自己没有或没得到商标持有人的授权,则需花商标注册费用,不同国家的商标注册费用不同。

(4) 提现手续费(若没有提现则可忽略)。卖家在提现时,若币种账户为美元,到账币种为人民币,收取提现金额0.3%的提现手续费,每笔最低收费8美元。

3) Wish开店费用

(1) 预缴注册费。2023年10月1日0时(世界标准时间)以后完成注册流程的所有商户账户,需缴纳2000美元的店铺预缴注册费。同时,自2023年10月1日0时(世界标准时间)起,非活跃商户账户也将被要求缴纳2000美元的店铺预缴注册费。

(2) 平台佣金。产品售出后,Wish将从每笔交易中按一定百分比或按一定金额收取佣金,即卖出物品之后收取这件物品收入的15%作为佣金:

$$Wish平台佣金=(商品售价+邮费)\times 15\%$$

(3) 其他费用。Wish平台的开店费用还包括提现手续费、物流快递费用、平台罚款等。

3. 利润和利润率

利润和利润率是卖家在进行产品定价时经常会涉及的两个概念,它们既相互联系、又相互区别。利润率的目标和出发点也是利润,是通过求得更高的利润率来求得更大的利润。

1) 利润

从经济学角度而言,利润是企业家的经营成果,是企业经营效果的综合反映,也是其最终成果的具体体现。利润的本质是企业盈利的表现形式,是全体职工的劳动成绩,企业为市场生产优质商品而得到利润。利润与剩余价值不仅在质上是相同的,而且在量上也是相等的,所不同的只是,剩余价值是对可变资本而言的,利润是对全部成本而言的。

结合上述经济学对利润的界定,跨境电商产品的利润可以简单地理解为除去各种成本开销以外,跨境产品的销售所带来的盈利。

2) 利润率

一个企业的利润率形式可以有很多种,一个跨境电商企业主要依靠产品销售获取收益,则其利润率可按成本利润率和销售利润率两种形式来计算。

成本利润率:一定时期的销售利润总额与销售成本总额的比率,它表明单位销售成本获得的利润,反映成本与利润的关系。

$$成本利润率=销售利润总额\div销售成本总额\times 100\%$$

销售利润率:一定时期的销售利润总额与销售收入总额的比率,它是以销售收入为基础分析企业获利能力、反映销售收入收益水平的指标。

$$销售利润率=销售利润总额\div销售收入总额\times 100\%$$

大多数跨境电商企业的利润率往往更多地统计除去各种成本开销以外的利润与总成本的比率,即这里所说的成本利润率。

6.1.2 跨境电商产品成本核算

跨境电商企业的核心目的是盈利,所以首先要非常清楚真正的产品成本,这也是后期产品定价策略的基础。跨境电商产品的实际成本一般会由以下几点组成,表现公式为

跨境电商产品的实际成本＝进货成本＋跨境平台的管理费用＋运营推广成本＋
物流成本＋售后维护成本＋其他综合成本

在这众多的成本构成里,进货成本涉及产品价格、境内运费和破损率;跨境平台的管理费用则主要指平台年费与其他被平台收取的服务费和管理费等;其他综合成本主要指人工成本、公司的日常开销等,这些是相对比较容易理解的概念。跨境物流运费在本书第8章跨境电商物流章节有详细介绍,下面就运营推广成本和售后维护成本两个方面的内容进行讲解。

1. 运营推广成本

运营推广成本包括各种营销活动的费用支出,需要加到产品价格里面。例如阿里巴巴速卖通平台的P4P(外贸直通车)项目推广,就是突出强调运营推广成本可以带来收益的一种运营推广形式。

资金实力不是特别雄厚的中小卖家,对于商品的推广投入成本应该谨慎并且有非常详细的预算,一般建议是"工厂进价＋国际物流成本"的10%～35%。一般不建议超过40%的投入,如果超过40%,运营压力就非常大,店铺本质上会长期处于亏损状态。

2. 售后维护成本

这部分的成本包括退货、换货、破损率等,它是很多跨境创业新人最容易忽视的一部分成本。例如,跨境物流平台上很多中小跨境卖家从中国境内发货,线长、点多、周期长,经常会出现一些产品破损、丢件甚至客户退货退款的纠纷事件。因为跨境电商的特性,这样的成本投入往往比较高,在核算成本的时候应该把这个成本明确地核算进去。

比较合理的跨境电商产品售后维护成本比例一般是"进货成本＋国际物流成本＋推广成本"的3%～18%,如果超过这个比例,建议放弃这类产品。因此,选跨境品类的时候,应该选择一些适合国际物流、标准性强,并且不容易发生消费纠纷的品类。

6.1.3 价格的调整与换算

下面以速卖通平台为例进行讲解。

(1) 研究同行业卖家、同质产品销售价格,确定行业最低价,用最低价减(5%～15%)为产品销售价格。用销售价格倒推上架价格,不计得失确定成交价。

那么,上架价格又可用两种思路来做:

上架价格＝销售价格/(1－15%);

上架价格＝销售价格/(1－30%)。

第一种思路费钱,可以用重金打造爆款,简单、粗暴、有效,但不宜持续太久,因为风险较大。

第二种思路略微保守一些,可以通过后期调整折扣来让销售价格回到正常水平。

这两种定价思路基本都可以在15%折扣下平出或者略亏,作为引流爆款。

(2) 通过计算产品的成本价,根据成本价加利润来确定产品的销售价格,这样做是比较稳妥的。

产品的销售价格确定后,根据店铺营销的安排,确定上架价格。

例如,产品成本是 3 美元,按照速卖通目前的平均毛利润率(15%),还有固定成交速卖通佣金费率 5%,以及部分订单产生的联盟费用 3%~5%。我们可以推导:

销售价格=3 美元/(1−0.05−0.05)/(1−0.15)=3.92(美元)

再保守点:

销售价格=3 美元/(1−0.05−0.05−0.15)=4(美元)

这其中,5%的联盟佣金并不是所有订单都会产生,但考虑到部分满立减、店铺优惠券直通车等营销投入,以 5%作为营销费用,可以降低定价方面的差错率。

当然,这其中还可以加入丢包及纠纷损失的投入,按照邮政小包 1%的丢包率来算,又可以得到

销售价格=3 美元/(1−0.05−0.05−0.01)/(1−0.15)=3.97(美元)

再保守点:

销售价格=3 美元/(1−0.05−0.05−0.15−0.01)=4.05(美元)

得到销售价格后,我们需要考虑该商品是作为活动款还是作为一般款来销售。

作为活动款销售,那么按照平台通常活动折扣要求 30%来计算:上架价格=销售价格/(1−0.3),活动折扣可以到 50%甚至更高。

作为一般款销售:上架价格=销售价格/(1−D),D 表示平时打的普通折扣,一般比较低,若不打折,则 D 为零。

速卖通建议折扣参数不低于 15%,因为其平台大促所要求的折扣往往是这个数字,同时,大促折扣通常规定不高于 50%,因为折扣过大则容易产生虚假折扣的嫌疑。而根据速卖通官方的统计,折扣在 30%左右,是买家最钟情的折扣,属于合理预期范围。

对于 50%折扣的活动要求,基于以上定价的模式,基本上相当于平出,不会亏本或者略亏,假如客户购买两个及两个产品以上,卖家就能赚到钱。

由于不同商品的重量不同,选择的物流方式有异,为了日常上传商品时能快速准确地填写商品价格,需要平台运营专员利用软件来进行计算。

6.1.4 定价方法

商品定价是整个商品销售链中非常重要的一环,一方面,定价直接关系到商品的销量和利润;另一方面,定价直接影响到商品的定位、形象和竞争力。跨境电商商品定价难倒了不知多少从事跨境行业的卖家,有合理的商品定价策略,才能在竞争激烈的环境下留存下来。

跨境电商卖家在进行产品定价时,要考虑产品的类型(引流款、爆款、利润款)、产品的特质(同质性、异质性、可替代程度)、同行竞品价格水平、店铺本身的市场竞争策略以及产品的自身价值等。常用的跨境电商商品定价方法有成本导向定价法、竞争导向定价法和价值导向定价法。

1. 成本导向定价法

基于成本的定价即成本导向定价法,是在产品单位成本的基础上,加上预期利润作为产品的销售价格,这种方法又叫作成本加成定价法。采用成本导向定价法的关键点是:

一要准确核算成本；二要确定适当的利润加成率，也就是百分比。根据成本价加费用加利润来定产品的销售价格。确定产品的销售价格后，决定上架价格，要依据营销计划的安排确定。

简单而言，要想计算基于成本的定价，只需知道产品的成本，并提高标价以创造利润。

例如，从1688平台或工厂采购某产品，成本是7元人民币/件，共100件，包装质量为370克（每件的包装重量为25克），国内快递费或运输成本为8元人民币，银行美元买入价按1美元＝6.4人民币计算，假设平台目前的毛利率为15%，还有固定的成交平台的技术服务费或佣金费率5%，以及部分订单产生的联盟费用3%～5%。可以按以下步骤计算推导。

首先计算跨境物流费用，查询中国邮政小包价格表，按照第11区运费即最贵的运费报价包邮（价格：176元/千克，挂号费：8元，折扣8.5折），则跨境物流费用为：运费×折扣×计费重量＋挂号费＝176×0.85×25/1 000＋8＝11.74元人民币。

然后计算销售价格，销售价格＝（采购价＋采购运费＋跨境物流单位运费）/（1－平台佣金费率－联盟费用）/（1－利润率）/银行外汇买入价＝（7＋8/100＋11.74）/（1－0.05－0.05）/（1－0.15）/6.4＝3.844美元/件。其中，5%的联盟费用或营销费用不是所有订单都会产生，但以5%作为联盟费用较为合理。

其中还可以加入可预知风险，如可能投入的丢包及纠纷损失，如果按照邮政小包丢包率1%来算，可以推算出：销售价格＝（采购价＋采购运费＋跨境物流单位运费）/（1－平台佣金费率－联盟费用－丢包率）/（1－利润率）/银行外汇买入价＝（7＋8/100＋11.74）/（1－0.05－0.05－0.01）/（1－0.15）/6.4＝3.887美元/件。

2. 竞争导向定价法

基于竞争对手的定价即竞争导向定价法，它的基本依据是市场上同行相互竞争的同类商品的价格，特点是随着同行竞争情况的变化随时确定和调整其价格水平。如果要了解某商品同行的平均售价，具体做法是：在想要进驻的跨境电商平台上搜索产品关键词，按照拟销售产品相关质量属性和销售条件，依照销量大小进行排序，可以获得销量前10的卖家价格；如果想获得销量前10卖家的平均价格，可以对销量前10的卖家价格做加权平均，再根据平均售价倒推上架价格。

例如，在全球速卖通买家网页，搜索产品关键词leggings（打底裤），按照销量大小进行从高到低的排序，搜索同行竞争卖家的价格，如果搜索到的前10卖家的价格差别很大，有益的参考价值有限，就需要依据前10卖家的店铺、销量、价格等计算其价格加权平均数，得到平均售价做参考。这种通过计算权量的定价方法，理论上行得通，实际上应用得不多。

采用竞争导向定价法，更多地要依据商品的差异性和市场变化因素。如果企业商品进入一个新的电商平台，可以参照销售商品十分近似企业的售价"试水"，并不是比竞争对手低的价格才是最好的定价。在与同行的同类商品竞争中，最重要的是不断培育自己商品的新卖点，培育新的顾客群，通过错位竞争和差别性的定价方法，才会找到商品最合理的价格定位。

3. 价值导向定价法

如果跨境卖家专注于可以给客户带去的价值,其想法是:在一段特定时期内,客户会为一个特定商品支付多少价格?然后根据这种感知来设定价格,这就是基于产品价值的价值导向定价法。

基于产品价值的电商定价,相对前面介绍的两种定价方法而言更为复杂,原因有以下两点。

(1) 这种策略需要进行市场研究和顾客分析,跨境电商卖家需要了解最佳受众群体的关键特征,考虑他们购买的原因,了解哪些产品功能对他们来说是最重要的,并且知道价格因素在他们的购买过程中占了多大的比重。

(2) 如果跨境卖家使用的是基于价值的定价策略,这意味着其商品定价可能会是一个相对较长的过程。随着对市场和产品的了解加深,需要不断地对价格进行重复、细微的改动。

不过,由于该定价方法需要进行一定的市场和顾客调查,它也可以带来更多的利润,不管是从平均产品利润来说还是从盈利整体来说。

想象一位在繁忙大街上卖雨伞的卖家,当阳光灿烂时,路过的行人没有必要立即买雨伞。如果他们买了雨伞,那也是在未雨绸缪。因此,在天气好的情况下,雨伞的感知价值相对会较低。但尽管如此,卖家仍可以依靠促销价来达到薄利多销的目的。

在下雨天时,雨伞的价格可能会上升很多。一位着急赶去面试的行人在下雨天时可能愿意为一把雨伞支付更高的价格,因为他不愿意浑身湿透了再去面试。因此,卖家可以从每把销售的雨伞获得更多利润。

换句话说,有些商品的价值是更多地以顾客的感知为基础的,那么就可以采用价值导向定价法。

6.1.5 定价技巧及误区

跨境消费者具有订货时间、地点分散,商品种类、时效性不同,订货批量不大等特征,经常使用的定价策略有免费策略、差别定价策略、动态订货时间不同定价策略以及联盟定价策略等。在具体运用中,跨境电商产品的价格定位需要把握几个技巧,并注意回避几个常见的误区。

1. 定价技巧

1) 依据不同跨境电商平台销售相同产品的定价技巧

许多网上产品的价格已经相当透明,为广大卖家所熟知,因而卖家对自己想经营的产品的价格及价格变化,要有较高的敏感度,要通过对比不同跨境电商平台销售相同产品的价格来定价,这种方法或技巧简单易用,但是也容易引起问题,如同样的玩具产品,外形式样相同但材质不同,价格差别有的很大,因而买家购买后在不了解的情况下容易引起纠纷。所以,卖家一定要了解某类不同档次产品的市场价格,具体可以通过搜索选项找出该产品价格从高到低的排序,并分析产品质量对应价格的情况。

如想了解打底裤的国际价格,可以在亚马逊、eBay、速卖通平台上分别搜索,会发现亚马逊平台上的价位高一些,而且在冬季,质地厚、保暖性强的打底裤更畅销,价位也当然要高于春秋季节;如果在跨境电商平台上没有找到与自己销售产品完全同质的产品,可以同类产品中材质或款式样式类似的产品价格作为参考;如果在所在的电商平台没有找到同类同质的产品,可以把利润控制在20%左右,作为定价依据。

2)依据市场买家不同特点的定价技巧

不同的跨境电商平台所对应的消费群体各有特点,要仔细研究市场买家特点,从而确定不同的产品价格。如对于跨境电商平台买家是经营网点或实体店的中小批发商,其特点是:库存量小,产品订购频繁,产品的专业性不强,一般同时经营几条产品线,比较注重转售利润空间,以及卖家产品的专业性和售后服务质量的高低。根据这类买家的特点,小巧轻便的产品可以打包销售,设置免运费;跨境电商平台卖家的批发价一般要比国外直售单价至少低30%,低的这部分给买家转售留下了利润空间,又包含其转售产品的基本费用成本。如果跨境买家是个人消费者,定价要稍高;如果是个人定制的产品,价格要更高一些。

作为卖家,要重视消费者行为对商品定价的影响,如跨境消费者的上网频率、购买方式、习惯传统及对商品的喜好程度等。

3)依据卖家企业不同的经营目标的定价技巧

卖家企业的经营目标不同,制定的价格策略也会不同。例如,在跨境电商市场初创时期,经营用户规模比较小,可以采用低价甚至是免费定价策略来快速获得用户,提高流量,采用多种营销手段使访问者转化成潜在的购买者和实际购买者。

如果实行个性化、差别化经营策略,专业化运作的专门出售某类商品的平台或网站,定位明确,有利于吸引大批忠实的消费者,在产品定价方面,可以推出高、中、低三个价位:低档做引流吸引客户,中档作为赚取利润的主要来源,高档提升总体的品牌质量。例如,推出主品牌的同时,推出子品牌或副品牌,彼此不产生品牌形象冲突,可以在大品牌的统领下推出三个系列,不同系列的产品价格差别很大,用差别定价技巧可以不流失客户,并赚取更多的利润。

4)依据不同的物流成本及时效的定价技巧

合理设置跨境物流运费,特别是新手卖家应该给予足够的重视。针对单位价值较低的产品,可以设置免运费,比较容易吸引客户,也便于隐藏高额运费。

在上架产品前,卖家应对每个产品进行称重并计算相应的运费,合理设置包装方式,尽量将运费成本降到最低,并让利于买家,会在价格上获得更多的竞争优势,利于产品的销售。

作为卖家,一定要加快物流反应速度、提升消费者的满意度,选择高质量的第三方物流或在有足够实力的情况下发展自己的物流体系,注重商品需求与退货为随机条件下的逆向物流定价策略,更有利于企业制定更具实效性且符合商品市场实际情况的价格策略,使成本消耗更低和收益更高。

5)合理运用定价区间的定价技巧

进行跨境电商产品定价时,可以合理运用定价小技巧,如同价销售术或分类型同价销售、价格分割法、非整数法和弧形数字法等。

(1)同价销售术或分类型同价销售,如设置1元、10元、50元、100元商品区等。

(2) 价格分割法,可以采用较小的单位报价或用较小单位商品的价格进行比较。

(3) 非整数法,能激发消费者的购买欲望,即把商品零售价格定成带有零头结尾的非整数的做法,如以每件1元的价格销售的商品,价格变成9角8分。

(4) 弧形数字法,用带有弧形线条的数字进行定价,如5、8、0、3、6等。

2. 定价误区

1) 粗心大意误操作

因为粗心大意而填错产品价格的卖家比比皆是,这类问题最典型的代表就是把set(组)和piece(件)弄混。有的卖家在"产品包装信息的销售方式"一栏选择的是"打包出售",填写产品价格的时候,误把set当成piece,填的却是一件产品的单价。结果,买家看到的实际产品单价也就严重缩水了。这也是目前时常会发现跨境电商平台上某些产品的价格低得离奇的一个重要原因。

另外,还有一些卖家在定价时不注意货币单位,把美元看成人民币,数字是对了,单位却错了。本来是100元人民币一件的商品,最后显示出来的实际产品价格成了100美元一件了。这样的产品价格当然只会把买家吓跑。

所以,卖家在填写产品价格信息的时候一定要谨慎细心,不要因小失大。

2) 随意定价

有的卖家可能是之前没有外贸经验,或者是不熟悉wholesale(批发)这种明码标价的模式,或者是还没有投入相应的精力和时间,对于跨境电商网络平台上的产品如何定价,他们心里是不太清楚和确定的。所以有些卖家填写产品价格的时候,都是随随便便乱填一气的。

例如,一个卖家因为没有时间确认产品价格,就把所有的产品都设为1.14美元还免运费,原以为买家肯定会怀疑,不会购买,没想到,真的有买家下单了,最后可能赔得一塌糊涂。

随意定价的方式不仅会极大地损害买家的购买体验,对卖家的信誉和口碑更是会产生严重的影响。所以,卖家最好考虑周全了,再确定产品价格。

3) 销售方式不恰当

有的卖家销售的产品规格小、货值低,如零配件、小日用品等。一个产品的单价可能就只有几美分甚至更低,可是在选择销售方式的时候,其却选择按piece(件)出售。试想,如果境外买家下单只买这么低价的一个产品,卖家是选择成交不卖还是硬着头皮亏本发货呢?反正不管选择哪种方式,都会给卖家带来不必要的麻烦和损失,需要避免。

对于这类产品规格非常小、货值也比较低的产品,建议卖家选择打包出售的方式,以几十件或者几百件为一个单位打包销售。

6.2 网络营销

6.2.1 电子邮件营销

1. 电子邮件营销的基本概念

电子邮件营销是指企业通过给潜在客户或者是客户发送电子邮件广告,传递价值信息的一种网络营销手段。网络的普及、网上电子商务的快速发展以及物流体系的完善,为线下消费者提供了一种新的网上消费环境,实现与目标客户的高效快速沟通。在美国等发达国家,互联网在商业上的应用已经超过20年,而在这么长的时间内也产生了各种基于互联网平台的营销手段,其中电子邮件营销就是代表之一。相较于欧美发达国家比较成熟的许可式电子邮件营销方式,我国开展电子邮件营销起步比较晚,还经历了一段比较长时间的无序发展,因此电子邮件营销在国内没有得到很好的发展。但随着跨境电商业务的兴起,特别是在B2B领域,电子邮件营销凭借受众广泛、高效低本等优点逐渐成为重要的营销手段。

扩展阅读6.2　网络营销

电子邮件营销的特点及注意事项如下。

1) 电子邮件营销的特点

(1) 精准直效:可以精确筛选发送对象,将特定的推广信息投递到特定的目标社群。

(2) 个性化定制:根据社群的差异,制定个性化的内容,让客户根据用户的需求提供最有价值的信息。

(3) 信息丰富、全面:文本、图片、动画、音频、视频和超链接都可以在电子邮件营销中体现。

(4) 具备追踪分析能力:根据用户的行为,统计打开邮件、点击数加以分析,获取销售线索。

(5) 操作简单:电子邮件营销的操作比较简单,而且具有一定操作流程和方法,是一种比较适合在跨境电商业务活动中推广的营销方式。一般业务人员在经过短期培训以后是比较容易上手的,没有太高的专业门槛。

2) 电子邮件营销的注意事项

(1) 标题:务必吸引人,但是前提是表述清楚内容,同时不要过长。

(2) 页面内容:使用图片无可避免,但是,重要的内容请务必使用文字,哪怕是使用了图片,也务必给出文字标识。

(3) 图片的使用:建议给每个图片一个固定的宽度和高度及Alt属性文字提示标识,同时,注意不要使用背景图片。

(4) 一致性:如果定期发送电子邮件,请注意使用统一的风格,主要是页头和页尾的风格统一。如果是有期刊号的,请将期刊号和时间也一并加入。

2. 电子邮件营销的功能

1) 打开率

打开率是指有多少人(以百分比的形式)打开了你发送的邮件。这个参数变得越来越不重要了。电子邮件打开率是通过在邮件中放置一个卫星图片来追踪的,但是许多邮件服务都会拦截图片,使图片无法显示,因此客户可能打开了你的邮件,但系统会记录他没有打开,除非他主动使邮件中的图片显示出来。

2) 点击率

点击率是指点击数除以邮件打开数(注意不是发信总数)得到的百分比。不同的公司以不同的方式来衡量点击率。那么,每打开一次邮件,是所有的点击都计算还是只计算一次呢?对于这个问题,还没有统一的答案。这个参数非常重要,因为电子邮件营销的全部目的就是吸引客户访问你的着陆页或网站。

3) 送达率

送达率是指到达客户收件箱(相对于进入垃圾邮件箱或是"收件人不详"的黑洞)的邮件数除以邮件发送总数得到的百分比。如何使邮件成功进入收件箱是一个相当复杂的过程。

4) 退信数

退信数是指因"无法送达"而退还给你的邮件数。造成退信的原因有:邮件地址拼写错误、邮件收件箱已满以及其他原因。如果你的收件人列表是通过购买、租借得到的,那么这个参数是非常重要的,因为它能告诉你,你购买的邮件地址中有多少个是无效的。

5) 许可/双重许可

收件人列表有三种:许可、双重许可和潜在客户列表。许可是指收件人选择加入你的列表并允许你给他们发信;双重许可是指收件人给了你两次许可(通常通过电子邮件中的确认链接);除此以外所有的列表都被认为是潜在客户列表(通常通过购买和租借得到)。这三种列表中,每一种都有各自的价值。

6) CAN-SPAM

CAN-SPAM(《反垃圾邮件法》)是美国2003年通过的一部联邦法律。它规定了发送邮件时必须遵守的一系列条款,违反了这些条款,美国联邦政府就会对你进行罚款及采取一些其他惩罚措施。

7) 退订/反订阅

退订/反订阅是指收件人从你的收件人列表自行退出的能力,其中有两种方式:完全退订和针对某一列表退订。完全退订是指收件人要求退出你所有的收件人列表,不再收到由你发出的任何邮件;针对某一列表退订是指收件人要求退出你的某一收件人列表,不再收到由你发给这个列表的任何邮件。比如,他们不愿意收到特惠信息,但是又想收到每周新闻。

3. 电子邮件营销的业务流程

1) 设计电子邮件营销活动方案

在进行任何营销方案之前都要进行方案设计,从而确定本次营销活动的目标、计划、针对人群、管理控制方法,还要将目标划分为长、短期目标,分阶段对目标进行可执行化。在每个分期目标中设置完成截止时间和负责人,以保证目标按计划实施。

2) 获取目标受众邮件地址

在设置好各项计划目标以后,就要获取本次电子邮件营销所使用到的电子邮件地址。电子邮件地址可以通过以下四种途径获取。

第一,线上渠道。线上渠道获取电子邮件地址的方式很多,如国际展会、调查问卷、企业黄页以及其他公开渠道。线上获取电子邮件地址的方式在早期B2B的外贸活动中曾占有很重要的地位,但由于受到各种时空条件限制,并不作为现代电子邮件营销中电子邮件地址的主要获取方式,因此下文中主要讨论的是线上获取目标受众电子邮件地址的方式。

第二，客户的注册信息。目前大部分跨境电商平台都会要求使用电子邮箱注册 ID（身份标识号），并且要通过向注册者电子邮箱发送邮件的方式来激活账号，因此向客户的注册邮箱发送营销邮件无疑是比较具有针对性的。

第三，目标论坛。在本行业各式论坛上活跃的用户是具有较高效率的潜在客户，可以通过许诺发送目录、图片或者优惠券的方式鼓励潜在客户留下邮件地址。这种方式获得邮件地址带有许可式营销的意义，由于电子邮件营销受众是主动接收邮件的，营销反馈率较高。

第四，购买或者其他技术手段。向电子邮件服务商购买邮件地址，是一种比较快速获得邮件地址的方式，但其涉及隐私权等法律问题，具体操作时要十分谨慎。至于其他技术手段抓取邮件地址，如通过邮件注册页面地址试错抓取、搜索引擎关键词抓取等，这些方法的优点是费用低，但效率比较低、针对性差。

3）选择适当的活动软件

在开始进行营销活动时，一定要慎重选择邮件服务商。尽管目前国内的邮件服务商都可以发送跨国邮件，但是在实际工作中会发现某些邮件服务商的服务更优一些，特别是在移动电商发展迅速的当今时代，某些邮件服务商的客户端的服务更加个性化、功能更强大。另外，考虑给予目标受众更加专业化和商业化的印象，尽量选择商务用途邮件服务商或者国外的邮件服务商。

4）做好内容模板

在选择平台后还应该进行邮件模板设计，邮件模板设计应该根据目标进行。由于邮件病毒泛滥，相对于图文附件式的邮件，纯文本的邮件更容易被目标受众接受并打开。在收件人设置方面，为提高邮件的效率、减少客户对群发邮件的反感，收件人不宜罗列过多，可以使用暗送功能。

5）电子邮件营销过程管理

电子邮件营销应有计划地进行，邮件可以按某一个时间间隔发送，也可以在特殊时间节点发送。营销活动进行过程中，要注意统计用户接收邮件并打开邮件的概率，总结不同营销方式的打开率的差别。

6）反馈监控

一项营销活动结束以后，还应该进行反馈监控。注意收集用户对于此次营销活动的反馈意见，并整理出来为以后活动做参考。

4. 电子邮件营销的实用技巧

1）电子邮件营销内容设计

第一，获得用户的信息并进行必要的分析，根据这些信息来设计邮件的类型，是简报、产品或销售之类的形式。

第二，电子邮件营销通常使用的格式是 HTML 和 text 两种，HTML 格式是单页面，使用 HTML 语言来编写邮件；text 格式是纯文本信息，使用纯文字来撰写。

第三，邮件设计使用 HTML 代码编写，编写代码时使用程序语言、外部的 JS（Java 脚本）、CSS（层叠样式表）等文件需要注意邮件内容是否有错位或乱码等情况。

第四,邮件内容不应只是单纯的文字,还应添加图片,一定比率的文字和图片有利于吸引用户的眼球。

第五,撰写简而精的邮件内容文案,直接告诉用户需要做什么或说出产品或服务的重点。

第六,邮件内容行动号召,在制作邮件时,在显眼的地方告诉用户需要做什么,给用户一个快速、清晰的行动选择。

2) 电子邮件营销设计注意事项

(1) 邮件的宽度。邮件的标准宽度为 575~900 像素,最宽不宜超过 900 像素。建议宽度 600 像素。

(2) 邮件的高度。邮件的高度无具体要求,以邮件内容多少而定,建议页面高度不宜过长而影响浏览,最长不要超过 1 200 像素,即 2.5 屏。建议高度 1.5 屏。

(3) 邮件的大小。电子邮件正文的 HTML 文件大小,控制在 10 k 以内;内含图片的邮件包括图片在内文件大小应控制在 30~120 k;内含 Flash 或流媒体格式文件的邮件,包括 Flash 或流媒体格式文件在内应控制在 50~250 k,否则必须经过修改(特殊情况除外)。

(4) 禁止使用外联样式表。

① DIV(层叠样式表中的定位技术)+CSS 设计技术:不能用。出于安全和反垃圾邮件机制的原因,邮件软件一般在用户许可前不显示图片,采用这些流行页面设计技术来制作邮件,会造成页面格式的混乱。因此,邮件最好采用 Table 设计。

② 图片数量:少为宜。尽量使用较少的图片,过多的图片会被邮件运营商认定为垃圾邮件而拒收。由于大图片下载和显示的时间较长,因此很多设计师习惯切割成很多小图来加快显示速度,但这种方式不适用于邮件设计。

③ 脚本:不支持。出于安全的考虑,邮件系统不支持脚本设计,因此表单、Flash、音频等素材不能在邮件页面中设计。

④ 链接:绝对链接地址。由于邮件软件系统解析的问题,相对的链接地址可能造成图片无法准确显示,因此在邮件设计中,一定要采用绝对链接地址的方式来设计。此外,图片链接最好不要使用标签,否则易被判定为垃圾邮件。

⑤ 页面长度:1.5 屏以内邮件内容过多,将削弱核心信息的印象。与此同时,过长的邮件正文造成代码容量过大,易被认定为垃圾邮件。一般来说,25 k 以内的邮件大小较为合适。

⑥ 尺寸:600 像素以内,无论是使用 Outlook 这样的邮件软件,还是通过 Web 方式登录邮件系统,邮件正文页面所占有的屏幕宽度都是有限的,因此过宽的页面设计,将造成浏览邮件的不便,无法使收件人产生兴趣,影响内容信息的传递。

发送电子邮件,请不要忽视这个最简单又最困难的环节,因为这关系到精心制作的电子邮件是能准确地送到用户手中,还是只能白白地扔到垃圾邮件文件夹中。选择合适的发送时间也是一个吸引用户看电子邮件的方法。

(1) 好的邮件标题。打开邮件前,最先入眼的就是邮件标题,这个标题的好坏可以决定用户是否会打开这个邮件;在取名字的时候,"重点+简洁有力的文字"会是个不错的选择。

（2）细分顾客。发送前一定要好好定位你的客户,哪怕是老客户,针对不同类型的客户发送的电子邮件也要有所区别,不能一股脑儿地群发。

（3）使用专用的邮箱发送邮件。

（4）选择合适的发送时间。各大知名电子商务邮件,大部分集中在 11—13 点和 7—9 点两个时间段,这两个时间段恰恰是上班族打开电脑或者疲倦想要休息一下的时间,这样打开电子邮件的可能性就大大增加了。

邮件发送后,对邮件的后续数据监测也是至关重要的,我们要以邮件的送达率、打开率、点击率等各方面的数据来判断这份电子邮件设计的好坏,这也有助于我们下次的邮件设计。

6.2.2 社会化媒体营销——领英营销

1. 领英的功能

领英(LinkedIn)属于商用型职场严肃网络社区平台,它与 Facebook 的最大区别是,领英更加商务化、职场化,而 Facebook 则更加偏向于生活化。正是由于领英的这种属性,所以领英更适合在 B2B 使用,具体见图 6-1。

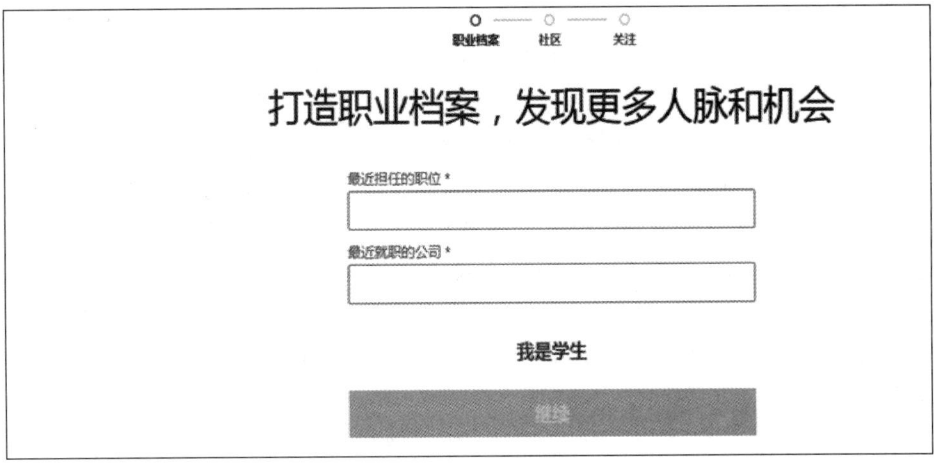

图 6-1 领英页面

领英的主要功能可以分为四项：社交、职业、企业展示、广告。

（1）社交是领英最主要功能,亦是领英创办的初衷。通过社交功能,领英的用户可以在平台上进行商务交流,构建自己的人脉圈。

（2）职业是在社交功能中拓展出来的重要功能。领英的用户可以通过展示自己的教育以及职业背景,在人脉圈中获得业内的肯定,并进行求职。

（3）企业展示是针对企业用户推出的功能,企业用户可以在领英上创建企业账号,并进行企业形象展示、业务介绍等商务活动。

（4）广告是领英的非核心功能,用户可通过设置预算和出价控制推广活动成本,并且自助下单。

2. 怎样在领英上推广

（1）人脉推广。人脉推广主要是通过搜索关键词条的方式，加好友扩展人脉圈，然后在人脉圈中进行推广。搜索词条可以通过行业关键词进行搜索，也可以通过潜在客户的邮箱进行搜索。

（2）展示推广。展示推广主要是以设置和维护主页的方式进行静态的展示推广。领英可以设置个人和企业用户，用户可以在主页上展示照片和文字信息进行自我宣传，以达到推广展示的目的。

（3）领英推荐自助广告下单。在进行广告推广以前，应先设置每日预算和总预算，然后选择手动或自动出价的方式进行竞价。领英推荐自动出价，认为自动出价有利于用户了解整个预算表现潜力，并可以更好地控制效果单位成本和推广活动开销。领英帮助中心说明了广告运行费用的最低要求，即运行广告推广活动需要满足最低每日预算、总预算和出价金额要求，包括：每个推广活动10美元的每日预算；每个推广活动10美元的总预算（企业推广内容的可选功能）；文字广告推广活动最低2美元的CPC（按点击付费）或CPM（千人成本）出价。

3. 如何通过LinkedIn＋Google搜索组合找到目标客户

（1）使用LinkedIn内置搜索条进行寻找。在搜索条中输入companies、people等就会出现相关匹配项内容。people关键词项下主要是领英的个人用户的内容结果条，通过阅读其短介绍来判断该用户是否能够成为潜在客户。也可以在搜索词条内键入具体行业来缩小搜索范围。例如，我们是经营手表的出口商，在搜索词条内可以键入watch importer，搜索结果页中会出现大量匹配相关的词条，大部分词条为领英的注册个人用户，也有部分平台推荐的是相关度比较高的企业。对于那些可能成为潜在客户的个人用户，可以在该主页中尽可能多地收集客户的个人信息，并将其电子邮件地址添入EDM潜在目标受众地址内。另外也可以用领英站内自带联络功能，向对方发送站内信息来与对方建立联系。

（2）通过LinkedIn＋Google（谷歌）搜索寻找。如果通过阅读对方主页内容，仍然不能确定对方是否潜在用户，则可以结合Google搜索来确定对方身份，具体方式是将该公司的名称放在谷歌里面进行搜索，通过谷歌搜索结果页来确定对方身份。

这种领英与谷歌相结合的方式也可以逆向使用，在谷歌上搜索不到的公司也可以将其名称放在领英平台中进行搜索。可以采用搜索产品名称、通过邮箱搜索客户、寻找网址等方法。

4. 如何加LinkedIn会员为好友

在注册完毕以后，领英平台即会根据注册信息进行好友推荐。因此在填写注册信息时务必正确、具体，才能保证平台推荐好友的准确性。在加好友的过程中，并不是越多越好，大量增加不相关的联系人。领英是商务化的社交平台，加入过多不相关的联系人，会导致平台推荐联系人的关联度下降，未来针对行业进行的营销活动的集中度、效率下降。

6.2.3 社会化媒体营销——Facebook 营销

1. Facebook

Facebook 是全球著名的网络社交平台，2004 年由马克·扎克伯格创立。其创立之初主要为美国大学生提供社交服务，而后业务范围和服务人群不断扩展而成为全球最实用的网络交流平台。为更好地服务全世界的用户，Facebook 可以支持全球 70 多种语言，不仅个人在该平台注册，不少企业用户也在平台上设置主页并开展针对海外市场的网络社区营销活动。

2. 通过 Facebook 寻找客户

利用 Facebook 开发潜在客户以前，需要先作出营销计划。这是根据自己的商品、目标、能力描述出潜在客户的基本情况，如客户的主要性别构成、年龄范围、常住地、可能的兴趣爱好等。制订计划以后，就可以开始通过搜索词条和添加好友的方法开发用户。

1）通过搜索词条添加

通过 Facebook 自带的搜索词条来寻找潜在客户是一种最为常用和具有针对性的找客户方法。可以在搜索词条中键入关键词，包括行业、产品、用料、功能、地域等。在使用这一方法寻找潜在客户以前，需要整理出一份行业常用的关键词，并将这些关键词嵌入自己的名字或者简介。除了使用关键词，还可以使用"like"，即"点赞"某物作为关键词来进行搜索，从而得出许多为这种产品点过赞的潜在用户信息。另外，搜索词条下方还有一个"page"公共主页的分类类目，也可以通过"page"公共主页添加，具体方法和上文通过搜索词条寻找潜在客户类似，只是针对"page"搜索出来的都是公共主页，还需要进一步地筛选。在筛选过程中主要观察哪些主页与自己的产品比较类似，打开这些主页，将那些相关度高且点赞多的帖子找出来，添加那些为此帖子点过赞的潜在客户。

2）通过添加好友添加

打开主页，选择主页上方的"find friends"（查找朋友）就进入添加好友页面。

（1）通过"可能认识的人"添加。Facebook 在注册的时候会要求注册者填写关于个人经历的资料。根据这些资料，Facebook 会推荐那些与注册者相关的好友。这些好友要么和注册者的教育经历相关，要么和注册者的工作经历、所在地相关，这个添加好友的过程十分重要。与领英的添加好友一样，刚开始被选择且添加的好友是后期平台推荐好友的依据。如果营销计划是针对某种类型的客户的话，那么一定要在刚开始的时候逐一阅读被推荐好友的资料，并通过精挑细选后添加进来。

（2）通过"添加联系人"导入。在创建 Facebook 账户后，也可以通过 hotmail、MSN、Gmail 等其他账号导入以前的联系人或潜在客户。导入过程中需要根据不同的邮件服务器输入登录信息，但每天同步的联系人数量不能超过 5 次。

3）通过"friend requests"（好友请求）添加

完成对简介、名称添加关键词和字段的工作并参与一些帖子活动以后，账户也会收到一些添加好友的请求，可以仔细甄别这些添加好友请求的有效性，添加潜在客户。

3. 如何通过 Facebook 为网站带来流量

保持账户活跃度是为企业带来更多流量的重要方式。保持账户活跃度主要通过积累好友数量和不断发帖来实现。

1）积累好友数量

在网络社交平台中，好友数量和质量是社交工具营销成功的基石，没有足够数量的好友和没有足够质量的好友都不能达到预期的营销目标。如何添加好友，在上文中有所涉及，这里提三个加好友过程中的注意事项：首先，Facebook 个人好友可以加到 5 000 个，达到这个数量以后不能再加好友，但是可以在主页设置中打开"关注"功能，主页粉丝和小组是没有数量上限的；其次，在联系人栏中可以设置为公开，也可以设置为隐蔽，这主要是为了防止同业竞争者吸收潜在客户信息；最后，在信任联系人设置过程中，要确保该账户的安全性，Facebook 偶尔会因为各种原因禁用账号，这样会导致前期积累的大量客户资料丢失，使用信任联系人可以召回账号，当然如果信任联系人设置不合理也会导致被盗号。

2）不断发帖

保持账号活跃度除了需要足够数量和质量的粉丝好友以外，还需要较高的发帖技巧。首先，发帖时间应该保持在一个稳定的时间间隔范围内，以保证"时间线"一直处于更新状态，并且需要研究目标客户上线的时间，尽量在目标客户在线活跃时间内进行更新。这样的帖子更容易获得关注和点赞，利于浏览转化。其次，帖子的类型要尽可能丰富。多发带有图片、视频的帖子，少发纯文字的帖子，而且需要研究目标客户的喜好发一些有趣的图片和视频，或转发一些热门帖子并加上自己的评论观点。在发产品图片时，也尽可能做到去广告化，用比较委婉的方法引发好友对产品的关注。最后，可以通过在主页上创建大事记的方法帮助企业树立商务化的企业形象和品牌地位。

参加小组讨论也可以增加流量。Facebook 有自己的讨论小组，可以加入这些小组、参与小组讨论并加更多好友。Facebook 的小组功能非常强大，能够将与本账号有关系的用户筛选出来，如你的好友也有加入这个讨论组，或者与你有类似经历或同区域的人也有加入这个讨论组。在讨论组中需要遵守这个组的一些约定，然后积极参与小组讨论，为小组成员一些帖子点赞，增加自己的一些旅行经历，从而多维度地和群里的成员保持更多的交际。在做完这些工作以后，Facebook 为你推荐的好友会更多，加好友的过程也会更加顺利，这为未来的目标社交营销活动奠定了很好的基础。

4. 如何在 Facebook 上做企业的推广

作为一个全球非常流行的社交网站，在 Facebook 上做推广营销，除了要为访问者、粉丝提供优质的服务之外，还需要与访问者建立紧密、牢固的沟通关系。

（1）要想让别人喜欢自己，首先要让自己看起来比较"可亲"，一个杂乱无章的页面很可能会引起访问者的反感。对于一个 Facebook 页面来说，要想给访问者留下一个好印象，要从以下几个方面来完善：优质的商品服务，及时更新的商品信息，内容优质的帖子，与粉丝之间的活跃互动。

(2) 要感谢忠诚的粉丝。当卖家的商品品牌在市场已经有了一定程度的良好影响,并积累了一定的客户群,也建立了自己的 Facebook 页面,可以鼓励自己的忠诚客户加入 Facebook 支持自己。要知道一个客户的宣传就是一个最好的广告,而且能吸引更多的访问者为你打上"like"的标签。

而对于支持自己的忠诚客户也不要吝啬,可以用一些自设的徽章或标签对他们表示感谢,或者在销售商品时给他们一定的优惠。

(3) 有效利用社会化网络。除了 Facebook,其他站外引流还可借助 Pinterest、YouTube、Twitter(推特)等网站,在这些网站上都可以展示自己的产品。

(4) 整合 Facebook 的社交插件。利用多个社交性网站展开社会化推广营销是一种有效的推广方式,但在推广的过程中,需要一个网络枢纽将所有的社会化媒体活动联结起来,这样做是为了更好地利用社会化媒体和品牌管理。

在 Facebook 网站中,可以添加 Facebook 的社交插件,如 Like Box、Like Button 和 comment stream,以此来加强各个社交平台之间的联系。随着 Facebook 访问量的提高,你的页面也会用在粉丝及其朋友的"推送"中,也就能让更多的访问者看到你的 Facebook 页面,进而提高访问量。

(5) 利用论坛签名与合作网站。如果在论坛中表现活跃,或者有合作的网站,可以在论坛或合作网站的签名档中添加自己 Facebook 页面的链接。但是,在链接组中一定要经常发表具有实用性的文章,只有你的参与获得了认可,才能有更多的机会让别人看到你以及你的商品。

(6) 主动向朋友寻求帮助。刚建立 Facebook 主页时可能很少有互动,所以在初级阶段可以主动向自己的朋友发送互动信,让他们参与一些话题讨论,以调动气氛。不过,要保证他们讨论的话题具有足够的趣味性。

(7) 参与高人气的 Facebook 页面。借助 Facebook Directory 和 Facebook Search 搜索与自己商品相关的 Facebook 页面,或搜索一些与自己业务相关的讨论,同时向这些 Facebook 页面提供一些有价值的信息,并与它们的管理员和会员建立一种信任关系,在有一定的了解后可以让他们去访问自己的 Facebook 页面。

(8) 联合其他 Facebook 页面管理员组织社交活动。与其他 Facebook 页面管理员联合,共同开展一个能让双方粉丝都获益的社交活动,这样既能加深彼此之间的了解,又能达到宣传推广的效果。在组织活动前一定要进行适当的规划,保证宣传的效果。

5. 如何挑选 Facebook 广告图片类型

挑选广告三原则:

(1) 图片要与产品直接相关;

(2) 图片要色彩鲜明、吸引眼球,图片文案要简单;

(3) 不要有太多的文字描述,见图 6-2。

图 6-2 挑选合适的广告图片

6.2.4 其他网络营销媒体

1. Yandex

Yandex 是俄罗斯重要网络服务门户之一,是俄罗斯网络拥有用户最多的网站。Yandex 所提供的服务包括搜索、最新新闻、地图和百科、电子信箱、电子商务、互联网广告及其他。Yandex 在俄罗斯本地搜索引擎的市场份额已远超俄罗斯 Google。

Yandex 搜索是现时最大的俄语搜索引擎,索引了超过 100 亿个网页,市占率超过 64%。Yandex 搜索在俄罗斯国内的主要竞争对手包括 Google、Mail.ru 和 Rambler 等。尽管 Google、雅虎等搜索巨头都有俄文界面,提供俄语搜索,但依旧未能撼动其在俄罗斯的市场地位,Google 在俄罗斯的市场份额为 21.9%。

2. Instagram

Instagram 是一款移动端社交应用,以一种快速、美妙和有趣的方式将你随时抓拍下的图片彼此分享,于 2010 年 10 月正式登录 App Store。Instagram 公司位于旧金山,由凯文·斯特罗姆(Kevin Systrom)和迈克·克里格(Mike Krieger)联合创办。其 App 用户快速增长,注册用户迅速覆盖 50 多个国家、建立了 700 多个网络社区。2012 年,Facebook 公司收购 Instagram。2018 年 12 月,世界品牌实验室发布《2018 世界品牌 500 强》榜单,Instagram 排名第 362 位。

Instagram 可以在网页或者移动端进行注册、关注、评论、点赞等操作,可以通过图片展示的方式推广产品、找到潜在目标客户。

3. YouTube

YouTube 是一个视频网站,早期公司位于加利福尼亚州的圣布鲁诺,注册于 2005 年 2 月 15 日,由美国华裔陈士骏等人创立,让用户下载、观看及分享影片或短片。

YouTube 推出了广告系统 TrueView。用户观看视频时会弹出广告,只有当用户选择观看广告后,YouTube 才向广告主收费。在拓展视频内容的同时,YouTube 帮助广告主根据用户喜好来吸引目标用户。

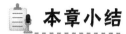 **本章小结**

  本章共分两节来阐述与探讨跨境电商产品定价。第一节讲述了：跨境电商产品定价的基本概念，包括成本构成、开店费用、利润和利润率等；跨境电商产品成本核算；价格的调整与换算；定价方法；定价技巧及误区。第二节是关于网络营销的相关内容介绍，包括电子邮件营销、社会化媒体营销和其他网络营销媒体。

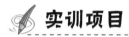 **实训项目**

  计算：

  卖家采购一批成本价为30元/件的女士连衣裙，现打算使用e邮宝物流渠道把产品从中国直发至美国，同时卖家想控制每件连衣裙的利润在30%，请核算单件产品应以多少美元定价较为合理。（预计产品包装后重量为0.3千克，包装费用为1.2元，平台抽取服饰类目佣金为17%，e邮宝物流报价为76元/千克＋10元处理费/票，现实时汇率为1美元＝6.4元人民币，运算结果精确到小数点后1位）

 课后习题

1. 跨境电商产品的实际成本包含哪些？
2. 跨境电商产品的价格定位有哪些技巧？
3. 跨境电商卖家常用的商品定价方法有哪些？
4. 网络营销有哪些新手段或者新媒介？

 即测即练

第 7 章　跨境电商支付

在跨境电商模式中，B2C 的支付模式较为简单，本章主要介绍 B2B 支付模式。跨境电商与跨境支付相互依存、彼此影响，跨境支付是跨境电商的重要环节，除了汇率、税费、政策、基础设施等制约外，还涉及不同货币之间能否通用、能否实现通汇通兑、不同货币间的汇率波动等问题。跨境电商在交易的过程中离不开跨境支付，了解跨境支付方式及其支付流程是跨境电商最基本的生存之道。

引导案例

为切实解决日韩短期入境人员在境内支付不便捷问题，让其在苏生活"不见外"，苏州银行与苏州自贸片区联合研发推出了日韩短期入境游客境内移动支付神器"Su-Pay"，并于 2021 年 5 月 27 日正式对外上线。

在全面移动支付时代，境内居民和长期在华工作居住的外籍人士早已习惯使用微信、支付宝、云闪付等工具进行支付。但对于短期来华旅行的外籍人士，因无法将境外银行卡与电子支付平台账号进行绑定，不能享受境内移动支付的便利。对此，国家多部委提出支持在试点地区率先推动移动支付、消费服务等便利化。在苏州自贸试验区引领带动效应下，苏州自贸片区全方位开放格局不断深化，截至 2021 年 5 月，区内已集聚 5 000 余家外资企业。其中，日资、韩资企业达 1 174 家，带动了日韩游客来华旅游交流。"Su-Pay"是专门解决日韩短期入境游客移动支付的金融工具，是苏州自贸片区和苏州银行为优化营商环境而作出的又一项金融创新。双方为此已经做了一年多的准备工作，早在 2020 年初，苏州自贸片区综合协调局就通过对标国际经贸规则，着眼于提升国际化营商环境，重点针对日韩短期入境游客在境内电子支付不便的问题，提出"鼓励地方银行开发电子支付便利化产品"的建议。

"Su-Pay"产品融合金融科技，实现了多项模式创新。通过银行"活体识别＋OCR＋反欺诈＋大数据"的能力，实现为日韩短期入境游客提供自动化、全线上的境内电子账户服务；通过线上外卡收单能力，实现自助式、全线上的境内账户的充值服务；可以全线上实现账户捆绑云闪付、微信和支付宝账户进行移动支付，畅享境内高效领先的移动支付场景；通过移动端客户行为分析的能力，实现了实时监测和自动管控。

资料来源：https://baijiahao.baidu.com/s?id=17009689841253113535&wfr=spider&for=pc。

案例思考题：
1. 国际货款结算方式有哪些？
2. 生活中还有哪些推进跨境支付便利化的举措？

7.1 国际货款结算方式

7.1.1 普通银行电汇

1. 电汇

电汇(telegraphic transfer, T/T)是汇出行应汇款人的申请,用加押电报(tested cable)、电传或者 SWIFT(Society for Worldwide Interbank Financial Telecommunications,环球银行金融电信协会)的形式指示汇入行付款给收款人的一种汇款方式。电汇的特点是速度快,但是手续费用较高,因此只有在金额较大或者比较紧急的情况下,才使用电汇。

扩展阅读 7.1 中国第三方跨境电商支付行业研究报告

目前,全球大多数国家的银行都使用 SWIFT 系统。SWIFT 是国际银行同业间的国际合作组织,成立于 1973 年,总部设在比利时的布鲁塞尔,同时在荷兰阿姆斯特丹和美国纽约分别设立交换中心(Swifting Center),并为各参加国开设集线中心(National Concentration),为国际金融业务提供快捷、准确、优良的服务。SWIFT 运营着世界级的金融电文网络,银行和其他金融机构通过它与同业交换电文(message)来完成金融交易。除此之外,SWIFT 还向金融机构销售软件和服务,其中大部分的用户都在使用 SWIFT 网络。SWIFT 系统的使用为银行的结算提供了安全、可靠、快捷、标准化、自动化的通信服务,从而大大加快了银行的结算速度。

在实际跨境电商进出口中,T/T 分为预付、即期和远期。T/T 付款有以下三种方式:前 T/T:先收款,后发货,在发货前预付货款,对买方来说风险较大;后 T/T:先发货,后收款,对卖方来说风险较大;T/T 预付,先订金,再余款。外贸业务中,出口商对一般熟悉的客户会采用 T/T 付款,经常是发货前预付部分货款,余款在到货后付清,电汇常用的是预付 30% 货款作为订金,另外 70% 的余款见提单付款。订金的比例越大,出口商的风险越小。

2. 电汇业务

(1) 电汇有四个当事人:汇款人(remitter)、收款人(payee)、汇出行(remitting bank)和汇入行(receiving bank)。

汇款人:债务人,通常是跨境电商中的进口方。

收款人:债权人,通常为跨境电商中的出口方。

汇出行:是受汇款人委托汇出汇款的银行,在跨境电商中通常为进口方所在地银行。

汇入行:解付行,是受汇出行委托,解付汇款的银行。汇入行通常为出口方所在地银行。

(2) 电汇业务的基本程序见图 7-1。

① 汇款人填写汇款申请书,交款给汇出行,申请书上说明使用电汇方式;

② 汇出行接受申请,向汇款人开立电汇回执;

③ 汇出行根据电汇申请书向汇入行发出电报、电传或 SWIFT,委托汇入行解付汇款

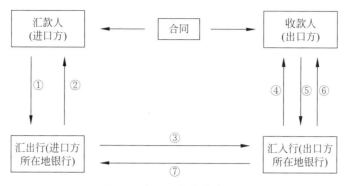

图 7-1　电汇业务的基本程序

给收款人；

④ 汇入行收到后,核对密押,缮制电汇通知书通知收款人收款；

⑤ 收款人收到通知后在收据联上盖章,交给汇入行；

⑥ 汇入行借记汇出行账户取出头寸,解付汇款给收款人；

⑦ 汇入行将借记通知书寄汇出行,通知它汇款解付完毕,资金从债务人流向债权人,完成一笔电汇汇款。

(3) 电汇的特点见表 7-1。

表 7-1　电汇的特点

项　目	内　　容
费用	各自承担所在地的银行费用。买家银行会收取一定手续费,由买家承担。卖家公司的银行有的也会收取一定手续费,由卖家承担。手续费根据银行的实际费率来计算
优点	1. 收款迅速,几分钟即可到账； 2. 先付款,后发货,保证商家利益不受损失
缺点	1. 先付款,后发货,国外买家容易产生不信任； 2. 客户群体小,限制商家交易量；数额大的,手续费高
适用范围	适合大额的交易付款

7.1.2　专业国际汇款公司

1. 西联汇款

西联汇款(Western Union)是西联国际汇款公司的简称,是世界领先的特快汇款公司,迄今已有 170 多年的历史,它拥有全球最大最先进的电子汇兑金融网络,代理网点遍布全球近 200 个国家和地区。

1) 西联汇款的付款流程

西联汇款分为现金即时汇款和直接到账汇款两类。现金即时汇款有三种方式：西联汇款网点、网上银行和银联在线。西联汇款的付款流程如下。

(1) 在网点填妥"西联汇款申请书"和"境外汇款申请书"。

(2) 递交填妥的表格、汇款本金、汇款手续费及个人有效身份证件,可以持外币汇款,也可以以人民币购汇汇款。

（3）汇款完成后，汇款人会收到一张印有汇款监控号码（MTCN）的收据，汇款人须准确通知收款人有关汇款人姓名、汇款金额、汇款监控号码及发出汇款国家（地区）等信息，为确保汇款安全，勿将监控号码泄露给除收款人之外的其他人。

（4）数分钟后，收款人可于收款国家（地区）的代理西联汇款业务网点提取汇款；

（5）每笔汇出汇款都要填写"境外汇款申请书"进行国际收支申报。

2）西联汇款的收款流程

作为出口商，当客户汇款过来后，要了解在银行取款的流程，具体如下。

（1）确保汇款由境外已获授权的代理西联汇款网点发出，并与汇款人核实汇款人姓名、汇款金额、汇款监控号码及发出汇款国家（地区）。

（2）收到汇款人通知后，到就近代理西联汇款业务的银行网点兑付汇款。

（3）提交填妥的"收汇申请书"，出示有效身份证件。

（4）提取汇款及取回收据。

（5）境外个人的每笔汇款及境内个人等值2 000美元以上的汇款，还需填写"涉外收入申报单"进行国际收支申报。

3）签名并接收收据

在确认收据上的所有信息均无误之后，收款人需要签收一张收据。收据所打印的内容之一是汇款监控号码，以及可使用汇款监控号码联机（在网上）跟踪汇款的状态。确认汇款已经到位后，收款人随时可以取款。在前往西联汇款合作网点之前，收款人应确保汇款已经可以提取，可直接联系汇款人确认，也可在网上跟踪汇款状态，还可拨打中国地区热线8008208668进行咨询。如果是第一次使用直接汇款至中国的银行卡账户的服务，收汇人应在北京时间8点至20点之间拨打中国服务热线80082008050，核实如下信息：收汇人的中文名字；汇款监控号码；收汇人的有效身份证号码；收汇银行的名称和银行卡账户。同一收汇人此后通过同一银行卡账户使用直接到账汇款服务，就不需要再拨打中国服务热线核实必要信息。但如果收汇人的必要信息有所改变，则需要拨打中国服务热线，核实其必要信息。

西联汇款的特点见表7-2。

表7-2 西联汇款的特点

项 目	内 容
费用	手续费由买家承担；需要买卖双方到当地银行实地操作；在卖家未领取钱款时，买家可以将支付的资金撤销回去
优点	1. 手续费由买家承担； 2. 对于卖家来说最划算，可先提钱再发货，安全性高； 3. 到账速度快
缺点	1. 由于对买家来说风险极高，买家不易接受； 2. 买家和卖家需要去西联汇款线下柜台操作； 3. 手续费较高
适用范围	1万美元以下的小额支付

2. MoneyGram

速汇金汇款是 MoneyGram(速汇金)公司推出的一种快捷、简单、可靠及方便的国际汇款方式,目前该公司在全球 150 个国家和地区拥有总数超过 5 000 个代理网点。收款人凭汇款人提供的编号即可收款。

速汇金汇款的特点见表 7-3。

表 7-3 速汇金汇款的特点

项 目	内 容
费用	外转账费率,单笔速汇金最高汇款金额不得超过 10 000 美元(不含),每天每个汇款人的速汇金累计汇出最高限额为 20 000 美元(不含)
优点	1. 速汇金汇款在汇出后十几分钟即可到达收款人手中; 2. 在一定的汇款金额内,汇款的费用相对较低,无中间行费,无电报费; 3. 手续简单,汇款人无须选择复杂的汇款路径,收款人无须预先开立银行账户,可实现资金划转
缺点	1. 汇款人及收款人均必须为个人; 2. 必须为境外汇款; 3. 进行境外汇款必须符合国家外汇管理局对于个人外汇汇款的相关规定; 4. 客户如持现钞账户汇款,还需交纳一定的钞变汇的手续费

3. CashPay

CashPay 是一种安全、快速、费率合理的跨境支付方式,遵循 PCI DSS(支付卡行业数据安全标准),是一种多渠道集成的支付网关。

CashPay 的特点见表 7-4。

表 7-4 CashPay 的特点

项 目	内 容
费用	费率为 2.5%,无开户费及使用费;无提现手续费及附加费
优点	1. 加快偿付速度(2~3 天),结算快; 2. 支持商城购物车通道集成; 3. 提供更多支付网关的选择,支持客户喜欢的币种提现; 4. 有专门的风险控制防欺诈系统 CashShield,并且一旦出现欺诈,100%赔付; 5. 降低退款率,专注客户盈利,资料数据更安全
缺点	接入国际信用卡收款较麻烦,需预存保证金,同时信用卡收款费用高,且黑卡较多,存在拒付风险
安全性	不只降低退款率而更专注客户盈利,RTA(风险动态分析)、RPA(风险预测评估)及实时升级的 IT 程序使客户交易、资料数据更安全

4. Moneybookers

Moneybookers 是一家极具竞争力的网络电子银行,它诞生于 2002 年 4 月,是英国伦敦 Gatcombe Park 风险投资公司的子公司之一。Moneybookers 电子银行里的外汇是可以转到国内银行账户里的。

Moneybookers 的特点见表 7-5。

表 7-5 Moneybookers 的特点

项目	内容
费用	从银行上载资金免费；从信用卡上载资金：3%；发钱：1%（至少 0.5 欧元）；取钱到银行：固定费用 1.8 欧元；通过支票取钱：固定费用 3.5 欧元
优点	1. 安全，因为是以电子邮件为支付标识，付款人不再需要暴露信用卡等个人信息； 2. 客户必须激活认证才可以进行交易； 3. 用户只需要收款人的电子邮箱地址就可以发钱给他； 4. 可以通过网络实时进行收付费
缺点	1. 不允许客户多账，一个客户只能注册一个账户； 2. 目前不支持未成年人注册，需年满 18 岁才可以
安全性	登录时以变形的数字作为登录手续，以防止自动化登录程序对账户的攻击。只支持 128 位高度加密的行业标准

7.2 跨境电商收款账户设置

7.2.1 收款账户的类型

国际支付宝目前支持买家用美元、英镑、欧元、墨西哥比索、卢布（后续还会不断增加新的币种）支付，卖家收款则有美元和人民币两种方式。根据付款方式的不同，卖家收到的币种会有差别，目前总体来说人民币收款比例更小。

卖家收到的人民币部分，国际支付宝是按照买家支付当天的汇率（汇率由收单银行确定；汇率是清算日的汇率，非支付日，一般在支付后 2 个工作日）将美元转换成人民币支付到卖家国内支付宝或银行账户中的（特别提醒：速卖通普通会员的货款将直接支付到国内支付宝账户）。收到的美元部分，国际支付宝将美元直接打入卖家的美元收款账户（特别提醒：只有设置了美元收款账户，才能直接收取美元）。提现的美元，需要到银行结汇成人民币。

7.2.2 跨境支付账户设置——以速卖通为例

1. 设置国际支付宝账号

（1）打开全球速卖通官网，在首页单击"立即入驻"，图 7-2 为全球速卖通官网首页。

（2）注册成功后，成功地入驻速卖通平台，拥有自己的店铺。这时候，用户可以在"我的速卖通"栏目下"我的订单"项内打开支付宝国际站，完善账户信息。

第一，确认手机号码，见图 7-3。

第二，设置国际支付宝密码，见图 7-4。

第三，设置完成，见图 7-5。

图 7-2　全球速卖通官网首页

图 7-3　确认手机号码

图 7-4　设置国际支付宝密码

图 7-5　设置完成

2. 国际支付宝跨境账户设置

美元账户使用提示见图 7-6～图 7-9。

（1）添加美元提现账户。单击"设置"按钮，然后根据图 7-10 提示完成账户设置即可。

（2）设置人民币账户。单击"设置"按钮，添加国内支付宝账户。

添加完成后，人民币提现账户会显示用户的支付宝账号。

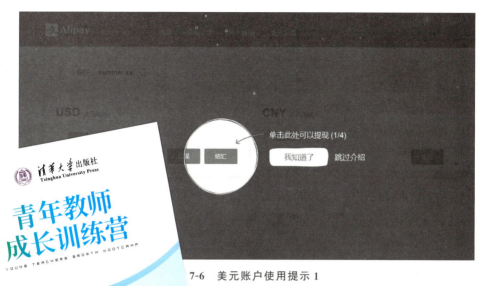

图7-6　美元账户使用提示1

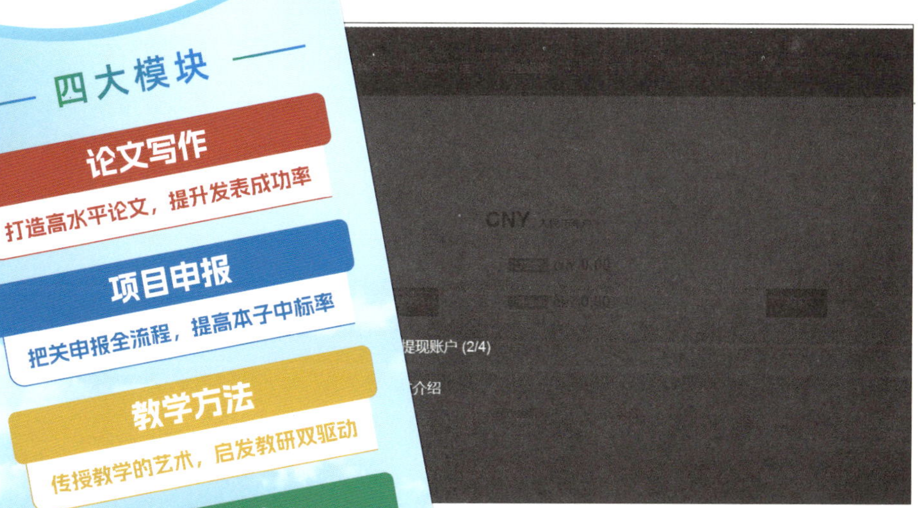

图7-7　美元账户使用提示2

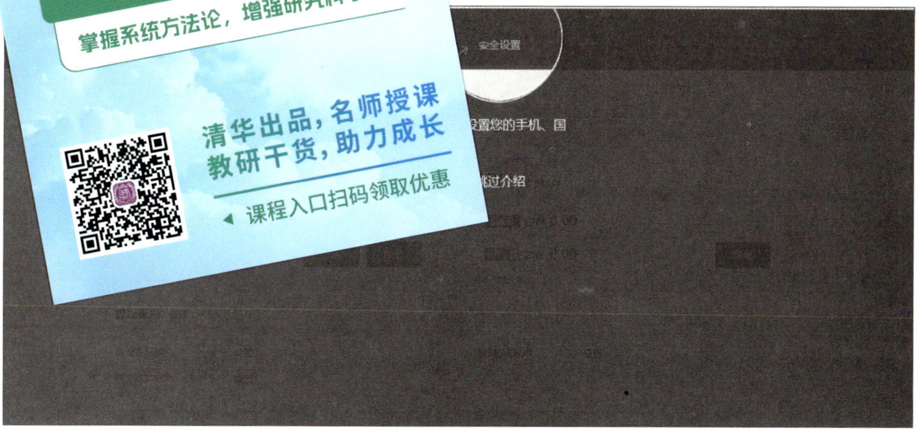

图7-8　美元账户使用提示3

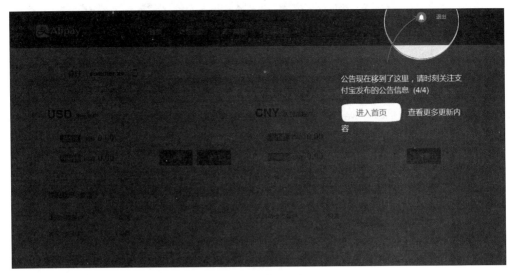

图 7-9　美元账户使用提示 4

图 7-10　添加美元提现账户

7.2.3　查询银行的 SWIFT 代码

SWIFT 代码其实就是 ISO 9362,也叫 SWIFT-BIC、BIC 代码、SWIFT ID,由计算机可以识别的 8 位或 11 位英文字母和阿拉伯数字组成,用于在 SWIFT 电文中区分金融交易中的不同金融机构。

SWIFT 代码的 11 位数字或字母可以拆分为银行代码、国家代码、地区代码和分行代码四部分。以中国银行上海分行为例,其 SWIFT 代码为 BKCHCNBJ300,含义如下: BKCH 为银行代码,CN 为国家代码,BJ 为地区代码,300 为分行代码。

银行代码:由 4 个英文字母组成,每家银行只有一个银行代码,由其自己决定,通常是该行的名字或缩写,适用于其所有的分支机构。

国家代码:由两位英文字母组成,用以区分用户所在的国家和地理区域。

地区代码:由0、1以外的两位数字或两位字母组成,用以区分位于所在国家的地理位置、如时区、省、州、城市等。

分行代码:由3位字母或数字组成,用来区分一个国家中某一分行组织或部门。如果银行的SWIFT代码只有8位而无分行代码,其初始值为"＊＊＊"。

可以拨打银行的服务电话咨询该行的SWIFT代码,也可以登录SWIFT国际网站查询页面来查询我国某个城市某家银行的SWIFT代码。

7.3 PayPal和国际支付宝

7.3.1 PayPal的支付与结算

1. PayPal的介绍

PayPal,1998年12月由Peter Thiel(彼得·蒂尔)和Max Levchin(麦克斯·拉夫琴)建立。eBay在2002年10月以15亿美元收购PayPal。2015年6月27日,PayPal业务和eBay拆分成两家独立上市的公司,从eBay体系剥离后,PayPal实现高速增长,成为支付巨头。

2. PayPal的类型

PayPal账户分为三种类型:个人账户、高级账户和企业账户。用户可根据实际情况进行注册,个人账户可以升级为高级账户,进而升级为企业账户;反之,企业账户也可以降为高级账户或者个人账户。

1) 个人账户

个人账户适用于在线购物的买家用户,主要用于付款,可以收款,但比起高级账户或企业账户少了一些商家必备的功能和特点,如查看历史交易记录的多种筛选功能、商家费率、网站集成、快速结账等集成工具,因此不建议卖家选择。

2) 高级账户

高级账户适用于在线购物或在线销售的个人商户,可以付款、收款,并享受商家费率、网站付款标准、快速结账等集成工具以及集中付款功能,帮助商家拓展海外销售渠道、提升销售额,推荐进行跨国交易的个人卖家使用。

3) 企业账户

企业账户适用于以企业或团体名义经营的商家用户,特别是使用公司银行账户提现的商家用户。企业账户拥有高级账户的所有商家功能,可以设立多个子账户,适合大型商家使用,每个部门设立子账户进行收款。另外,企业账户需要添加以企业名开办的电汇银行账户进行转账,添加个人名字开办的电汇银行账户可能导致转账失败。

3. PayPal的优势

(1) 全球用户多。PayPal在全球190个国家和地区有超过2.2亿用户,已实现在24

种外币间进行交易。

（2）品牌效益强。PayPal 在欧美普及率极高，是全球在线支付的代名词，强大的品牌优势，能使网站轻松吸引众多海外客户。

（3）资金周转快。PayPal 独有的即时支付、即时到账的特点，能够实时收到海外客户发送的款项。最短仅需 3 天，它即可将账户内款项转账至国内的银行账户，及时高效地开拓海外市场。

（4）安全保障高。完善的安全保障体系，丰富的防欺诈经验，业界最低的风险损失率（仅 0.27%，是传统交易方式的 1/6），这些均可确保交易顺利进行。

（5）使用成本低。无注册费用、无年费，手续费仅为传统收款方式的 1/2。

（6）数据加密技术。注册或登录 PayPal 的站点时，PayPal 会验证登录者的网络浏览器是否正在运行。传送过程中，信息受到加密密钥长度达 168 位（市场上的最高级别）的 SSL（安全套接层）保护。

（7）循环结账。定期为客户开具账单、支付会员费或提供租用服务和分期付款计划。

4. PayPal 的支付流程

通过 PayPal，付款人支付一笔款项给商家或收款人的支付流程可分为以下几个步骤。

（1）只要有一个电子邮件地址，付款人就可以注册 PayPal 账户，通过验证成为其用户，并提供信用卡或者相关银行资料，增加账户金额，将一定数额的款项从其开户时登记的账户转移至 PayPal 账户。

（2）当付款人启动向第三人付款流程时，必须先进入 PayPal 账户，指定特定的汇出金额，并提供收款人的电子邮件账号给 PayPal。

（3）PayPal 向商家或者收款人发出电子邮件，通知其有等待领取或转账的款项。

（4）如商家或者收款人也是 PayPal 用户，其决定接受后，付款人所指定之款项即移转给收款人。若商家或者收款人没有 PayPal 账户，商家或收款人依 PayPal 电子邮件内容指示联网进入网页注册，取得一个 PayPal 账户。

从以上流程可以看出，如果商家或收款人已经是 PayPal 用户，那么该笔款项就汇入他拥有的 PayPal 账户。若商家或收款人没有 PayPal 账户，网站就会发出一封电子邮件通知，引导商家或收款人至 PayPal 网站注册一个新的账户。

所以，也有人称 PayPal 的这种销售模式是一种"邮件病毒式"的商业拓展方式，它使 PayPal 越来越多地占有市场。

5. PayPal 账户注册

第一步：打开 PayPal 网址，然后单击"注册"按钮，见图 7-11。

第二步：选择用户类型，见图 7-12。

第三步：创建个人账户或者商家账户，如果选择个人账户，填写如图 7-13 所示的信息。

第四步：输入银行卡号、使用期限和 CSV（逗号分隔值）码，输入手机号获取验证码，就可以成功绑定银行卡了，然后通过邮箱激活账户，PayPal 个人账户就注册成功了。

图 7-11　注册 PayPal 账户

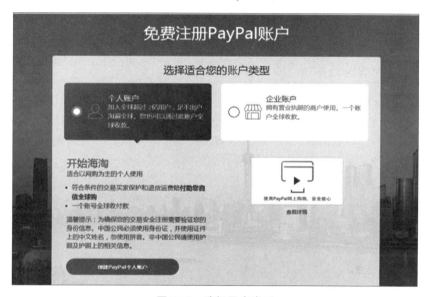

图 7-12　选择用户类型

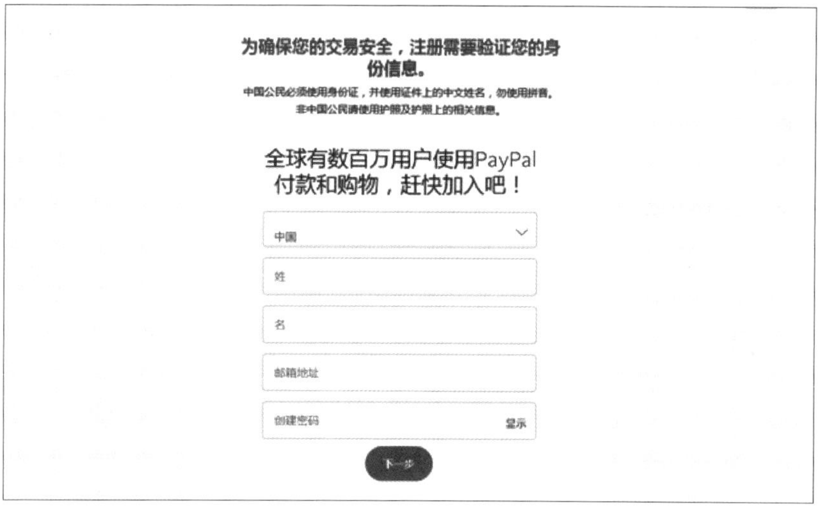

图 7-13　填写个人账户信息

7.3.2 国际支付宝的支付与结算

在速卖通平台做生意,离不开国际支付宝的保驾护航。国际支付宝的服务模式与国内支付宝类似:交易过程中先由买家将货款打到第三方担保平台的国际支付宝账户中,然后第三方担保平台通知卖家发货,买家收到商品后确认,货款放于卖家,至此完成一笔网络交易。

1. 国际支付宝的介绍

阿里巴巴国际支付宝由阿里巴巴与支付宝联合开发,是旨在保护国际在线交易中买卖双方的交易安全所设的一种第三方支付担保服务,全称为 Escrow Service。

国际支付宝的服务模式与国内支付宝类似,在交易过程中先由买家将货款打到国际支付宝账户,然后国际支付宝通知卖家发货,买家收到商品后做确认,之后国际支付宝将货款放给卖家,至此完成一笔网络交易。

2. 国际支付宝账户申请

如果卖家已经拥有国内支付宝账户,无须另外申请国际支付宝账户。只要卖家是全球速卖通的用户,就可以直接登录"My Alibaba"后台(中国供应商会员)或"我的速卖通"后台(普通会员),管理收款账户,绑定国内的支付宝账户即可。如果卖家还没有国内支付宝账号,可以先登录支付宝网站申请国内的支付宝账号,再绑定即可。

绑定国内支付宝账户后,卖家就可以通过支付宝账户收取人民币。国际支付宝会按照买家支付当天的汇率将美元转换成人民币支付到卖家的国内支付宝或银行账户中。卖家还可以通过设置美元收款账户的方式来直接收取美元。

3. 支付宝国际账户使用

支付宝国际账户 Alipay Account 是支付宝为从事跨境交易的国内卖家建立的资金账户管理平台,包括对交易的收款、退款、提现等主要功能。支付宝国际账户是多币种账户,包含美元账户和人民币账户。目前,只有 Aliexpress(速卖通)与阿里巴巴国际站会员才能使用。

支付宝系统上线后,提现功能较之前有了一些改变,用户提现不再限制在 100 笔交易金额之内,而是可根据自身需要对账户中"可提现金额"做全部或者部分提现,大大降低了用户的提现成本。

4. 国际支付宝与国内支付宝的区别

国际支付宝的第三方担保服务是由阿里巴巴国际站同国内支付宝联合提供支持的。全球速卖通平台只是在买家端将国内支付宝改名为国际支付宝。这是因为根据对买家调研的数据发现,买家群体更加喜欢和信赖国际支付宝,认为国际支付宝可以保护买家的交易安全。

而在卖家端,全球速卖通平台依然沿用"国际支付宝"一词,只是国际支付宝相应的英文变成了 Escrow。

在使用上,卖家只要有国内支付宝账号,无须另外申请国际支付宝账户。卖家登录

"My Alibaba"后台(中国供应商会员)或"我的速卖通"后台(普通会员),就可以绑定。

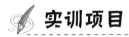
本章小结

本章较为系统地学习了国际货款结算方式,对比了各种结算方式的异同,列举了多家专业国际汇款公司,便于企业进行选择;介绍了 PayPal 和国际支付宝,通过速卖通的例子,分步骤讲述了如何绑定支付收款账户,如何设置提现美元和人民币账户。

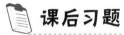
实训项目

列举并比较国内外各大网上银行的跨境支付方式,同时比较跨境银行转账与第三方平台跨境转账的异同,并分析我国跨境银行转账的优劣有哪些,形成调研报告。

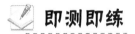
课后习题

1. 跨境电商支付方式与传统的银行汇款的优缺点有哪些?
2. 西联汇款有什么特点?

即测即练

第 8 章 跨境电商物流

党的二十大报告提出,"推动货物贸易优化升级,创新服务贸易发展机制,发展数字贸易,加快建设贸易强国"。跨境电商占外贸比重从 2015 年不到 1% 增长到 2021 年的 4.9%,物流是关系跨境电商服务时效和稳定性的关键因素,要完善新型外贸物流体系,促进中小微企业借船出海,带动中国制造品牌拓展至国际空间,促进跨境电商持续发展。

扩展阅读 8.1 跨境电商出口物流

引导案例

随着互联网逐渐普及、支付体系的逐步完善,以及物流行业的便捷化,跨境电商在境内如火如荼地展开,跨境电商以其小额交易、低成本、低风险、敏捷灵活的特点迎合了境外买家的需求。在互联网的背景下,电子商务的迅猛发展逐渐改变我们的生活方式,同时也带给我们很多创业机遇,使中国跨境电商卖家足不出户,就能轻松拓展全球业务。

扩展阅读 8.2 中国出口跨境电商五种主流物流模式

2022 年 1 月 10 日下午,在珠海保税区查验场跨境电商监管中心,随着珠海优跨供应链公司第一个跨境电商 9610 出口包裹的入线分拣,珠海鹤洲跨境电商监管中心正式运作,标志着"鹤洲清关+澳门头程"跨境电商物流组合新模式开启,即货物在珠海鹤洲完成清关后,再运达澳门机场,并分散至全球各地。

据介绍,该监管中心总投资 300 万元,面积约 5 720 平方米,按照集 9610 出口电商物品通关、仓储、装卸、理货、分拣、物流信息综合处理等各项物流服务为一体的现代化通关中心标准进行设计建设,配备了一条 9610 出口自动 X 光机分拣线,上机查验速率达 600 件/小时,设计通关容量为 100 车/天,支持对澳跨境电商。

资料来源:https://baijiahao.baidu.com/s?id=1721832749551720672&wfr=spider&for=pc。

案例思考题:

1. 什么是跨境电商物流?
2. 跨境物流对跨境电商发展有什么重要影响?

8.1 邮政物流

8.1.1 EMS

邮政物流,是指各国邮政部门所属的物流系统。邮政物流包括各国邮政局的邮政航空小包、大包以及中国邮政速递物流分公司的EMS(Express Mail Service)、ePacket等。

EMS即特快专递邮件业务,是一项由中国邮政速递物流与各国(地区)邮政合作开办的中国内地与其他国家以及中国港、澳、台地区间寄递特快专递邮件的服务。

1. EMS 说明

EMS国际快递的投递时间通常为3~8个工作日(不包括清关的时间)。由于各个国家及地区的邮政、海关清关时间长短不一,有些国家和地区的包裹投递所需时间可能较长。卖家可登录EMS的官方网站,在"服务指南"板块查看包裹投递信息以及资费标准、体积和重量限制、禁寄商品等。

2. EMS 优劣势

1) 优势

第一,投递网络强大,覆盖范围广,价格较为便宜,以实际重量计算,不算抛重;

第二,享有优先通关权,且清关时不用提供商业发票,通关不过的货物可以免费运回境内,而其他快递一般要收费;

第三,寄往俄罗斯以及南美等国家具有绝对优势;

第四,比较适合小件的物品,以及时效性要求较低的货物。

2) 劣势

第一,相对于商业快递来说,速度较慢;

第二,查询网站信息更新不及时,出现问题后只能做书面查询,耗费的时间较长;

第三,不能一票多件,运送大件货物价格较高。

8.1.2 ePacket

ePacket俗称e邮宝,又称EUB,是中国邮政速递物流股份有限公司为适应跨境电商轻小件物品寄递需要推出的经济型国际速递业务。

1. ePacket 说明

ePacket,利用邮政渠道清关,进入合作邮政轻小件网络投递。国际e邮宝业务已经开通美国、澳大利亚、英国、加拿大、法国、俄罗斯、以色列、沙特阿拉伯、乌克兰路线,也称为美国专线、欧洲专线、澳大利亚专线、俄罗斯专线、中东专线、南美专线。

最大尺寸:非圆筒货物:长+宽+高≤90厘米,单边长度≤60厘米;圆筒形货物:直径的两倍+长度≤104厘米,单边长度≤90厘米。

最小尺寸:非圆筒货物:单件邮件长度≥14厘米,宽度≥11厘米;圆筒形货物:直径的两倍+长度≥17厘米,长度≥11厘米。

2. ePacket 优劣势

1）优势

第一,经济实惠,免收挂号费和退件费;

第二,时效高,7~10天即可妥投,价格低,安全可靠;

第三,服务专业,为中国电子商务卖家量身定制;

第四,服务优良,提供包裹跟踪号,一站式操作。

2）劣势

第一,只能邮寄不超过2千克的物品;

第二,范围有限;

第三,不提供查单,也不承担邮件丢失、货物延误赔偿。

8.1.3 中国邮政大、小包

1. 中国邮政大包

中国邮政航空大包,又称航空大包或中邮大包,是区别于中国邮政小包的服务,是中国邮政国际普通邮包裹三种服务方式中的航空运输方式服务,可寄达全球200多个国家和地区,时效性要求不高而稍重的货物,可选择使用此方式发货。

重量在两千克以上,通过邮政空邮服务寄往国外的大邮包,可以称为国际大包。国际大包分为普通空邮（Normal Air Mail,非挂号）和挂号（Registered Air Mail）两种。前者费率较低,邮政不提供跟踪查询服务；后者费率稍高,可提供网上跟踪查询服务。

1）中国邮政大包说明

（1）体积限制及运送时效。

根据运输物品的重量和所达到国家（地区）的不同,中国邮政大包的资费标准以及包裹体积、重量限制标准有所不同,具体可登录官网进行查询。

根据目的地不同,中国邮政大包的运送时效也有所不同,通常到亚洲邻近国为4~10天,到欧美主要国家为7~20天,到其他国家和地区为7~30天。

（2）计费方式。中国邮政大包对包裹重量有限制,不能超过30千克（部分国家不能超过20千克）,计费时不计算体积重量,没有偏远附加费和燃油附加费。计算公式为

$$首重1千克的价格 + 续重1千克的价格 \times 续重的数量 = 总额$$

此外,中国邮政大包需要收取8元/件的报关手续费用。

2）中国邮政大包优劣势

（1）优势：

第一,成本低,且不计算体积重量,没有偏远附加费和燃油费；

第二,覆盖范围广,清关能力强；

第三,运单操作简单、方便。

（2）劣势：

第一,部分国家限重10千克,最重不能超过30千克;

第二,速度较慢;

第三,查询信息更新不及时。

2.中国邮政小包

中国邮政小包又称中国邮政航空小包(China Post Air Mail)、邮政小包、航空小包,是指包裹重量在 2 千克以内,外包装长宽高之和小于 90 厘米,且最长边小于 60 厘米,通过邮政空邮服务寄往国外的小邮包。它可以分为平邮小包和挂号小包两种,可寄往全球各个邮政网点。

1)中国邮政小包说明

(1)规格限制。

包裹重量≤2 千克,寄往阿富汗限重 1 千克。

最大尺寸:非圆筒货物:长+宽+高≤90 厘米,单边长度≤60 厘米;圆筒形货物:直径的两倍+长度≤104 厘米,单边长度≤90 厘米。

最小尺寸:非圆筒货物:单件邮件长度≥14 厘米,宽度≥9 厘米;圆筒形货物:直径的两倍+长度≥17 厘米,长度≥10 厘米。

(2)运费计算。

平邮运费:

$$标准运费×实际重量×折扣=总额$$

挂号运费:

$$标准运费×实际重量×折扣+挂号费 8 元=总额$$

(3)中国邮政小包通关的注意事项。

第一,由于中国邮政小包只是一种民用包裹,并不属于商业快递,海关对个人邮递物品的验放原则是"自用合理数量",它并不适于寄递太多数量的商品。

第二,限值规定:海关规定,对寄自或寄往境外的个人物品,每次允许进出境的限值分别为人民币 800 元和 1 000 元;对超出限值部分,属于单一不可分割且确属个人正常需要的,可从宽验放。

2)中国邮政小包优劣势

(1)优势:

第一,运费比较便宜,它运达大部分国家(地区)的时间并不长,因此属于性价比较高的物流方式;

第二,邮政的包裹在海关操作方面比快递简单得多,享用"绿色通道",因此中国邮政小包的清关能力很强、覆盖面广;

第三,中国邮政小包本质上属于民用包裹,并不属于商业快递,因此该方式能邮寄的物品比较多。

(2)劣势:

第一,限重较低,只有 2 千克,阿富汗限重 1 千克,包裹如果超限,需要将其分成多个包裹邮寄;

第二,运送时间较长,如俄罗斯、巴西这些国家超过 40 天才显示买家签收都是正常现象;

第三,跟踪查询不方便,许多国家不支持全程跟踪,官网只能跟踪境内部分,境外部分无法跟踪,卖家需要借助其他工具进行跟踪。

3) 其他邮政小包

跨境电商卖家除了选择中国邮政小包之外,还可以根据产品的特点(是否能带电池等)选择其他国家和地区的邮政小包,如中国香港邮政小包、新加坡邮政小包、瑞士邮政小包等。

中国香港邮政小包:综合质量较好、各个指标稳定;平邮性价比极高。

新加坡邮政小包:可以寄递装有电池货物。

瑞士邮政小包:支持带电产品配送。

8.2 国际商业快递

国际商业快递也称国际快递,是指在两个或两个以上国家(地区)之间所进行的快递、物流业务。国家与国家(地区)传递信函、商业文件及物品的递送业务,即是通过国家(地区)之间的边境口岸和海关对快件进行检验放行的运送方式。国际快件到达目的国家(地区)之后,需要在目的国(地区)进行再次转运,才能将快件送达最终目的地。

在国际电商中,使用国际快递是非常频繁的。目前市场上较为主流的国际商业快递主要有 TNT(Thomas National Transport,荷兰天地公司)、UPS(United Parcel Service,美国联合包裹运送服务公司)、FedEx(Federal Express,美国联邦快递集团)、DHL(德国敦豪国际公司)四大国际物流快递。商业快递的特点是自己建的网络可覆盖全世界,并且拥有强大的 IT 系统和遍及全球的本地化服务,给消费者带来了很好的物流体验。但商业快递价格昂贵,商家使用时需要考虑商品的体积、重量,偏远地区需付额外费用。

8.2.1 TNT

TNT 成立于 1946 年,是荷兰邮政集团的子公司,创始人是澳大利亚人 Thomas(托马斯)。1997 年,TNT 被荷兰邮政兼并,总部移至荷兰的阿姆斯特丹。

TNT 国际网络覆盖世界 200 多个国家和地区,提供一系列独一无二的全球整合性物流解决方案。TNT 拥有欧洲最大的空运联运快递网络,能实现门到门的递送服务,并且通过在全球范围内扩大运营分布来最大幅度地优化网络效能。TNT 是欧洲最大的快递公司,在欧洲市场占有率 65%。1988 年,TNT 进入中国市场。其拥有 34 家国际快递分公司及 3 个国际快递口岸,拥有国内最大的私营陆运递送网络,服务范围覆盖中国 500 多个城市。

1. TNT 说明

单件包裹三条边的长度分别不能超过 240 厘米、150 厘米、120 厘米,单件包裹重量不得超过 70 千克。体积重量超过实际重量的部分按照重量计费,体积重量的计算公式是:体积(立方厘米)÷5 000。

2. TNT 优劣势

1) 优势

第一,服务区域。覆盖 200 多个国家和地区,还专门设有涵盖中国内地、中国香港和中国台湾的大中国区,网络覆盖广,查询网站信息更新快,遇到问题响应及时。

第二,服务。提供全球货到付款服务及报关代理服务,通关能力强,客户可及时、准确地追踪查询货物。

第三,价格。无偏远派送附加费。

第四,时效。正常情况下2~4个工作日通达全球,特别是到西欧,仅需3个工作日。

2)劣势

第一,价格相对较高,要计算产品体积重量;

第二,对货品限制较多。

8.2.2　UPS

UPS起源于1907年在美国西雅图成立的一家信差公司,创始人Jim Casey(吉姆·凯西)和Claude Ryan(克劳德·里安)。

通过明确地致力于支持全球商业的目标,UPS如今已发展成为世界上最大的快递承运商与包裹递送公司,也是专业的运输、物流、资本与电子商务服务的领导性的提供者。UPS亚太地区创建于1988年,总部在新加坡。在中国,UPS的影响力要次于FedEx。

UPS主要包含四种业务服务,分别是UPS Worldwide Express Plus(全球特快加急服务)、UPS Worldwide Express(全球特快服务)、UPS Worldwide Express Saver(全球速快服务)、UPS Worldwide Expedited(全球快捷服务)。

1. UPS说明

UPS要求每个包裹的重量不得超过70千克,每个包裹的长度不得超过270厘米,每个包裹的长、周长之和不得超过330厘米。UPS一般不接受超重或超过尺寸标准的国际小型包裹,否则要对每个超重超长包裹收取相应的附加费。货物体积重量的计算公式是:体积(立方厘米)÷5 000。

2. UPS优劣势

1)优势

第一,服务区域。覆盖200多个国家和地区。

第二,服务。提供全球货到付款服务,免费、及时、准确的上网查询服务,加急限时派送服务,超强的清关能力。强势地区为美洲地区,性价比最高、定点定时跟踪、查询记录详细、通关便捷。

第三,价格。价格3.5~6.5折不等,UPS主力打造美国专线、北美特惠。

第四,时效。正常情况下2~4个工作日通达全球,特别是美国48小时能到达,查询网站信息更新快,解决问题及时、快捷。

2)劣势

第一,运费较高,要计算产品包装后的体积重;

第二,适合发6~21千克的货物,对托运物品限制比较严格。

例题:计算UPS国际商业快递物流运费。

西班牙客人在某知名服装定制品牌网站定制了一件衬衫,包装重量为450克,包装尺寸为 20 厘米×10 厘米×8 厘米,拟选用 UPS 商业快递邮寄,请计算运费。(经查 UPS 的报价表,中国到西班牙的报价为 230 元/0.5 千克,货物重量每增加 0.5 千克,运费加 62 元。)

解答:

先计算货物的体积重量。

$$(20\times10\times8)/5\,000=0.32(千克)=320(克)$$

由于货物的毛重为 450 克,毛重大于体积重量,因此按照毛重计算运费。

$$运费=450/500\times230=207(元)$$

由于 UPS 要求货物首重为 500 克,不足 500 克按照 500 克算运费,因此,该票货物的运费为 230 元。

8.2.3 FedEx

FedEx 在 1971 年由美国耶鲁大学毕业生、前美国海军陆战队队员 Frederick W. Smith(费雷德里克·史密斯)在阿肯色州小石城创立,1973 年迁往田纳西州孟菲斯,改名"联邦快递公司",是全球最具规模的快递运输公司,为遍及全球的顾客和企业提供涵盖运输、电子商务和商业运作等一系列的全面服务。

FedEx 于 1984 年进入中国,与天津大田集团成立合资企业大田-联邦快递有限公司。FedEx 分为联邦快递优先服务(FedEx IP)和联邦快递经济服务(FedEx IE)。

1. FedEx 说明

FedEx 体积限制为:单件包裹最长边≤274 厘米,(最长边+其他两边)×2≤330 厘米。其重量限制为:单票的总重量≤300 千克,超过 300 千克需提前预约;若一票多件,其中每件的重量≤68 千克,单件或者一票多件中的单件包裹超过 68 千克,也需提前预约。货物体积重量的计算公式是:体积(立方厘米)÷5 000。

2. FedEx 优劣势

1) 优势

第一,时效。包裹一般在 2~4 个工作日可以送达,网络覆盖全,跟踪反馈信息快。

第二,服务区域。通达全球 220 多个国家和地区,派送网络遍布世界各地。

第三,服务。提供国际快递预付款服务,免费、及时、准确的上网查询服务,代理报关服务及上门取件服务。极快的响应速度让用户享受到高效率的服务,清关能力极强。

第四,价格。到中南美洲和欧洲的价格较有竞争力。

2) 劣势

第一,价格较贵,需要计算产品体积重量;

第二,对托运货物有较严格的限制;

第三,会收取偏远附加费、单件超重费、地址更改派送费。

8.2.4 DHL

DHL 1969 年创立于美国旧金山,现隶属于德国邮政全球网络。DHL 由 3 名朝气蓬勃的创业者阿德里安·达尔西（Adrian Dalsey）、拉里·希尔布鲁姆（Larry Hillblom）和罗伯特·林恩（Robert Lynn）共同创建，DHL 的 3 个字母来自 3 个创始人的名字。DHL 是全球快递、洲际运输和航空货运的领导者，也是全球第一的海运和合同物流提供商。

DHL 在欧洲仅次于 TNT。在中国，DHL 与中国对外贸易运输（集团）总公司合资成立了中外运敦豪，是进入中国市场最早、经验最为丰富的国际快递公司。DHL 拥有世界上最完善的速递网络之一，可以送达 220 个国家和地区的 12 万个目的地，在中国市场占有率达到 36%。

1. DHL 说明

DHL 体积重量计算公式为：体积（立方厘米）÷5 000，计费时取货物的实际重量和体积重量二者中较大者。通过 DHL 运送的货物，一般从客户交货之后第二天开始的 1～2 个工作日就会有物流信息，参考妥投时间为 3～7 个工作日（不包括清关时间）。

2. DHL 优劣势

1) 优势

第一，专线。建立了欧洲专线及周边国家专线服务，服务速度快、安全、可靠、查询方便。

第二，价格。20 千克以下小货和 21 千克以上大货的运价较便宜，并且 21 千克以上物品更有单独的大货价格，部分地区大货价格比国际 EMS 还要低。

第三，服务区域。派送网络遍布世界各地，查询网站货物状态更新及时、准确，提供包装检验与设计服务、报关代理服务，在美国、欧洲有较强的清关能力，世界绝大多数快递都通过 DHL 运转。

第四，时效。正常情况下 2～4 个工作日通达全球。特别是欧洲和东南亚速度较快，到欧洲 3 个工作日，到东南亚地区仅需 2 个工作日。

2) 劣势

第一，DHL 小件商品价格没有优势；

第二，对托运货品的限制比较严格，拒收许多特殊商品。

8.3 专线物流

跨境专线物流一般是通过海运、航空包舱等方式将货物运输到境外，再通过合作公司进行目的国（地区）的派送。专线物流能够集中大批量到某一特定国家或地区的货物，通过规模效应降低成本，是比较受欢迎的一种物流方式。

目前，业内使用最普遍的物流专线包括美国专线、欧洲专线、澳大利亚专线、俄罗斯专线等，也有不少物流公司推出了中东专线、南美专线。按照其运输方式，物流专线又可分为航空专线、港口专线、铁路专线、大陆桥专线、多式联运专线等。如顺丰的深圳—中国台北航空线、中欧（武汉）冠捷班列等。

专线物流具有时效高、成本低、安全高、可追踪、易清关的特点；当然，专线物流也有其劣势，如通达地区有限、运费成本略高、可托运产品有限，有些专线目前仍然不能寄送带电池的电子产品类和纯电池;不能托运指甲油、香水、香薰和打火机等热销产品。

8.3.1 Special Line-YW

Special Line-YW 即燕文航空挂号小包,简称燕文专线,是北京燕文物流股份有限公司通过整合全球速递服务资源,利用直飞航班配载,由境外合作伙伴快速清关并进行投递的服务。北京燕文物流股份有限公司是国内最大的物流服务商之一。

线上燕文专线目前已开通拉美专线、俄罗斯专线和印度尼西亚专线。拉美专线直飞欧洲并在此中转,避免旺季爆仓,使得投妥时间大大缩短。俄罗斯专线实行一单到底,全程无缝可视化跟踪,境内快速预分拣,快速通关,快速分拨派送。一般情况下,俄罗斯人口50万以上的城市最长17天可完成派送,其他城市最长25天可完成派送。印度尼西亚专线采用中国香港邮政挂号小包服务,并经中国香港地区中转,达到印度尼西亚的平均时效优于其他小包。

1. Special Line-YW 说明

(1) Special Line-YW 按克收费,经济小包最低收费 10 克。

(2) 规格限制:每个单件包裹限重在 2 千克以内。

最大尺寸:非圆筒货物:长+宽+高≤90 厘米,单边长度≤60 厘米;圆筒形货物:2 倍直径及长度之和≤104 厘米,单边长度≤90 厘米。

最小尺寸:非圆筒货物:单件表面尺码≥9 厘米×14 厘米;圆筒形货物:直径的两倍+长度≥17 厘米,长度≥10 厘米。

2. Special Line-YW 优劣势

1) 优势

第一,时效高。燕文航空挂号小包根据不同目的国家(地区)选择服务最优质和派送时效最好的合作伙伴。燕文在北京、上海和深圳三个口岸直飞各目的国(地区),避免了境内转运时间的延误,并且和口岸仓航空公司签订协议保证稳定的仓位。全程追踪,派送时间在 10~20 个工作日。

第二,交寄便利。提供免费上门揽收服务,揽收区域之外可以自行发货到指定揽收仓库。

第三,赔付保障。邮件丢失或损毁提供赔偿,可在线发起投诉,投诉成立后最快 5 个工作日完成赔付。

2) 劣势

第一,不支持发全球,普通货物目前只开通了 40 个国家;

第二,不能寄送电子产品如手机、平板电脑等带电池的物品,或纯电池(含纽扣电池)。任何可重复使用的充电电池,如锂电池、内置电池、笔记本长电池、蓄电池、高容量电池等,无法通过机场货运安检。

8.3.2 Ruston

中俄航空 Ruston(Russian Air)专线是由黑龙江俄速通国际物流有限公司提供的中

俄航空小包专线服务。它是通过境内快速集货、航空干线直飞、在俄罗斯通过俄罗斯邮政或当地落地配送公司进行快速配送的物流专线的合称。针对跨境电商客户物流需求的小包航空专线服务,渠道时效高且稳定,全程物流可跟踪。

1. Ruston 说明

(1) Ruston 根据包裹重量按克计费,1 克起重,每个单件包裹限重在 2 千克以内。

(2) 规格限制:每个单件包裹限重在 2 千克以内。

最大尺寸:非圆筒货物:长+宽+高≤90 厘米,单边长度≤60 厘米;圆筒形货物:2 倍直径及长度之和≤104 厘米,单边长度≤90 厘米。

最小尺寸:非圆筒货物:单件表面尺码≥9 厘米×14 厘米;圆筒形货物:直径的两倍+长度≥17 厘米,长度≥10 厘米。

2. Ruston 优劣势

1) 优势

第一,经济实惠。

第二,运送时效高。包机直达俄罗斯,80%以上的包裹 25 天内可到达。

第三,全程可追踪。货物信息 48 小时内上网,货物全程可视化追踪。

第四,赔付保障。邮件丢失或损毁提供赔偿,可在线发起投诉,投诉成立后最快 5 个工作日完成赔付。

2) 劣势

第一,不能寄送电子产品如手机、平板电脑等带电池的物品,或纯电池(含纽扣电池)。所有手表(包括但不限于电子表、机械表、石英表等)、键盘、鼠标、带电或者可以装电池的玩具、游戏手柄、会发光的手机壳,均需走带电渠道。

第二,备货要求严格。卖家在线创建物流订单后,需要为每个小包裹打印并粘贴地址标签;小包合并需要在大包上标明仓库,如 Ruston—燕文—上海仓。大包内需要附上小包裹清单,标注出内含小包裹数量。

8.3.3 Aramex

中东地区,尤其是产油国,阿联酋、沙特阿拉伯、科威特、以色列等国家,居民生活富裕,但物资缺乏,加上互联网的普及率高,人们跨境网购热情日益增高,往往选择单价比较高的货物。中东地区的跨境电商发展迅速,也得益于物流和支付顺畅。

Aramex 即中外运安迈世,创建于 1982 年,在国内也称中东专线,是以专一的航线发到中东地区国家,或中东到中国门对门的快递服务。中东专线可通达中东、北非、南亚等地区的 20 多个国家,在当地具有很大优势。Aramex 的总部位于迪拜,是中东地区的国际快递巨头,在中东地区清关速度快、时效高、覆盖面广、经济实惠。

1. Aramex 说明

Aramex 的标准运费由基本运费和燃油附加费两部分构成,对包裹的重量和体积的限制分别是:单件包裹的重量不得超过 30 千克,单边尺寸不超过 120 厘米,围长不超过 330 厘米。

2. Aramex 优劣势

1) 优势

第一,运费价格低。寄往中东、北非、南亚等地区的国家,价格具有显著的优势,是 DHL 的 60% 左右。

第二,时效高。时效有保障,包裹寄出后大部分在 3~5 天可以投递,大大缩短了世界各国间的商业距离。

第三,无偏远费用。

第四,包裹可在 Aramex 官网跟踪查询,状态实时更新,寄件人每时每刻都能跟踪到包裹的最新动态信息。

2) 劣势

第一,Aramex 的快递主要优势在中东地区,在别的国家或地区则不存在这些优势,区域性很强。

第二,对货物的限制较高。涉及知识产权的货物一律无法寄送;电池以及带有电池货物无法寄送;各寄达国(地区)禁止寄递进口的物品;任何全部或部分含有液体、粉末、颗粒状、化工品、易燃易爆违禁品,以及带有磁性的产品(上海仓库可安排磁性检验后出运)均不予接收。

8.3.4 中俄快递-SPSR

中俄快递-SPSR 服务商 SPSR Express 是俄罗斯最优秀的商业物流公司之一,也是俄罗斯跨境电商行业的领军企业。中俄快递-SPSR 面向速卖通卖家提供经北京、香港、上海等地出境的多条快递线路。

1. 中俄快递-SPSR 说明

中俄快递-SPS 可寄送重量 100 克~31 千克,长、宽、高之和小于 180 厘米且单边不超过 120 厘米的包裹,运送范围为俄罗斯全境。

2. 中俄快递-SPSR 优劣势

1) 优势

第一,时效高。俄罗斯境内 75 个主要城市(包含莫斯科、圣彼得堡等)11~14 日内到达,其他偏远地区 31 日内可到达。

第二,物流信息可查询。中俄快递-SPSR 提供境内段交航及目的国(地区)妥投等跟踪信息。

第三,交寄便利。提供上门揽收服务,非揽收区域卖家可自行寄送至揽收仓库。

第四,派送便利。默认送货到门服务,如果买家愿意可以选择自提(SPSR 在俄罗斯境内 260 多个城市遍布 900 多个方便的自提点)。

第五,赔付标准高。邮件丢失或损毁提供赔偿,可在线发起投诉,投诉成立后最快 5 个工作日完成赔付,赔付上限 1 200 元人民币。商家可在线发起投诉。

2) 劣势

第一,包裹重量和金额受限。消费者每人每月可以累计接收价值 1 000 欧元以内,并且重量在 31 千克以内的境外包裹不收税,若包裹超过此重量或金额限制,将会产生关税,此税费由买家承担。

第二,不能寄送超出 5 个同一 SKU(最小存货单位)的商品,同一包裹中超出 5 个同一 SKU 的商品,如进口清关时包裹被海关抽检,俄罗斯海关将视为非自用无物品拒绝清关并退运。同款,但不同颜色、尺寸等视为不同 SKU 的物品。

8.4 其他物流方式

1. 邮政物流——新加坡小包

新加坡小包是由新加坡邮政在中国唯一合法代理——递四方速递公司针对 2 千克以下小件物品推出的空邮产品,可发带电池产品,发往全球 200 多个国家和地区,有邮局的地方都可以到达(极少数国家或地区除外)。

1)新加坡小包说明

(1) 规格限制:新加坡小包运费根据包裹重量按克计费,10 克起计,每个单件包裹限重在 2 千克以内。

最大尺寸:非圆筒货物长+宽+高≤90 厘米,单边长度≤60 厘米;圆筒形货物直径的两倍+长度≤104 厘米,单边长度≤90 厘米。

最小尺寸:非圆筒货物单件表面尺寸≥9 厘米×14 厘米;圆筒形货物直径的两倍+长度≥17 厘米,长度≥10 厘米。

(2) 计费方式。

平邮的运费计算方法为:105 元人民币/千克+0.5 元/件处理费。

挂号的运算计算方法为:71.5 人民币/千克,挂号费用为 12 元人民币。

2)新加坡小包优劣势

(1) 优势。

第一,新加坡邮政小包可发带电池商品。

第二,相对于商业快递来说,价格较低。

第三,速度快,到达多数国家的正常运输时间需 7~15 个工作日。

第四,新加坡邮政提供的国际小包服务是世界认可的优质产品,掉包率低,安全性高。

(2) 劣势。

第一,必须在百运网系统建立订单(录入包裹信息),且在系统中打印地址标签和报关单粘贴在包裹上。

第二,退件过程较烦琐。退件会先退回新加坡回邮地址,再由新加坡退回中国香港,最后由中国香港转运回深圳。退件处理组将按客户 ID 分检退件,优先处理的是可识别客户的退件;当无法识别客户 ID 时,退件组将逐一登记邮包信息,发给客服部,由客服人员电话联系收件人认领邮包。

2. 商业快递——TOLL

TOLL 即拓领环球速递,是澳大利亚物流巨头 TOLL 拓领集团旗下的专业国际速递公司。拓领集团是在1888年由阿尔伯特·托尔在英国纽卡斯特建立的。目前,拓领集团是澳大利亚最大的运输和物流供应商,服务范围涉及公路、铁路、海运、航空和快件,以及仓储、配送和搬运,是澳大利亚唯一的一体化完全物流供应商。随着新技术和电子商务的兴起,市场快速地向提供完整的物流解决方案的方向转移,TOLL偏重于电子商务的应用,是亚洲地区领先的综合物流服务供应商。

1) TOLL说明

(1) TOLL运费包括基本运费和燃油附加费两部分,不包含货物到达目的地海关可能产生的关税、海关罚款、仓储费、清关费等费用。

(2) 若因货物原因导致包裹被滞留在中国香港,不能继续转运,其退回费用或相关责任由发件人自负。

(3) 如货物因地址不详等原因在当地派送不成功,需更改地址派送,TOLL会收取每票50元人民币的操作费。

(4) 如因货物信息申报不实、谎报等原因导致无法清关,或者海关罚款等,一切费用由发件人承担,TOLL会另外收取每票75元人民币的清关操作费。

(5) TOLL在当地会有两次派送服务,如两次派送均不成功,第三次派送会收取75元人民币的派送费。

(6) 单件包裹的重量不超过15千克;单件包裹最长边超过1.2米,需另外加收每票200元人民币的操作费;首重、续重均为0.5千克。

2) TOLL优劣势

(1) 优势。

第一,TOLL到澳大利亚,泰国,越南等亚洲地区的价格相当有优势。

第二,一单到底,全程转运网上追踪,专业客服实时跟进。

(2) 劣势。

第一,TOLL由中国运至澳大利亚、缅甸、马来西亚、尼泊尔可能有偏远地区附加费。

第二,包装要求严格。货物不能用金属或者木箱包装,不能用严重不规范的包装,否则TOLL会收取200元的操作费。

3. 专线快递——速优宝-芬兰邮政

速优宝-芬兰邮政是由速卖通和芬兰邮政(Post Finland)针对2千克以下小件物品推出的中国香港口岸出口的特快物流服务,分为挂号小包和经济小包。

1) 速优宝-芬兰邮政的优势

第一,运费价格优势。寄往俄罗斯和白俄罗斯的价格较其他专线具有显著的优势。

第二,时效优势。时效有保障,包裹寄出后大部分在35天可以投递,挂号包裹因物流商原因在承诺时间内未妥投而引起的速卖通平台限时达纠纷赔款,由物流商承担。

2) 速优宝-芬兰邮政的劣势

第一,地区限制。目前只支持发往俄罗斯、白俄罗斯、波兰、德国等国家。

第二,征税。白俄罗斯海关对邮包的征税基数为22欧元,一个自然月内的白俄罗斯收件人邮包累计价值不超过22欧元,且该月累计邮包重量不超过10千克,将可以免税,(请注意这个货值或者重量门槛是针对该月的总计,而不是针对单个包裹)。超过22欧元部分征税率为30%,超出的重量将征收不少于4欧元/千克的费用。如果订单价值超过22欧元或重量超过10千克,白俄罗斯海关将联系买家支付税费。如果买家补缴税费,白俄罗斯邮政将继续派送该包裹,如果买家拒绝支付税费,白俄罗斯邮政将在30天之后把包裹按照"无法投递的包裹"进行退件处理。

8.5 海外仓集货物流

8.5.1 海外仓产品运费模板设置

海外仓集货物流指为卖家在销售目的地进行仓储、分拣、包装及派送的一站式控制及管理服务。确切地说,海外仓集货物流包括预定船期、头程国内运输、头程海运或头程空运、当地清关及报税、当地联系二程拖车、当地使用二程拖车运送目的地仓库并扫描上架和本地配送这几个部分。

由于海外仓的管理方式能够大大改善买家的购物体验,所以速卖通平台鼓励第三方物流公司以海外仓的形式给众多卖家提供服务。出于平台的管理理念,平台不直接参与海外仓的建设,但对于使用海外仓的卖家会予以特别的标识。对于当地的买家来说,他们更多会选择使用海外仓服务的卖家来缩短送货时间,以改善购买体验。以下是速卖通海外仓平台产品运费设置的操作步骤。

第一步:新增或编辑运费模板。进入卖家后台—"产品管理"—"模板管理"—"运费模板",单击新增运费模板按钮或选择现有运费模板进行编辑,具体见图8-1。

图8-1　运费模板

第二步:添加发货地。单击"添加发货地"按钮,勾选需要设置的发货国家,单击"保存"按钮,同一运费模板可以同时设置多个发货地区,具体见图8-2。

图8-2　添加发货地

第三步：设置运费及承诺运达时间。单击发货地区后的"展开设置"按钮，可针对不同的发货地区以及不同的物流方式分别设置运费及承诺运达时间，见图8-3。

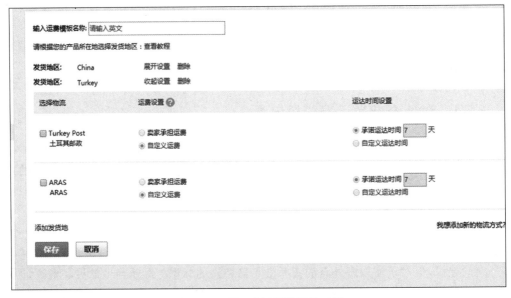

图8-3　设置运费及承诺运达时间

可以勾选自定义运费，选择物流方式所支持的地区及运费；也可以勾选自定义运达时间，对不同地区设置不同的承诺运达时间。

例如，发货地在美国，可以设置支持发往美国、加拿大、墨西哥、智利、巴西5国，并分别设置运费及承诺运达时间。发货地与目的地一致（除俄罗斯），承诺运达时间最长不能超过15天，俄罗斯可按照分区设置承诺运达时间。

商品发货地必须和运费模板设置完全一致，需要根据海外仓所在地新增或编辑运费模板。

8.5.2　海外仓产品运费模板选用

单击"发布"或"编辑"按钮，进入产品发布页面，正常填写产品信息。卖家需要特别注意发货地的填写和产品运费模板的选择。

1. 填写发货地

（1）在"发货地"一栏勾选产品发货地，可以同时勾选多个发货地，见图8-4。

（2）每个卖家的海外仓产品可以根据每个产品进行库存、价格等设置。

（3）其他操作与目前产品发布一致。

2. 选择产品运费模板

（1）产品发布页面只会展示能够选择的运费模板（运费模板中的发货地与选择的产品发货地完全一致），发货地不匹配的运费模板将不展示，见图8-5。

（2）产品运费模板选择完成后，其他操作按正常的产品发布流程进行。

图 8-4 勾选发货地

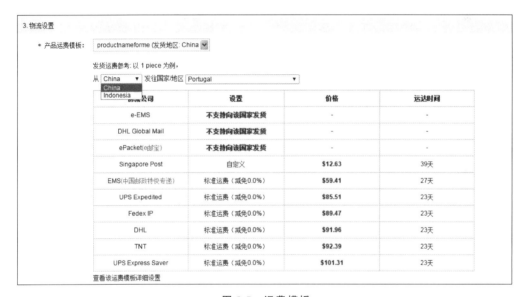

图 8-5 运费模板

(3) 产品发布成功后,卖家可以在"管理产品"页面通过运费模板筛选出海外发货的产品。速卖通买家也可以通过筛选 ship from 来选择自己想要的海外仓发货。

8.6 跨境电商物流中的通关与报关

8.6.1 通关与报关的基本流程

通关是出口跨境电商物流必不可少的一个环节,产品通过海关查验并放行后才能顺利进入目的国(地区),再通过物流送达买家手中。

跨境电商企业可以通过通关服务平台实现通关一次申报,同时海关、税务、检验检疫、外汇、市场监管等部门也可通过通关服务平台获得跨境电商产品信息,并对产品交易实现全流程监管。

跨境电商零售进口商品申报前,电子商务企业或电子商务交易平台企业、支付企业、物流企业应当分别通过跨境电商通关服务平台如实向海关传输交易、支付、物流等电子信息。

一般来说,跨境电商出口报关需要经过六个步骤:

(1) 跨境电商企业在跨境电商服务平台上备案;

(2) 货物售出后,电商、物流、支付企业向"跨境电商服务平台"提交订单、支付、物流三单信息;

(3) "跨境电商服务平台"完成三单比对,自动生成货物清单,并向中国电子口岸发送清单数据;

(4) 货物运往跨境电商监管仓库;

(5) 海关通过"跨境电商服务平台"审核,确定单货相符后,货物放行出口;

(6) 跨境电商企业凭报关单向税务局申请退税。

电子商务企业或其代理人应提交《中华人民共和国海关跨境电商零售进出口商品申报清单》(以下简称《申报清单》),出口采取"清单核放、汇总申报"的方式办理报关手续。

"清单核放、汇总申报"是指跨境电商零售商品出口后,电子商务企业或其代理人应当于每月10日前(当月10日是法定节假日或者法定休息日的,顺延至其后的第一个工作日,12月的清单汇总应当于当月最后一个工作日前完成),将上月(12月为当月)结关的《申报清单》依据清单表头同一收发货人、同一运输方式、同一运抵国(地区)、同一出境口岸,以及清单表体同一10位海关商品编码、同一申报计量单位、同一币制规则进行归并,汇总形成《中华人民共和国海关出口货物报关单》向海关申报。

《申报清单》《中华人民共和国海关进(出)口货物报关单》应当采取通关无纸化作业方式进行申报。《申报清单》的修改或者撤销,参照海关《中华人民共和国海关进(出)口货物报关单》修改或者撤销有关规定办理。

8.6.2 一达通外贸综合服务平台的通关服务

1. 企业历史

深圳市一达通企业服务有限公司成立于2001年,是国内第一家面向中小企业的进出口流程外包服务平台,通过互联网(IE+IT)为中小企业和个人提供通关、物流、外汇、退税和金融等所有进出口环节服务。

2010年11月,一达通加入阿里巴巴,成为阿里巴巴旗下外贸综合服务平台。一达通是中国专业服务于中小微企业的外贸综合服务行业的开拓者和领军者,致力于推动传统外贸模式的革新。通过线上化操作及建立有效的信用数据系统、整合各项外贸服务资源和银行资源,为中小企业提供专业、低成本的通关、外汇、退税及配套物流和金融服务的外贸综合平台。

2. 开通一达通的方法

用户可以登录 https://onetouch.alibaba.com，报名后申请开通一达通。

如果用户有阿里巴巴国际站账号，则可以在申请一达通服务时直接输入阿里巴巴国际站账号和密码登录，根据页面提示留下自己的联系方式等信息，会有客户经理联系用户处理相关事宜。如果没有阿里巴巴国际站账号，可以先免费注册阿里巴巴国际站账号，然后再登录到一达通平台单击申请一达通服务，后续流程同上。

如果提交后长时间没有反馈，用户可通过在线人工提交公司信息加急处理。

3. 一达通提供的服务

一达通提供的业务服务主要有：通关（报关及报检）、外汇、退税等政务服务，以及金融、物流等商务服务。一达通将政务服务称为基础服务，将商务服务称为增值服务。

1）通关服务

一达通可完成全国各口岸海关、商检的申报；海关顶级资质，享受绿色通关通道。

2）外汇服务

中国银行首创在一达通公司内设置外汇结算网点，提供更方便快捷的外汇结算服务，亦可为客户提供外汇保值服务，提前锁定未来结汇或者购汇的汇率成本，防范汇率波动风险。

3）退税服务

一达通可为企业与个人正规快速办理退税，加快资金周转。

4）金融服务

一达通为客户提供的金融服务有流水贷服务、锁汇保服务等。

一达通流水贷是由阿里巴巴联合银行共同推出，向使用一达通出口基础服务的客户提供无抵押、免担保、纯信用贷款服务。该服务通过银行风控审核，由银行直接对企业法人授信，真正实现"信用＝财富"，助力中国外贸中小企业的发展。

锁汇保即远期外汇保值，一达通免费代客户向银行购买远期外汇合约，锁定未来某一时间段到账外汇（固定金额、币种）的结汇汇率。

5）物流服务

阿里巴巴国际物流包括海运、空运（普货空运和国际快递）、陆运三大板块。通过整合船公司和货代资源，一达通为客户提供安全及价格100％透明的整柜拼箱服务；物流专家按需为客户定制最佳物流方案，持续降低物流成本。

本章小结

本章共分六节来阐述与探讨跨境电商物流。第一节至第五节介绍了主要的跨境电商物流模式：邮政物流、国际商业物流、专线物流、其他物流以及海外仓的相关知识。第六节主要讲述了跨境电商通关与报关的基本流程和一达通外贸综合服务平台的通关服务。

实训项目

1. 浙江金远电子商务有限公司在全球速卖通平台上向美国客人销售了一件饰品,包装重量为0.03千克,请计算有代理平邮和挂号跨境物流运费和无代理平邮和挂号跨境物流运费。(美国计费区为5区,资费标准90.5元/千克,挂号费8元)

2. 某跨境电商公司计划邮寄重量为20千克的包裹至法国,该公司选择了某快递公司。快递公司报价:首重200元(0.5千克),续重60元/0.5千克,燃油附加费10%(占计重运费的比例),折扣为8折。试计算该货物物流总运费是多少。

 课后习题

1. 什么是跨境电商物流?
2. 跨境电商物流可分为哪几种?
3. 简述常用的几种国际商业快递。
4. 简述海外仓的主要功能。

即测即练

第 9 章 跨境电商客户服务与纠纷处理

伴随线上购物的兴起,跨境电商也获得越来越多消费者的青睐,交易规模不断攀升,但跨境商品真假难辨、流通信息不透明、物流慢、退换货困难等一系列问题也困扰着消费者。电子商务消费纠纷调解平台收到众多跨境电商消费投诉,被投诉热点问题主要聚焦在商品久未发货、物流迟迟不更新、退款久未到账、商品质量问题等,这些也是跨境电商平台在提升用户体验方面必须跨越的门槛。

引导案例

案例一:魏女士购买贝德玛粉水,商家在未发货的状态下迅速降价,故魏女士退款重新购买,但商家拒绝退款。申请平台介入后,后台售后窗口被强制关闭,不予退款并强制发货。平台表示,"黑五"期间,限时限量低价抢购的店铺促销,促销商品价格低于日常。后续,商家向魏女士进行解释并主动退还了差价。

案例二:杨女士在某平台购买内衣,出现严重质量问题,首先按照平台要求发送邮件说明详情并发送了商品质量问题的图片。杨女士未使用商品,平台售后告知这属于质量小瑕疵,给予2 000积分补偿,并提出内衣售出概不退换。

资料来源:https://baijiahao.baidu.com/s?id=1627983075157213800&wfr=spider&for=pc,《2018跨境电商十大典型维权案例》。

案例思考题:
1. 跨境电商平台交易过程中发生的纠纷分为几个阶段?
2. 跨境电商客服在纠纷过程中可以做什么?

9.1 跨境电商客服人员的职能及技巧

跨境电商环境下的客服人员同传统实体店的导购服务人员一样,担负着迎接客人、销售商品、解决客户疑难问题等责任。只不过他们是借助互联网来传输信息,提供满足客户需求的一系列服务。买卖双方通过文字、图片等信息的传递而形成互动交流。

9.1.1 客户服务的职能

跨境电商的客户服务是一种具有无形的特征却可以给人带来某种利益或满足感的活动。客户服务作为产品重要的附加价值,同其他有形产品一样,强调产品对消费者需求的满足。

在跨境电商中,交流与沟通自始至终是贯穿整个业务过程的。良好的交流与沟通可以成为增加跨境电商利润的强大商业驱动力。对于从事跨境电商客户服务工作的人员来说,每天的具体业务操作都离不开和国际市场上的众多客户进行交流与沟通。跨境电商的客服工作正是为了卖家和境外客户之间达成设定的交易目标,而将信息、思想和情感在卖家与客户间传递,以达成交易协议的过程。由此可见,跨境电商客服工作承担着境内买家与境外卖家之间信息交换的重任,是联系买卖双方的桥梁与纽带。跨境电商的客服工作人员需要明确了解跨境电商环境下客服工作的流程和内容,履行岗位职责,以实现工作价值,保证卖家利益不受损害。只有熟练掌握交流与沟通技巧,才能游刃有余地解决客服工作中遇到的各类问题。

正是由于跨境电商的发展呈现出小单化、碎片化、订单数量增长迅速等趋势,所以,跨境电商的客服人员面对纷繁复杂的各种局面,必须综合关注不同的语言、地域、气候、价值观、思维方式、行为方式、风俗习惯、文化、消费习惯乃至国家政策、行业环境等因素对跨境电商的影响。客服人员只有提供专业化的客户服务,才能适应行业的变化发展与客户的个性化需求。客服人员与客户进行良好的沟通交流对跨境电商的整个经营销售过程是至关重要的。跨境电商客服工作的业务职能范围包括以下几方面。

1. 客户咨询信息处理

客户会通过各种交流方式对产品进行相关的咨询。一些平台提供的是站内信或者留言,而另一些平台提供的则是电子邮件,还有一些平台采用即时通信软件为客户提供更加即时的交流方式。客服人员所要做的就是针对客户提出的各种问题进行回答处理,并且进行分类汇总。

2. 买家资料管理

客服人员需要对所有客户(包括潜在客户)信息进行登记,并与之前已记录的客户信息做对比。例如,查看买家的信誉度、买家对别人的评价以及别的卖家对买家的评价,再综合分析各类买家的不同特点区分对待;汇总登记买家的购物信息,判断其是否重复购买客户,对重复购买产品的客户进行分级,根据不同的购买频次或购买金额,将目标客户分成多个等级,以利于进行有针对性的营销工作和客户服务。

3. 客户维护与二次营销

从不同维度对客户信息进行分类管理,经过分级整理好的客户资料,要及时进行补充、更新,为以后的推广营销工作做好信息储备,推进网店的管理和业务发展。对于高级客户,要定期进行跟踪回馈,做好二次营销。把80%的精力集中在20%的高级客户上,积累高级客户、激活休眠客户是客服人员进行客户维护工作的主要内容。

4. 全程跟踪产品服务

客服工作在获取各类信息的最前线,客服人员就是广大客户的直接接触人。作为每天直接面对所有客户的工作岗位,客户服务工作贯穿从售前询盘一直到售后服务的整个过程。客服人员需要聆听并解决所有客户提出的问题。在发货前,客服人员要解答客户关于产品和服务方面的各类咨询,预先考虑客户的需求,主动为客户着想,在充分把握店铺所经营产品的专业信息和不同国家、地区的产品规格要求的基础上,向客户推介适合他们使用的产品,提供可行的、满足客户购买需求的解决方案,进行订单处理。在发货后,客服人员通过可以联系客户的各种方式告诉客户包裹已经寄出、采用何种物流方式,定期反馈物流情况,减轻客户的物流担忧,提醒客户注意收货,把可能的纠纷消灭在萌芽之前。而一旦出现问题,客服人员会主动及时地与客户沟通交流并努力消除误会,有效地妥善处理各类客户投诉问题,主动化解纠纷,争取给出令客户满意的结果。

客服人员提供专业、高效、优质的服务,既能够让客户及时掌握交易动向,也能够让客户感觉受到卖家的重视,促进买卖双方的信任与合作,从而进一步提高客户的购物满意度。

9.1.2 客户服务的技巧

客服人员,作为跨境电商行业基层工作人员,却肩负着店铺的成交率、客单价、好评等诸多方面的提升工作。对于有半年以上工作经验的客服人员来说,已经能够熟练处理与买家之间的各种问答,并能很好地促成交易。而作为一个合格的跨境电商客服人员,除了具备一些基本的技能素质和品格素质以外,还需要掌握一定的沟通技巧。这对促成订单有至关重要的作用。只有掌握和买家的沟通技巧,客服人员才能更快地适应跨境电商发展的需要。学会沟通技巧,熟悉产品信息,并掌握基本的交流、沟通方法,这些是网店客服人员最基本的工作。

扩展阅读 9.1 跨境电商客户必须 get 的技能

1. 主动联系买家

作为跨境电商卖家的客服人员,在交易过程中最好多主动联系境外买家。买家付款以后,还有发货、物流、收货和评价等诸多过程,卖家需要将发货及物流信息及时告知买家,提醒买家注意收货。这些沟通,既能让买家即时掌握交易动向,也能让买家感觉受到卖家的重视,促进双方的信任与合作,从而提高买家的购物满意度。此外,出现问题及纠纷时也可以及时妥善处理。与客户的沟通交流是否顺畅是在线访客能否转化为订单的关键影响因素。作为跨境电商企业营销的关键环节,客户服务在达成交易的整个过程之中发挥着极为重要的作用。与传统贸易相同,跨境电商的客户服务也特别强调时效性和完整性。无论是传统贸易中的商业谈判还是速卖通的旺旺询盘、站内信,均需要在第一时间内及时回复,以便把握买家的节奏和时间进行紧密沟通并作出反应,抓住商务先机。

一般情况下,都是由客户单击客服头像,与客服人员开始交流。在与客服人员正式沟通之前,客户通常会对客服工作抱有一定的期待。在收到买家发出的第一条消息时,客服人员就可以简单地问候招呼、给出回复,为的是让买家知道有人立即回应了,这是对买家的一种尊敬。回复买家的咨询时,如果内容很长,可以分开回复,而不是打完一大串文字再单击回复按钮。因为有的买家可能没有耐心长时间等待,等你辛苦地回复长串文字解答他的问题时,他早就离开了。此外,还要注意回答买家的提问既要言简意赅,也一定要耐心细致,尽量不用含混的回答应付客户。例如,对于不会操作使用产品的新手买家,最好截图将操作流程一步一步地教给他。又如,在买家付款成功后,花 3 秒钟的时间确认清楚物流方式和收货地址。这些做法都会让买家觉得卖家的服务很用心。

2. 注意沟通方式

一般情况下，跨境电商的客服工作以书面沟通为主，客服人员要熟练掌握相关的即时通信工具的使用技巧。虽然大多数即时通信工具都有网络语音对话的功能，但是一般情况下，客服人员应该避免与境外买家进行语音对话，尽量以书写方式为主进行沟通交流。用书写的形式沟通，不仅能让买卖双方的信息交流更加清晰、准确，也能够留下交流的证据，有利于后期的纠纷处理。卖家客服人员要保持在线，经常关注收件箱及即时通信软件上的信息，对于境外买家的询盘要即时回复。否则，买家很容易失去等待的耐心，卖家也很可能错失买家再次购买的机会。

3. 注意沟通时间

跨境电商的客服人员还需要注意沟通的时间。由于时差，客服人员在日常工作（北京时间 8:00—17:00）的时候，会发现大部分境外买家的即时通信都是处于离线状态的，而且订单留言和站内信也很少能在这个时间段收到回复。当然，即使境外买家不在线，客服人员也可以通过留言的方式联系买家。不过，应尽量选择买家在线的时候进行联系，这意味着客服人员需要在晚上联系境外买家。因为这个时候买家在线的可能性最大，沟通效果最好。如果不能及时回复，卖家很有可能会失去这位买家，导致订单流失。即便过了一段时间，客服人员再与这位买家联系上了，交流与沟通的时间也被人为地拉长很久，最后只能延迟发货。而在这个过程中，你的服务已经打了折扣，给客户留下了不好的购物体验。

4. 注意分析买家

要与客户进行良好沟通交流，就需要做好沟通的各项准备。在沟通之前，必须熟悉店铺经营产品的主要规格与质量要求，能准确地用外语表达出来。特别是店铺上架新产品前，要开展相关的产品培训，以便快速为客户答疑解惑。与此同时，客服人员还应该熟悉沟通工具的操作及使用，全盘掌握网店营销活动信息，充分了解跨境电商平台的规则及其注意事项。要做好沟通的准备，还必须预先了解并分析目标客户的背景信息。这不仅包括了解目标市场所在地区的风俗习惯，如节假日、国庆日、文化禁忌等，以便沟通时拉近距离，还包括了解不同国家的语言文化习惯，便于有针对性地对买家进行回复。例如，客服人员要注意，在英文书信里使用成段的大写或者红色大写字体是非常没有礼貌的行为，这势必会给客户留下不好的印象。

更进一步来说，客服人员还要学会从买家的文字风格判断买家的性格脾气。例如，有些买家使用的语言文字简洁精练，则可判断其办事可能是雷厉风行的，不喜欢拖泥带水。那么，客服人员就不要以大段的文字回复这类客户的问题。所以说，客服人员只有根据买家的性格脾气，尊重客户的文化习俗，积极调整交流方式，才能够有效地促进买卖双方沟通的顺利进行。

9.2 信用评价

评价指的是跨境电商平台上买家对卖家提供的产品和服务给出的最后证明与反馈。一般来说，各个跨境平台的买家都非常关心自己需要的商品在平台上的售后评价。对于以B2C商业模式为主的跨境电商平台而言,平台商品的售后评价不仅直接关系着消费者的购物决定,还关系着买家愿意花费的金额。因此,跨境电商的卖家必须重视自己的客户给出的评价。

9.2.1 评价系统的应用

目前,全球最大的C2C交易平台eBay在成立之初(1996年)就率先建立了用户互评机制(feedback forum)以促进买卖诚信,使其在拍卖网站中脱颖而出。eBay的信用评价体系有值得国内交易平台借鉴的地方,总体上包括互评机制和卖家评分(detailed seller rating,DSR)两方面内容。

1. 互评机制

每完成一笔交易,卖家和买家都有机会为对方打分,其中包括好评(+1分)、差评(-1分)、中评(0分)以及附上简短的评论,但卖家只有权利给予买家好评或者放弃评论。互评分数是用户资料的重要组成部分,直接出现在每个用户ID旁。eBay还根据公值对用户划分等级,标志为不同颜色和形状的五星,这与淘宝网的红星、钻石、皇冠等级划分类似。同时出现的还有:好评率,计算方法是近12个月的好评数除以评分总数;近期评分:计算近1个月、6个月和12个月的好评数、差评数和中评数;撤销竞拍次数:计算近12个月中该用户在拍卖期间撤销拍卖的次数。互评机制的基础细则如下。

(1) 用户反馈信息在绝大部分情况下是永久保留的,所以eBay强烈建议买家给予卖家中评或差评之前与卖家沟通,但买家绝不允许利用评价机制向卖家索要额外好处。

(2) 用户不能单独修改分值,买家不能为降低卖家分值而故意重复购买商品。

(3) 如果一位卖家在同一周(周一到周日,下同)收到同一买家多次评价,并且得到的差评数多于好评数,那么这位卖家总分只减1分;同理,如果卖家收到的好评数多于差评数,总分也只加1分。

(4) 在一周内,同一买家无论收到多少好评,总评分只加1分。

(5) 卖家不能以任何原因限制买家评价的权利。

(6) 评论中不能包括网络链接、亵渎言论或其他不恰当内容。

(7) 在一定期限内,买卖双方协商一致后申报eBay可以修改评分。

2. 卖家评分

在eBay上,买家除了可以根据总体印象给予卖家好、中、差的评价,还可以对卖家的服务具体评分,包括:产品是否与描述相符;是否满意与卖家的交流;是否满意出货速度;运输费用是否合理。卖家评分和互评分数一起出现在卖家ID旁,计算方法为:各年项评分满分是5星,最低是1星,超过10次评分后取近12个月的平均值。DSR分值单独呈现,不影响卖家的互评得分,但成为eBay对卖家评级的重要参照。卖家评分基础细则如下。

(1) 与互评系统不同,DSR为不记名评分,理论上卖家没有机会找到买家修改分数。

(2) 买家在交易完成60天之内有机会给卖家DSR打分,但必须与互评评分同时进行。

（3）买家向同一卖家多次购买商品后可以多次打分，但购买行为不能出现在同一周。

（4）如果卖家达到 eBay 所提出的标准，卖家在与买家交流项上自动获得 5 星，买家没有权利更改。

（5）卖家只对发货速度负责，对配送服务不负责任，买家不能就运输问题责备卖家。如果卖家在发货速度上达到 eBay 所提出的标准，将自动在卖家出货速度项上获得 5 星，买家没有权利更改。

（6）卖家有权向买家收取运输成本费和装载费，如果卖家提供免费配送，将自动在该项上获得 5 星，买家没有权利更改。

（7）1～2 星评分若计入总评，必须来自两个或两个以上的买家。

同样，在跨境电商 B2C 平台速卖通上，卖家所得到的信誉评估积分决定了卖家店铺的信誉等级。

与速卖通卖家信誉等级评定相关的资料都记录在卖家评价档案中。评价档案包含近期评估摘要（会员公司名、近 6 个月好评率、近 6 个月评估数量、信誉度和会员开始日期）、评估前史（最近 1 个月、3 个月、6 个月、12 个月及前史累计的时刻跨度内的好评率、中评率、差评率、评估数量和平均星级等目标）和评估记载（会员得到的一切评估记载、给出的一切评估记载以及在指定时刻段内的指定评估记载）。

9.2.2 获得买家好评的技巧

在跨境电商领域的各大平台上，售后评价一般分为好评、中评、差评和未评价这几种。

无论哪种评价，跨境客服人员都要认真对待、及时沟通。客户的好评是跨境卖家声誉的延伸，好评率越高，潜在客户就越信赖卖家，从而销量也就越高。因此，对于客户的好评要给予及时的感谢。对于未及时给出评价的客户，要催促其评价，获得好评。如果收到的是中、差评，一定要及时联系客户，弄清楚原因并想办法弥补，争取获得客户的谅解，修改/追评为好评。

1. 好评回复

"感恩"一直是欧美社会普遍认可的一种美德。美国、加拿大、希腊、埃及等国的感恩节就是这种社会认知的集中体现。跨境电商卖家的利润甚至整个事业，都来自境外的买家。因此，每个代表跨境电商卖家的跨境客服人员理应对买家怀有感恩的态度。

客户的好评往往能够"四两拨千斤"，为跨境电商卖家带来源源不断的曝光、转化以及二次转化。一笔交易完成后，如果买家给予了好评，那么跨境卖家客服人员一定要对买家给予的好评及时地表达感谢，这样有利于提高买家满意度，能够很大程度上提高复购率和转化率。

2. 催促评价

在跨境电商中，每个卖家都想要获得更多的好评。跨境电商平台上，买家对于卖家的认可，特别是以好评形式呈现出来的认可，对于跨境卖家而言，是其店铺推广的有力工具。但从以往的情况来看，有 20%～40% 的买家收到货后不管是否满意一律不留下任何评价。

跨境电商涉及众多国家（地区）的买家，由于时空的限制、个人习惯的差异，不可能期待所有跨境买家都能在收到商品的第一时间就给予评价。但一般的跨境买家会在收到商品的2~3天后给予售后评价，这是非常正常的。如果有些买家收到产品后3~5天没有留下评论，那么跨境卖家的客服人员就可以向买家发送邮件，询问他们是否收到包裹、是否对产品满意、表示如果客户不满意会尽最大努力帮忙等。邮件末尾，可以把希望买家尽快给予评价的请求"伪装"在邮件中，礼貌地请求客户留下准确的评价，以帮助未来客户判断该产品是否适合他们，并表示感谢。

3. 修改评价

一般而言，只要存在买卖，就可能会有客户产生意见，在跨境电商售后评价中，中、差评是时常存在的，而中、差评会给跨境电商卖家店铺的声誉及刊登商品的销售带来不良影响。

有些跨境电商平台是支持买卖双方协调一致后进行中、差评修改的，如亚马逊平台等；而有些平台则不行，如Wish平台等。在亚马逊平台上，跨境卖家如果收到了中、差评，认为买家给自己的评价不公正，那么在评价生效后1个月内，可以自主引导买家修改给自己的评价为好评。跨境电商售后客服引导买家修改评价的基本步骤分为了解原因和恳请买家修改两步。

跨境卖家一旦收到中、差评，跨境客服人员应立即联系客户。而且无论是什么原因造成的中、差评，跨境客服人员都要向客户主动而真诚地道歉，以缓解客户的不满情绪，让客户心平气和地与售后客服人员沟通该订单问题之所在，然后再分析出现中、差评的原因，而不管是因为哪种原因导致的客户中、差评，都需要跨境客服人员通过邮件和站内信等方式跟客户解释清楚，最后再寻求切实可行的办法来解决问题。

在与客户协商解决问题之后，跨境客服人员可以进一步与其沟通，请求客户修改评价。一般而言，在订单问题得以解决后，客户表示满意，大都会答应修改之前给出的评价，客服人员要及时地真诚道谢；而对于没有任何回应的客户，客服人员可以再次发邮件，甚至给予客户优惠返现、下次购买折扣等好处以示诚意，再次请求客户修改评价。

9.3 售后服务纠纷处理

现如今，除购买技术型产品或者进行批发式购买以外，跨境电商的客户大都是"静默式下单"，即在下单购买之前不与卖家联系。也就是说，跨境电商客户联系卖家客服人员，大部分是在售后过程中，原因则是出现了纠纷。

"纠纷"是令很多卖家头大的一个词，因为纠纷直接影响店铺服务指标，如果服务分低、排名靠后处理、曝光度下降、订单减少，会形成恶性循环。在交易过程中要尽量避免产生纠纷，如果产生了纠纷，要积极地解决，让买家感到满意，这些都会为我们留住客户，并且能产生口碑效应，赢得更多的客户。而要解决纠纷，跨境客服人员需要拿出专业的态度，同时了解纠纷产生的原因、掌握处理纠纷的流程。

扩展阅读9.2 跨境电商纠纷处理

9.3.1 纠纷提交和协商的步骤

买家提交退款申请产生纠纷后，跨境电商平台鼓励卖家积极与买家协商：如果卖家不同意纠纷内容，需要与买家进一步协商，协商的结果可能是买家取消退款申请，也可能是修改退款申请，还有可能是买家提交纠纷至平台，由平台介入处理；如果卖家同意纠纷内容，那么双方就达成协议，执行款项。

9.3.2 避免产生纠纷的技巧

1. 有效避免产生纠纷的方法

在跨境电商交易过程中，最能有效避免产生纠纷的方法有以下两点。

1) 关注售前

售前客服要注意多方面的细节，这样一方面可以从源头避免纠纷，另一方面可以提高客户的购物满意度。售前客服必须掌握足够的商品信息及其相关知识，这涵盖商品专业知识、商品周边知识等。其中，商品专业知识包括产品质量、产品性能、产品寿命、产品安全性、产品尺寸规格、产品使用注意事项等内容，而商品周边知识则包括产品附加值和附加信息等内容。售前客服要保证及时应对不同国家及地区的客户所提出的各种问题，切忌含糊其词、答非所问。

2) 保留取证

这一点指的是卖家应保留下有效的信息。如果出现了某些问题或争议，其能够作为证据来帮助解决问题。交易过程中，卖家应及时、充分地取证，一旦买卖双方发生纠纷，卖家可以将相关信息提供给买家进行协商，或者提供给平台帮助裁决。

在交易的每个环节，卖家均可进行取证。如货物打包期间，卖家可对货物的内包装、外包装进行拍照存底，货物发出之后应及时做好货物的物流信息跟进，并做好每日的跟进计划，在货物清关和货物即将到达的时候及时跟买家沟通，这在很大程度上能提高买家的满意度，同时也可以有效地防止遗漏某个订单的跟进。

2. 解决纠纷需注意的问题

纠纷产生后，在与客户沟通协商过程中，跨境电商客服人员要注意以下几点。

1) 客服要在回复的头尾均表达感谢

在欧美文化中，感恩是一种美德。即使客户是来投诉的，客服人员打完招呼后的第一句话也应该是：

Thanks for shopping with us.（谢谢您向我方买货。）

这就是要求跨境客服人员在字里行间都渗透感恩之心，让客户感受到在后续的协商沟通中，客服人员是能够贴心地为客户着想的，从而为说服客户接受为其准备的问题解决方案奠定基础。实际上，这样的解决态度是可以大幅降低沟通成本的。同理，在沟通邮件/站内信的末尾，客服人员可以再次表示歉意：

We sincerely apologize for the trouble brought to you, and thanks for your kindness and tolerance for this problem.（我们真诚地对给您造成的困扰表示歉意，并感谢您在这一问题上的理解和宽容。）

2）应当淡化问题的严重性，积极主动地解决问题，让买家安心

跨境客服人员一定要学会换位思考，当买家从境外满心期待地买回心仪产品，经过数周的等待以及无数次地关注物流动态，如最后发现物流没有妥投，或者货不对板，这时心情是十分沮丧的，非常想向卖家倾诉和投诉。这时候即使不是卖家错误，也要让买家把话说完，表明愿意解决问题的态度，使对方消一部分的火气。例如回复：

We are really sorry to hear that and we will surely help you solve this problem.（了解到您的问题我们深感抱歉。我们一定会协助您尽快解决问题。）

3）保持专业态度解决问题

在跨境电商中，专业客户少，客户大多不是大批量采购，因此客服人员在帮助客户解决问题过程中，更需要从专业的角度出发来解决，一方面，详细询问了解真实原因；另一方面，对客户解释时尽量简化物流或报关查验过程的专业术语，通俗地解释。在提出解决方案时，要提出负责而有效的解决方案，不能以敷衍搪塞等说法让客户再等几天，否则会惹怒客户。

4）保证最后一次回复来自客服人员

良好地解决问题不仅有助于客服人员自身能力的提升，也有助于增加客户的信任感，形成客户惯性，从而使其成为老客户。所以，每一次客户的反馈一定要回复。无论是采用电邮、站内信还是采用即时通，一定要保证最后一次的回复是卖方客服作出的。这是对客户的尊重与重视。

本章小结

本章共分三节来阐述跨境电商客户服务与纠纷处理。第一节介绍跨境电商客服人员的职能与技巧，第二节阐述跨境电商商户引用评价体系，第三节阐述售后服务纠纷处理步骤及避免纠纷应注意的事项等。

实训项目

在跨境电商平台查找商品差评，并分析差评产生的原因，提出避免差评的措施，制作一份减少商品差评的优化服务报告。

课后习题

1. 组成小组，登录阿里巴巴速卖通、亚马逊、敦煌网、兰亭集势、eBay 以及 Wish 平台等注册的商铺客服账号，对咨询商品的客户进行服务。

2. 如果你的商品遇到客户不满或者投诉,你将采取哪些措施、哪些步骤来应对?

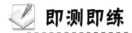 **即测即练**

第 10 章 跨境电商法律规范与监管

党的二十大报告提出,加快建设贸易强国。作为一种新业态、新模式,跨境电商已成为我国外贸发展的新动能、转型升级的新渠道和高质量发展的新抓手。跨境电商的良性发展需要法律规范与监管的支撑。

2019 年 1 月 1 日,首部《中华人民共和国电子商务法》(以下简称《电子商务法》)施行。这是一部关乎中国互联网电子商务行业格局的法律。不同于其他由部委牵头的立法,《电子商务法》由全国人民代表大会财政经济委员会牵头立项,具有极高的立法效力层次,旨在为中国电子商务行业发展奠定一个基本法律框架。《电子商务法》一共设七章,89 条,以电子商务经营者、电子商务平台经营者为规范主体,围绕电子商务合同、争议解决、行业促进和法律责任四大部分设置规定。其中,既对电子商务经营者义务、平台责任、基本规则等作出原则性规定,也对实践中一些常见争议问题的现实解决经验总结成文。

扩展阅读 10.1 论跨境电商发展与消费者权益保护

引导案例

2015 年初,李某指使 A 公司的经理被告人冯某某、业务主管江某某、兼职人员刘某某利用 A 公司从事跨境贸易电子商务业务,对外承揽一般贸易的进口货物,再以跨境电商贸易形式伪报为个人境外购进进口商品,逃避缴纳或少缴纳税款;同时,李某指使被告人程某某为 B 公司申请跨境贸易电子商务业务海关备案、开发正路货网,用于协助 A 公司跨境贸易制作虚假订单等资料。

2015 年 9 月至 11 月,A 公司及冯某某、江某某、梁某某、刘某某、李某、王某、程某某利用上述方式走私进口货物共 19 085 票,偷逃税款人民币共计 2 070 384.36 元。

经过法庭审理,2018 年 4 月,某中级人民法院对本案依法公开判决:A 公司、被告人冯某某和江某某、刘某某为 A 公司的其他责任人员,伙同被告人梁某某、李某、王某、程某某逃避海关监管,伪报贸易方式报关进口货物,偷逃应缴税款,其行为均已构成走私普通货物罪。A 公司在共同犯罪中处重要地位,是主犯,依法应承担全部罪责。冯某某、江某某、王某、梁某某、刘某某、李某、程某某在共同犯罪中起次要或辅助作用,是从犯,应当从轻或减轻处罚。最终,涉案人员均被判处有期徒刑以上刑罚和不等的罚金,涉案 A 公司被没收违法所得及罚金 300 余万元。

资料来源:http://www.100ec.cn/zt/1718bg/。

案例思考题：
1. 你知道关于跨境电商的哪些法律法规？
2. 跨境电商法律法规的颁布与完善对跨境电商的发展有哪些重要影响？

10.1 跨境电商合同的法律规范

10.1.1 数据电文

1. 数据电文的定义、产生和特点

1) 数据电文的定义和产生

《中华人民共和国电子签名法》（2019 年修正，以下简称《电子签名法》）第二条指出，数据电文，是指以电子、光学、磁或者类似手段生成、发送、接收或者储存的信息。数据电文也称为电子信息、电子通信、电子数据、电子记录、电子文件等，一般是指通过电子手段形成的各种信息。

《民法典》第四百六十九条规定：当事人订立合同，可以采用书面形式、口头形式或者其他形式。书面形式是合同书、信件、电报、电传、传真等可以有形地表现所载内容的形式。以电子数据交换、电子邮件等方式能够有形地表现所载内容，并可以随时调取查用的数据电文，视为书面形式。

"数据电文"一词最早在国际法律文件中出现是在 1986 年联合国欧洲经济委员会和国际标准化组织共同制定的《行政、商业和运输、电子数据交换规则》中。该规则规定，贸易数据电文是指当事人之间为缔结或履行贸易交易而交换的贸易数据。1996 年，联合国国际贸易法委员会在《电子商务示范法》第二条中对数据电文做了较权威的定义："数据电文"系指经由电子手段、光学手段或类似手段生成、储存或传递的信息，这些手段包括但不限于电子数据交换、电子邮件、电报、电传和传真。各国电子签名法或电子商务法也对数据电文做了类似的规定。如：美国国际国内商务电子签名法规定，"电子记录"是指由电子手段创制、生成、发送、传输、接收或者储存的合同或其他记录；韩国电子商务基本法规定，"电子信息"是指以使用包括计算机在内的电子数据处理设备的电子或类似手段生成、发送、接收或者储存的信息。

2) 数据电文的特点

计算机、网络和电子商务的产生、运用和发展，一方面为数据电文的产生创造了条件，另一方面也是促进数据电文产生的原因，网络和电子商务发展需要数据电文。数据电文主要具有数据性、虚拟性、易消失性及易改动性、证据局限性、存放及传输特殊性等特点。

(1) 数据性。随着计算机、信息技术和互联网的广泛应用，以及数据电文的形式多样，不管数据电文以图像、文字、音频、视频等何种形式存储、传输和运用，其本质特征均是数据性。

(2) 虚拟性。数据电文以图像、文字、音频、视频等形式存储、传输和运用都是无形化的。

(3) 易消失及易改动性。与传统书面形式相比，数据电文更容易消失，更容易被修改,甚至被篡改。在数据电文存储、处理和传输时,由于内部和外部、善意和恶意等原因,消失、改动将不可避免。如何对待这个现象,既是道德问题,也是法律问题。

(4) 证据局限性。数据电文可以以图像、文字、音频、视频等任意形式存在、传输和运用,在作为独立证据使用时存在局限性。

(5) 存放及传输特殊性。数据电文不论以何种形式存在、传输和运用,都需要特殊的系统、介质和方法,因此其存放及传输具有特殊性。

2. 数据电文的法律法规效力

1) 法律效力承认

数据电文的法律效力问题是数据电文的核心内容。

《电子签名法》第三条规定:民事活动中的合同或者其他文件、单证等文书,当事人可以约定使用或者不使用电子签名、数据电文。当事人约定使用电子签名、数据电文的文书,不得仅因为其采用电子签名、数据电文的形式而否定其法律效力。这是我国法律第一次对数据电文效力的承认。

2) 证据效力

《电子签名法》第七条规定:数据电文不得仅因为其是以电子、光学、磁或者类似手段生成、发送、接收或者储存的而被拒绝作为证据使用。

2012年之后,在司法实践中,电子数据就作为常见的证据方法被广泛应用。与我们日常生活息息相关的微信聊天记录、电子邮件信息、手机短信、交易记录信息都逐渐进入司法视野,成为法官裁判的重要依据。

3) 证据真实性

《电子签名法》第八条规定:审查数据电文作为证据的真实性,应当考虑以下因素:①生成、储存或者传递数据电文方法的可靠性;②保持内容完整性方法的可靠性;③用以鉴别发件人方法的可靠性;④其他相关因素。

3. 数据电文的通信法律与保存法律

1) 数据电文的通信法律

(1) 数据电文的发送。《电子签名法》第九条规定:数据电文有下列情形之一的,视为发件人发送:①经发件人授权发送的;②发件人的信息系统自动发送的;③收件人按照发件人认可的方法对数据电文进行验证后结果相符的。当事人对前款规定的事项另有约定的,从其约定。

数据电文的发送方可能是发件人本人(或本企业),也可能是被授权、被委托人等,计算机网络系统自动发件和接收信息是非常普遍的现象,判断是否属于发件人发送的关键是看是否为"发件人的信息系统"自动发送的,按照发件人认可或当事人双方事先约定的方法,对收到数据电文的收件人进行验证,验证结果如果与约定的相符,则确认为发件人发送。

(2) 数据电文的收到。《电子签名法》第十条规定:法律、行政法规规定或者当事人约定数据电文需要确认收讫的,应当确认收讫。发件人收到收件人的收讫确认时,数据电文视为已经收到。

(3) 数据电文收发的时间。《电子签名法》第十一条规定：数据电文进入发件人控制之外的某个信息系统的时间，视为该数据电文的发送时间。收件人指定特定系统接收数据电文的，数据电文进入该特定系统的时间，视为该数据电文的接收时间；未指定特定系统的，数据电文进入收件人的任何系统的首次时间，视为该数据电文的接收时间。当事人对数据电文的发送时间、接收时间另有约定的，从其约定。

(4) 数据电文收发的地点。《电子签名法》第十二条规定：发件人的主营业地为数据电文的发送地点，收件人的主营业地为数据电文的接收地点。没有主营业地的，其经常居住地为发送或者接收地点。当事人对数据电文的发送地点、接收地点另有约定的，从其约定。

2) 数据电文的保存法律

《电子签名法》第六条规定：符合下列条件的数据电文，视为满足法律、法规规定的文件保存要求：①能够有效地表现所载内容并可供随时调取查用；②数据电文的格式与其生成、发送或者接收时的格式相同，或者格式不相同但是能够准确表现原来生成、发送或者接收的内容；③能够识别数据电文的发件人、收件人以及发送、接收的时间。

10.1.2 电子合同

1. 电子合同概述

1) 电子合同的定义和特征

(1) 合同的定义和特征。

《民法典》第四百六十四条规定：合同是民事主体之间设立、变更、终止民事法律关系的协议。

同时，根据《民法典》的规定，合同具有以下法律特征：①合同是一种双方的法律行为，并以意见表示一致为条件。②合同是平等主体之间的民事法律关系，合同双方当事人处于平等地位，不允许任何一方对他方进行限制或强迫。③合同是具有相应法律效力的协议。合同不能是违法行为，而只能是合法行为，如果合同是违法的，就会引起合同无效，甚至当事人要受到追究和制裁。④合同是从法律角度明确当事人之间特定权利与义务关系的文件。合同在当事人之间设立、变更和终止某种特定的民事权利义务关系，以实现当事人的特定经济目的。

(2) 电子合同的定义和特征。

电子合同，又称电子商务合同，根据《联合国国际贸易法委员会电子商务示范法》以及世界各国颁布的电子交易法，同时结合《民法典》合同编的有关规定，电子合同是指在网络环境下，平等主体的自然体、法人、其他组织之间利用现代信息技术手段，设立、变更、终止民事权利义务关系的协议。

电子合同的主要特征如下。

从订立形式看，电子合同适用的是电子信息技术手段，包括电子手段（如传真、计算机网络等）、数字通信技术（如电子数据交换、电子邮件等）和计算机网络（如内部网络、互联网等）。

从记载载体看,电子合同的载体是磁介质,即数据电文,电子合同的生成以及存储、发送、接收,其载体都是数据电文形式。

从广义角度看,只要是以电子信息技术手段在网络环境下订立的合同,都应该属于电子合同。

从本质看,电子合同没有改变合同的实质,改变的只是形式。电子合同仍然是一种确立权利义务关系的协议。

2)电子合同的类别

按在交易中适用的程度不同,电子合同可分为完全电子合同和不完全电子合同。

完全电子合同,是指业务或交易内容全部采用订立电子合同的形式;不完全电子合同,是指部分业务或交易内容采用非订立电子合同的形式。

按标的不同,电子合同可分为一般电子合同和计算机信息电子合同。

一般电子合同,是指合同标的是一般物的电子合同;计算机信息电子合同,是指合同标的是计算机信息的电子合同。

按订立形式不同,电子合同可分为格式电子合同和非格式电子合同。

格式电子合同,是指电子合同的全部或主要条款为格式条款的合同。格式条款,是当事人重复使用而预先拟定,并在订立合同时未与对方协商的条款。

格式电子合同的全部或主要条款是事先拟定的,所以,通常是由当事人的一方事先拟定备好。格式电子合同,是电子商务常用的一种合同订立的形式。

非格式电子合同,是指电子合同的全部或主要条款为当事人协商而订立的合同。

按范围不同,电子合同可分为广义电子合同和狭义电子合同。

广义电子合同是指所有在网络环境下,平等主体的自然人、法人、其他组织之间利用现代信息技术手段,设立、变更、终止民事权利义务关系的协议;狭义电子合同是指只利用互联网订立的电子合同。

2. 电子合同订立的法律法规

1)电子合同当事人

(1)电子合同当事人的定义。电子合同当事人,是指依法订立电子合同的双方或多方,是按照合同约定履行义务和行使权利的自然人、法人及其他组织。通常情况下,合同当事人是指订立合同的双方,但是,有些合同当事人可能是三方或多方。合同当事人是合同的重要内容,法律法规一般对当事人的资格进行限定。

(2)电子合同当事人的确认。电子合同当事人的真实、有效,是电子合同订立的前提,确定电子合同当事人的方式方法,与纯传统合同不同,其主要采用电子签名、电子认证和其他方法。

(3)电子合同当事人订约能力。《电子商务法》第四十八条规定,电子商务当事人使用自动信息系统订立或者履行合同的行为对使用该系统的当事人具有法律效力。在电子商务中推定当事人具有相应的民事行为能力。但是,有相反证据足以推翻的除外。

2)电子合同的电子代理人

(1)电子代理人的定义。电子代理人,是指不需要人的审查或操作,而能用于独立发送、回应电子记录及部分或全部履行合同的计算程序、电子或其他自动化手段。

(2) 法律地位。无论是大陆法系国家的法律,还是英美法系国家的法律,均不承认电子代理人是民法上的代理人。电子代理人不具有独立的人格和财产,不能独立地承担民事责任。它只是合同当事人预先设定的程序,该程序涵盖了当事人预先设定的要约、承诺条件、订立和履行合同的方式等。

3) 电子合同的要约邀请和要约

(1) 要约邀请。要约邀请是指希望他人向自己发出要约的意思表示。如寄送的价目表、拍卖公告、招标公告、招股说明书、商业广告等为要约邀请。要约邀请可以向不特定的任何人发出,也不需要在要约邀请中详细表示,无论是对于发出邀请人还是对于接受邀请人,都没有约束力。

《电子商务法》第五十条规定,电子商务经营者应当清晰、全面、明确地告知用户订立合同的步骤、注意事项、下载方法等事项,并保证用户能够便利、完整地阅览和下载。电子商务经营者应当保证用户在提交订单前可以更正输入错误。

(2) 要约。

① 要约的含义。要约,是一方当事人以缔结合同为目的,向对方当事人提出合同条件,希望对方当事人接受的意思表示。发出要约的一方称要约人,接受要约的一方称受要约人。

② 要约成立条件。

第一,要约人应是具有缔约能力的特定人。

第二,要约的内容须具体、确定。

第三,要约具有缔结合同的目的,并表示要约人受其约束。

第四,要约必须发给要约人希望与其订立合同的受要约人。

第五,要约应以明示方式发出。

第六,要约必须送达受要约人。

③ 要约的特点。

第一,要约是由具有订约能力的特定人作出的意思表示。要约的提出旨在与他人订立合同,并且唤起相对人的承诺,所以要约人必须是订立合同一方的当事人。由于要约人欲以订立某种合同为目的而发出某项要约,因此他应当具有订立合同的行为能力。根据《民法典》的规定,无民事行为能力人或依法不能独立实施某种行为的限制行为能力人发出欲订立合同的要约,不应产生行为人预期的效果。

第二,必须具有订立合同的目的。要约人发出要约的目的在于订立合同,而这种订约的意图一定要由要约人通过其发出的要约充分表达出来,才能在受要约人承诺的情况下产生合同。

第三,必须向要约人希望与之缔约合同的受约人发出。要约人向谁发出要约也就是希望与谁订立合同,要约原则上是向特定的相对人来说的,但也有向不特定人发出,此时应具有以下两个条件:必须明确表示其作出的建议是一项要约而不是要约邀请;必须明确承担向多人发送要约的责任,尤其是要约人发出要约后,必须具有向不特定的相对人作出承诺以后履行合同的能力。

第四,内容必须具体确定。根据《民法典》第四百七十二条的规定,要约内容必须具体。所谓具体,是指要约内容必须具有足以使合同成立的主要条款。合同的主要条款,应当根据合同的性质和内容来加以判断。合同的性质不同,它所要求的主要条款是不同的。所谓确定,是指要约内容必须明确,而不能含混不清。要约应当使受要约人理解要约人的真实意思,否则无法承诺。

第五,要约必须送达受要约人条件。要约只有在送达受要约人以后才能为受要约人所知悉,才能对受要约人产生实际拘束力。如果要约在发出以后,因传达要约的信件丢失或没有传达,不能认为要约已经送达。

《电子商务法》第四十九条规定:电子商务经营者发布的商品或者服务信息符合要约条件的,用户选择该商品或者服务并提交订单成功,合同成立。当事人另有约定的,从其约定。电子商务经营者不得以格式条款等方式约定消费者支付价款后合同不成立;格式条款等含有该内容的,其内容无效。

④ 要约效力的限制。要约的效力问题,是要约受限制的条件。要约发出后,对要约人和受要约人都具有约束力。但是,对受要约人的约束,是从要约达到受要约人时开始,对于要约人,符合规定情况,可以撤回、撤销要约。

⑤ 要约的撤回撤销。要约的撤回,是指要约人在发出要约后,于要约到达受要约人之前取消其要约的行为。《民法典》第四百七十五条规定:要约可以撤回。要约的撤回适用《民法典》第一百四十一条的规定,即行为人可以撤回意思表示。撤回意思表示的通知应当在意思表示到达相对人前或者与意思表示同时到达相对人。在此情形下,被撤回的要约实际上是尚未生效的要约。依诚实信用原则,在此情况下,相对人应当向要约人发出迟到的通知,相对人怠于通知且其情形为要约人可得而知者,其要约撤回的通知视为未迟到。

要约的撤销,是指在要约发生法律效力后,要约人取消要约从而使要约归于消灭的行为。要约的撤销不同于要约的撤回(前者发生于生效后,后者发生于生效前)。

《民法典》第四百七十六条规定:要约可以撤销,但是有下列情形之一的除外:①要约人以确定承诺期限或者其他形式明示要约不可撤销;②受要约人有理由认为要约是不可撤销的,并已经为履行合同做了合理准备工作。

二者的区别仅在于时间的不同,在法律效力上是等同的。要约的撤回是在要约生效之前为之,即撤回要约的通知应当在要约到达受约人之前或者与要约同时到达受要约人;而要约的撤销是在要约生效之后承诺作用之前而为之,即撤销要约的通知应当在受要约人发出承诺通知之前到达受要约人。

⑥ 要约的失效。《民法典》第四百七十八条规定:"有下列情形之一的,要约失效:(一)要约被拒绝;(二)要约被依法撤销;(三)承诺期限届满,受要约人未作出承诺;(四)受要约人对要约的内容作出实质性变更。"

(3) 要约与要约邀请的区别。

① 要约邀请是指一方邀请对方向自己发出要约,而要约是一方向他方发出订立合同的意思表示。

② 要约邀请是一种事实行为,而非法律行为。要约也不是法律行为,它只是民事法律行为的构成要件之一的意思表示。

③ 要约邀请只是引诱他人向自己发出要约,在发出要约邀请以后,要约邀请人撤回其邀请,只要未给善意相对人造成信赖利益的损失,邀请人并不承担法律责任。以下四个法律文件为要约邀请:寄送的价目表、拍卖公告、招标公告、招股说明书。

4) 电子合同的承诺

(1) 承诺的含义。承诺是指受要约人同意要约的意思表示。《民法典》第四百八十条规定:承诺应当以通知的方式作出,但是,根据交易习惯或者要约表明可以通过行为作出承诺的除外。

(2) 承诺的条件。

① 承诺必须由受要约人发出。非受要约人向要约人作出的接受要约的意思表示是一种要约而非承诺。

② 承诺只能向要约人作出。非要约对象向要约人作出的完全接受要约意思的表示也不是承诺,因为要约人根本没有与其订立合同的意愿。《民法典》第四百八十三条规定:承诺生效时合同成立。

③ 承诺的内容应当与要约的内容一致。受要约人对要约的内容作出实质性变更的,视为新要约。

④ 承诺必须在承诺期限内发出。超过期限,除要约人及时通知受要约人该承诺有效外,为新要约。《民法典》第四百八十一条规定:承诺应当在要约确定的期限内到达要约人。要约没有确定承诺期限的,承诺应当依照下列规定到达:第一,要约以对话方式作出的,应当即时作出承诺;第二,要约以非对话方式作出的,承诺应当在合理期限内到达。《民法典》第四百八十七条规定:受要约人在承诺期限内发出承诺,按照通常情形能够及时到达要约人,但是因其他原因致使承诺到达要约人时超过承诺期限的,除要约人及时通知受要约人因承诺超过期限不接受该承诺外,该承诺有效。

(3) 电子合同的承诺。电子合同采用数据电文形式,其承诺受形式制约。

《民法典》第四百九十一条规定:当事人采用信件、数据电文等形式订立合同要求签订确认书的,签订确认书时合同成立。

(4) 承诺的撤回。承诺的通知,在约定或者规定期限内容到达要约人时,承诺生效。但是,承诺可以撤回。《民法典》第四百八十五条规定:承诺可以撤回。承诺的撤回适用《民法典》第一百四十一条的规定。

(5) 新要约。新要约即受要约人对要约的内容作出实质性变更的回复的要约。《民法典》第四百八十六条规定:受要约人超过承诺期限发出承诺,或者在承诺期限内发出承诺,按照通常情形不能及时到达要约人的,为新要约;但是,要约人及时通知受要约人该承诺有效的除外。

《民法典》第四百八十八条规定:承诺的内容应当与要约的内容一致。受要约人对要约的内容作出实质性变更的,为新要约。有关合同标的、数量、质量、价款或者报酬、履行期限、履行地点和方式、违约责任和解决争议方法等的变更,是对要约内容的实质性变更。

10.1.3 电子签名

1. 电子签名概述

1)《电子签名法》的立法概述

1995年,美国的犹他州制定了世界上第一部电子签名法——《犹他州电子签名法》。1996年,联合国国际贸易法委员会制定了《电子签名示范法》。1999年,欧盟制定了《电子签名指令》。2000年10月,美国国会通过《全球和国内商业法中的电子签名法案》。日本出台了《关于电子签名及认证业务的法律(电子签名法)》,新加坡、韩国等许多国家也制定了相关法律。越来越多的国家开始制定、完善有关电子商务方面的法律,这对规范电子签名活动、保障电子交易安全、维护电子交易各方的合法权益、促进电子商务的健康发展起到重要作用。

2019年4月23日,第十三届全国人民代表大会常务委员会第十次会议通过修改《电子签名法》等八部法律的决定。

2)《电子签名法》的立法意义

《电子签名法》是我国第一部电子商务的法律,它被称为"中国首部真正意义上的信息化法律",自此电子签名与传统手写签名和盖章具有同等的法律效力。《电子签名法》是我国推进电子商务发展、扫除电子商务发展障碍的重要步骤,是我国电子商务发展的一座里程碑,对今后电子政务以及未来全面的社会信息化将产生深远影响,《电子签名法》的出台为我国电子商务发展提供了基本的法律保障,解决了电子签名的法律效力这一基本问题,并对电子商务认证机构、电子签名安全性、签名人的行为规范、电子交易中的纠纷认定等一系列问题作出了明确规定。

3)《电子签名法》的适用范围

(1) 电子签名的适用范围。

第一,电子商务活动。网络上的交易,不论是在互联网上还是在专用网络上,交易过程中均会涉及很多资格身份、交易内容的确定和证明,电子签名将是最为普遍的网上身份认证的解决办法。

第二,经济、社会事务管理。随着信息化水平的不断提高,政府部门在实施一些经济、社会事务的管理中,也开始采用电子手段,如电子报关、电子报税、电子年检以及依据行政许可法规定采用数据电文方式提出行政许可申请等,这些也都涉及电子签名的法律效力问题,同样需要适用《电子签名法》的有关规定,而不必再单独制定法律。

(2) 电子签名的不适用范围。《电子签名法》第三条规定:"民事活动中的合同或者其他文件、单证等文书,当事人可以约定使用或者不使用电子签名、数据电文。当事人约定使用电子签名、数据电文的文书,不得仅因为其采用电子签名、数据电文的形式而否定其法律效力。前款规定不适用下列文书:(一)涉及婚姻、收养、继承等人身关系的;(二)涉及停止供水、供热、供气等公用事业服务的;(三)法律、行政法规规定的不适用电子文书的其他情形。"

2. 电子签名的概念

签名，一般是指一个人用手亲笔在一份文件上写下名字或留下印记、印章或其他特殊符号，以确定签名人的身份，并确定签名人对文件内容予以认可。传统的签名必须依附于某种有形的介质，而在电子交易过程，文件是通过数据电文的发送、交换、传输、储存来形成的，没有有形介质，这就需要通过一种技术手段来识别交易当事人、保证交易安全，以达到与传统的手写签名相同的功能。这种能够达到与手写签名相同功能的技术手段，一般称为电子签名。

《电子签名法》第二条第一款规定：电子签名，是指数据电文中以电子形式所含、所附用于识别签名人身份并表明签名人认可其中内容的数据。

联合国国际贸易法委员会《电子签名示范法》第二条第一款规定："电子签名"系指在数据电文中，以电子形式所含、所附或在逻辑上与数据电文有联系的数据，它可用于鉴别与数据电文相关的签名人和表明签名人认可数据电文所含信息。

3. 电子签名的法律法规

1) 电子签名满足的条件

签订的电子合同符合法律要求就有效，它除了要满足合同法的有关规定，还要满足电子签名法的有关规定。《电子签名法》第十四条规定：可靠的电子签名与手写签名或者盖章具有同等的法律效力。

电子签名需要满足一定的条件，才能成为可靠的电子签名。

《电子签名法》第十三条规定：电子签名同时符合下列条件的，视为可靠的电子签名：

（1）电子签名制作数据用于电子签名时，属于电子签名人专有；

（2）签署时电子签名制作数据仅由电子签名人控制；

（3）签署后对电子签名的任何改动能够被发现；

（4）签署后对数据电文内容和形式的任何改动能够被发现。

并不是所有电子合同都具有与纸质合同同等的法律效力，要想签订的电子合同有效，需要具备以下两个条件。

第一，合同签署的各方已经经过实名认证。也就是说，对个人进行身份验证，现在的手机验证、微信认证、银行卡，只能对应这个名字是这个人，还要实时拍照，形成证据链。企业认证，要提交企业相关资料和公章，再加上授权书声明。

第二，在电子合同上的签名是根据《电子签名法》认可的可靠电子签名。

满足以上两个条件，这份电子合同则具备和纸质合同手写签章同等的法律效力。总之，锁定签约主体真实身份、有效防止文件篡改、精确记录签约时间的电子合同才被法律认可。

2) 电子签名的相关法律规定

（1）电子签名的失密。《电子签名法》第十五条规定：电子签名人应当妥善保管电子签名制作数据。电子签名人知悉电子签名制作数据已经失密或者可能已经失密时，应当及时告知有关各方，并终止使用该电子签名制作数据。《电子签名法》第二十七条规定：电子签名人知悉电子签名制作数据已经失密或者可能已经失密未及时告知有关各方、并终止使用电子签名制作数据,未向电子认证服务提供者提供真实、完整和准确的信息,或者有其他过错,给电子签名依赖方、电子认证服务提供者造成损失的,承担赔偿责任。

(2) 电子签名法的认证。《电子签名法》第十六条规定:电子签名需要第三方认证的,由依法设立的电子认证服务提供者提供认证服务。

(3) 伪造、冒用、盗用他人电子签名的法律责任。《电子签名法》第三十二条规定:伪造、冒用、盗用他人的电子签名,构成犯罪的,依法追究刑事责任;给他人造成损失的,依法承担民事责任。

10.2 跨境电商中的消费者权益保护

10.2.1 电子商务消费者权益保护概述

1. 消费者的定义

《中华人民共和国消费者权益保护法》(以下简称《消费者权益保护法》)虽未直接明确消费者的定义,但第二条将"为生活消费需要购买、使用商品或者接受服务"的行为界定为消费者的消费行为。

根据这一规定,我们可以看出,消费者,是指为满足生活需要而购买、使用商品或接受服务的,由国家专门法律确认其主体地位和保护其消费权益的个人。这一定义不仅符合《消费者权益保护法》保护弱者的立法原则,而且与消费者协会是"保护消费者合法权益的社会团体"的性质相一致,也与有关国际组织和国家的方法相一致。国际标准化组织(ISO)认为,消费者是以个人消费为目的而购买、使用商品或者接受服务的个体社会成员。日本、泰国、英国等国家将消费者也定义为个体社会成员。

2. 电子商务消费者的定义

电子商务消费者,又称网络消费者、互联网消费者,是指通过网络、现代信息技术手段,为生活需要而购买、使用商品或接受服务的,由国家法律法规确定消费权益的单位和个人。

3. 电子商务在消费者权益保护方面存在的问题

电子商务拓宽了消费市场,提高了消费信息和市场透明度,传统的消费活动几乎都被搬上了网络空间。然而事物都具有两面性,电子商务给我们带来优越性的同时也引发了不少问题,增加了消费者遭受损害的机会。电子商务在消费者权益保护方面存在如下诸多方面的问题。

1) 交易安全

由于电子商务的很多活动都是在开放、虚拟的网络环境下进行,形形色色的人都可以参与其中,这就对交易安全问题提出了更高要求。因此,身份识别、信用认证、合同有效性的认定和安全电子支付是电子商务应用中必须解决的关键问题。

2) 消费者的知情权

知情权是消费者的一项基本权利。在电子商务环境下,消费者在购买商品或接受服务时,应知晓商品和服务的真实情况。但在实际电子商务活动中,经营者对消费者虚假告知或不完全告知的情况时有发生。

3) 消费者隐私权保护

在电子商务中,由于"黑客"技术的发展和网络利益的驱使,消费者的隐私权极易受到侵犯。网络隐私一旦被滥用,将给消费者个人带来难以想象甚至灾难性的后果。

4) 消费者退换货

在电子商务环境下,由于网络交易的特殊性,消费者不能当面检验商品,导致错误的购买决定的可能性较大;另外,经营者的权益也可能受到消费者退换货的影响。如一些数字化的商品:音乐CD、影视DVD(数字激光视盘)、软件、电子书籍等,消费者在要求退换货前保留复制品的可能性很大。

5) 格式合同的效力

格式合同是社会经济发展的产物,但网络中存在诸多不公平的格式合同或霸王条款,如果这些格式合同或霸王条款得不到合理控制,会增加消费者权益受到侵害的可能性,最终导致消费者拒绝这种网上交易方式。

6) 管辖权

网络的非中心化和无边界性,使网络空间成为一个不易受主权管辖的新的领域,网上活动发生的具体地点和确切范围很难界定,因而消费者合法权益保护问题可能受到立法差异、管辖权限制和地方保护主义等多方面的阻碍。

7) 损害责任的承担

在网络交易过程中会经常遇到一些障碍,导致交易中止。不管中止的原因是来自黑客袭击还是来自系统失误,责任都必须有人来承担,谁来承担这个风险,相关法律法规对于电子商务中这一责任的承担问题并未明确。

10.2.2 电子商务消费者权益保护的法律法规

1. 电子商务消费者安全权及其保护

1) 消费者的安全权的定义

消费者的安全权,是指消费者购买商品或接受服务中所涉及的生命安全权、健康安全权、财产安全权等权利。前两项称为人身权,第三项称为财产权。

《消费者权益保护法》第七条规定:消费者在购买、使用商品和接受服务时享有人身、财产安全不受损害的权利。消费者有权要求经营者提供的商品和服务,符合保障人身、财产安全的要求。

《民法典》第三条规定:民事主体的人身权利、财产权利以及其他合法权益受法律保护,任何组织或者个人不得侵犯。

《民法典》第一百一十条规定:自然人享有生命权、身体权、健康权、姓名权、肖像权、名誉权、荣誉权、隐私权、婚姻自主权等权利。法人、非法人组织享有名称权、名誉权和荣誉权。

2) 消费者安全权的保护

侵犯消费者安全权的行为,主要有:经营者出售过期的商品,出售变质的食品或食品中含有对身体有害的物质,出售伪劣产品等。

《消费者权益保护法》第十一条规定：消费者因购买、使用商品或者接受服务受到人身、财产损害的,享有依法获得赔偿的权利。

《消费者权益保护法》第四十九条规定：经营者提供商品或者服务,造成消费者或者其他受害人人身伤害的,应当赔偿医疗费、护理费、交通费等为治疗和康复支出的合理费用,以及因误工减少的收入。造成残疾的,还应当赔偿残疾生活辅助具费和残疾赔偿金。造成死亡的,还应当赔偿丧葬费和死亡赔偿金。

2. 电子商务消费者知情权及保护

1) 消费者的知情权的定义

消费者的知情权,是指消费者享有知悉其购买、使用的商品或者接受的服务的真实情况的权利。

凡是消费者在选购、使用商品或接受服务过程中与正确的判断、选择、使用等有直接联系的信息,消费者都应有权了解。

《消费者权益保护法》第八条规定：消费者享有知悉其购买、使用的商品或者接受的服务的真实情况的权利。消费者有权根据商品或者服务的不同情况,要求经营者提供商品的价格、产地、生产者、用途、性能、规格、等级、主要成分、生产日期、有效期限、检验合格证明、使用方法说明书、售后服务,或者服务的内容、规格、费用等有关情况。

2) 消费者知情权的保护

生产者、经营者,违反法律法规的规定,没有向消费者公开或宣告商品、服务相关信息的,应该受到处罚。

《电子商务法》第十九条规定：电子商务经营者搭售商品或者服务,应当以显著方式提请消费者注意,不得将搭售商品或者服务作为默认同意的选项。

《消费者权益保护法》第五十六条规定："经营者有下列情形之一,除承担相应的民事责任外,其他有关法律、法规对处罚机关和处罚方式有规定的,依照法律、法规的规定执行；法律、法规未作规定的,由工商行政管理部门或者其他有关行政部门责令改正,可以根据情节单处或者并处警告、没收违法所得、处以违法所得一倍以上十倍以下的罚款,没有违法所得的,处以五十万元以下的罚款；情节严重的,责令停业整顿、吊销营业执照：(一)提供的商品或者服务不符合保障人身、财产安全要求的；(二)在商品中掺杂、掺假,以假充真,以次充好,或者以不合格商品冒充合格商品的；(三)生产国家明令淘汰的商品或者销售失效、变质的商品的；(四)伪造商品的产地,伪造或者冒用他人的厂名、厂址,篡改生产日期,伪造或者冒用认证标志等质量标志的；(五)销售的商品应当检验、检疫而未检验、检疫或者伪造检验、检疫结果的；(六)对商品或者服务作虚假或者引人误解的宣传的；(七)拒绝或者拖延有关行政部门责令对缺陷商品或者服务采取停止销售、警示、召回、无害化处理、销毁、停止生产或者服务等措施的；(八)对消费者提出的修理、重作、更换、退货、补足商品数量、退还货款和服务费用或者赔偿损失的要求,故意拖延或者无理拒绝的；(九)侵害消费者人格尊严、侵犯消费者人身自由或者侵害消费者个人信息依法得到保护的权利的；(十)法律、法规规定的对损害消费者权益应当予以处罚的其他情形。经营者有前款规定情形的,除依照法律、法规规定予以处罚外,处罚机关应当记入信用档案,向社会公布。"

3. 电子商务消费者选择权及其保护

1）消费者选择权的定义

消费者选择权是指消费者可以根据自己的消费需求,自主选择自己满意的商品或服务,决定是否购买或接受的权利。消费者自主选择提供商品和服务的经营者,自主决定购买或者不购买任何一种商品,接受或者不接受任何一项服务。

《消费者权益保护法》第九条规定：消费者享有自主选择商品或者服务的权利。消费者有权自主选择提供商品或者服务的经营者,自主选择商品品种或者服务方式,自主决定购买或者不购买任何一种商品、接受或者不接受任何一项服务。消费者在自主选择商品或者服务时,有权进行比较、鉴别和挑选。

2）消费者选择权的保护

任何经营者、组织,乃至政府及其部门,强行或者违背购买者的意愿,销售、搭售商品或其他不合理的条件等,都是对消费者选择权的侵害。

《电子商务法》第十七条规定：电子商务经营者应当全面、真实、准确、及时地披露商品或者服务信息,保障消费者的知情权和选择权。电子商务经营者不得以虚构交易、编造用户评价等方式进行虚假或者引人误解的商业宣传,欺骗、误导消费者。

《消费者权益保护法》第十六条第三款规定：经营者向消费者提供商品或者服务,应当恪守社会公德,诚信经营,保障消费者的合法权益；不得设定不公平、不合理的交易条件,不得强制交易。

4. 电子商务消费者公平交易权及其保护

1）消费者公平交易权利的定义

消费者享有公平交易的权利,简称公平交易权。《消费者权益保护法》第十条规定：消费者享有公平交易的权利。消费者在购买商品或者接受服务时,有权获得质量保障、价格合理、计量正确等公平交易条件,有权拒绝经营者的强制交易行为。在消费法律关系中,消费者与经营者的法律地位平等,他们之间所产生的行为属市场交易行为,因而应当遵循市场交易的基本原则,即《消费者权益保护法》确立的自愿、平等、公平、诚信的原则,从而保证公平交易的实现。客观地讲,消费者和经营者进行交易,都享有公平交易的权利,但从消费活动的全过程看,消费者购买商品或者接受服务,往往由于多种因素的影响而处于弱者地位,因此更需要突出强调其公平交易权,以便从法律上给予特别保护。在市场交易中,经营者如果违背自愿、平等、公平、诚信的原则进行交易,则侵犯了消费者的公平交易权。

2）消费者公平交易权的保护

《消费者权益保护法》第十六条规定：经营者向消费者提供商品或者服务,应当依照本法和其他有关法律、法规的规定履行义务。经营者和消费者有约定的,应当按照约定履行义务,但双方的约定不得违背法律、法规的规定。经营者向消费者提供商品或者服务,应当恪守社会公德,诚信经营,保障消费者的合法权益；不得设定不公平、不合理的交易条件,不得强制交易。

5. 电子商务消费者退货权及其保护

1）消费者退货权的定义

消费者退货权，是指消费者享有在法定的合理期限内适用商品并无条件提出退货要求，而经营者应当无条件予以退货的权利。消费者退货权是消费者知情权和选择权的延伸，原因在于消费者没有机会检验商品，加之交易的内容没有充分公开会造成消费者意思表示不完全，为处于弱势地位的消费者给予一定的保护而提供的一种特别途径和方法。

2）消费者退货权的保护

《消费者权益保护法》第二十四条规定：经营者提供的商品或者服务不符合质量要求的，消费者可以依照国家规定、当事人约定退货，或者要求经营者履行更换、修理等义务。没有国家规定和当事人约定的，消费者可以自收到商品之日起7日内退货；7日后符合法定解除合同条件的，消费者可以及时退货，不符合法定解除合同条件的，可以要求经营者履行更换、修理等义务。依照前款规定进行退货、更换、修理的，经营者应当承担运输等必要费用。

《消费者权益保护法》第二十五条规定："经营者采用网络、电视、电话、邮购等方式销售商品，消费者有权自收到商品之日起七日内退货，且无需说明理由，但下列商品除外：（一）消费者定作的；（二）鲜活易腐的；（三）在线下载或者消费者拆封的音像制品、计算机软件等数字化商品；（四）交付的报纸、期刊。除前款所列商品外，其他根据商品性质并经消费者在购买时确认不宜退货的商品，不适用无理由退货。消费者退货的商品应当完好。经营者应当自收到退回商品之日起七日内返还消费者支付的商品价款。退回商品的运费由消费者承担；经营者和消费者另有约定的，按照约定。"

2017年1月6日国家工商行政管理总局令第90号公布、根据2020年10月23日国家市场监督管理总局令第31号修订的《网络购买商品七日无理由退货暂行办法》第三条规定：网络商品销售者应当依法履行7日无理由退货义务。网络交易平台提供者应当引导和督促平台上的网络商品销售者履行7日无理由退货义务，进行监督检查，并提供技术保障。

6. 电子商务消费者索赔权及其保护

1）消费者索赔权的定义

消费者索赔权又叫消费者求偿权，是指消费者因购买、使用商品或者接受服务受到人身、财产损害的，享有依法获得赔偿的权利。消费者受到的损害包括人身损害和财产损害。侵犯消费者求偿权的行为有：经营者对消费者所受伤害应得到的补偿不予负担；对消费者索取赔偿采取拖延方式，甚至使用暴力或威胁等手段。

2）消费者索赔权的保护

《消费者权益保护法》第五十五条规定：经营者提供商品或者服务有欺诈行为的，应当按照消费者的要求增加赔偿其受到的损失，增加赔偿的金额为消费者购买商品的价款或者接受服务的费用的3倍；增加赔偿的金额不足500元的，为500元。法律另有规定的，依照其规定。经营者明知商品或者服务存在缺陷，仍然向消费者提供，造成消费者或者其他受害人死亡或者健康严重损害的，受害人有权要求经营者依照《消费者权益保护法》第四十九条、第五十一条等法律规定赔偿损失,并有权要求所受损失二倍以下的惩罚性赔偿。

《消费者权益保护法》第四十八条规定:"经营者提供商品或者服务有下列情形之一的,除本法另有规定外,应当依照其他有关法律、法规的规定,承担民事责任:(一)商品或者服务存在缺陷的;(二)不具备商品应当具备的使用性能而出售时未作说明的;(三)不符合在商品或者其包装上注明采用的商品标准的;(四)不符合商品说明、实物样品等方式表明的质量状况的;(五)生产国家明令淘汰的商品或者销售失效、变质的商品的;(六)销售的商品数量不足的;(七)服务的内容和费用违反约定的;(八)对消费者提出的修理、重作、更换、退货、补足商品数量、退还货款和服务费用或者赔偿损失的要求,故意拖延或者无理拒绝的;(九)法律、法规规定的其他损害消费者权益的情形。经营者对消费者未尽到安全保障义务,造成消费者损害的,应当承担侵权责任。"

《消费者权益保护法》第四十四条规定:消费者通过网络交易平台购买商品或者接受服务,其合法权益受到损害的,可以向销售者或者服务者要求赔偿。网络交易平台提供者不能提供销售者或者服务者的真实名称、地址和有效联系方式的,消费者也可以向网络交易平台提供者要求赔偿;网络交易平台提供者作出更有利于消费者的承诺的,应当履行承诺。网络交易平台提供者赔偿后,有权向销售者或者服务者追偿。网络交易平台提供者明知或者应知销售者或者服务者利用其平台侵害消费者合法权益,未采取必要措施的,依法与该销售者或者服务者承担连带责任。

7. 电子商务消费者个人信息权及其保护

1) 个人信息权的定义

《中华人民共和国网络安全法》第七十六条第(五)项规定:个人信息,是指以电子或者其他方式记录的能够单独或者与其他信息结合识别自然人个人身份的各种信息,包括但不限于自然人的姓名、出生日期、身份证件号码、个人生物识别信息、住址、电话号码等。

消费者个人信息,是指消费者在消费过程中产生的能够单独或与其他信息对照后,可以识别特定的消费者个人的信息。这些信息包括消费者姓名、家庭住址、手机号码、QQ及MSN账号等。其不同于一般信息的特点在于它能够准确地识别出特定的消费者个人。

个人信息权是指个人享有的对本人信息的支配、控制和排除他人侵害的权利。

2) 消费者个人信息权的保护

《电子商务法》第二十三条规定:电子商务经营者收集、使用其用户的个人信息,应当遵守法律、行政法规有关个人信息保护的规定。

《电子商务法》第二十四条规定:电子商务经营者应当明示用户信息查询、更正、删除以及用户注销的方式、程序,不得对用户信息查询、更正、删除以及用户注销设置不合理条件。电子商务经营者收到用户信息查询或者更正、删除的申请的,应当在核实身份后及时提供查询或者更正、删除用户信息。用户注销的,电子商务经营者应当立即删除该用户的信息;依照法律、行政法规的规定或者双方约定保存的,依照其规定。

《电子商务法》第二十五条规定:有关主管部门依照法律、行政法规的规定要求电子商务经营者提供有关电子商务数据信息的,电子商务经营者应当提供。有关主管部门应当采取必要措施保护电子商务经营者提供的数据信息的安全,并对其中的个人信息、隐私和商业秘密严格保密,不得泄露、出售或者非法向他人提供。

《消费者权益保护法》第二十九条规定:经营者收集、使用消费者个人信息,应当遵循合法、正当、必要的原则,明示收集、使用信息的目的、方式和范围,并经消费者同意。经营者收集、使用消费者个人信息,应当公开其收集、使用规则,不得违反法律、法规的规定和双方的约定收集、使用信息。经营者及其工作人员对收集的消费者个人信息必须严格保密,不得泄露、出售或者非法向他人提供。经营者应当采取技术措施和其他必要措施,确保信息安全,防止消费者个人信息泄露、丢失。在发生或者可能发生信息泄露、丢失的情况时,应当立即采取补救措施。经营者未经消费者同意或者请求,或者消费者明确表示拒绝的,不得向其发送商业性信息。

《消费者权益保护法》第五十六条第九款规定:侵害消费者人格尊严、侵犯消费者人身自由或者侵害消费者个人信息依法得到保护的权利的,除承担相应的民事责任外,其他有关法律、法规对处罚机关和处罚方式有规定的,依照法律、法规的规定执行;法律、法规未作规定的,由市场监督管理部门或者其他有关行政部门责令改正,可以根据情节单处或者并处警告、没收违法所得、处以违法所得 1 倍以上 10 倍以下的罚款,没有违法所得的,处以 50 万元以下的罚款;情节严重的,责令停业整顿、吊销营业执照。

8. 电子商务消费者其他权利及其保护

消费者的其他权利,主要包括消费者的结社权、知识获取权、受尊重权、监督权和检举权等。

1) 消费者的结社权及其保护

消费者结社权,是指消费者享有依法成立维护自身合法权益的社会团体的权利。《中华人民共和国宪法》第三十五条规定:中华人民共和国公民有言论、出版、集会、结社、游行、示威的自由。结社自由是指公民依法享有的为了达到某一共同目的,结成固定的社会团体组织,进行某种社会活动的自由。

《消费者权益保护法》第十二条规定:消费者享有依法成立维护自身合法权益的社会组织的权利。消费者组织社团应当遵守宪法和法律、法规,不得从事损害国家、社会集体的利益及其他公民合法的自由和权利。

申请成立有关保护消费者权益的社会团体,应当依照《社会团体登记管理条例》的规定向有关登记管理机关提交下列材料:有关业务主管部门的审查文件;社会团体的章程;办事机构地址或者联络地址;负责人的姓名、年龄、住址、职业及简历;成员数额等。消费者社会团体具备法人条件的,批准登记后,取得法人资格。

2) 消费者知识获取权及其保护

知识获取权是指消费者享有获得有关消费和消费者权益保护方面的知识的权利。

《消费者权益保护法》第十三条规定:消费者享有获得有关消费和消费者权益保护方面的知识的权利。消费者应当努力掌握所需商品或者服务的知识和使用技能,正确使用商品,提高自我保护意识。

3) 消费者受尊重权及其保护

消费者受尊重权,是指消费者在购买、使用商品和接受服务时,享有其人格尊严、民族风俗习惯得到尊重的权利。经营者应尊重消费者下列权利：姓名权、名誉权、肖像权等。经营者不得对消费者进行辱骂、诽谤、名誉诋毁、非法搜查、拘禁等行为。

《消费者权益保护法》第十四条规定：消费者在购买、使用商品和接受服务时，享有人格尊严、民族风俗习惯得到尊重的权利，享有个人信息依法得到保护的权利。

《消费者权益保护法》第五十条规定：经营者侵害消费者的人格尊严、侵犯消费者人身自由或者侵害消费者个人信息依法得到保护的权利的，应当停止侵害、恢复名誉、消除影响、赔礼道歉，并赔偿损失。

《消费者权益保护法》第五十一条规定：经营者有侮辱诽谤、搜查身体、侵犯人身自由等侵害消费者或者其他受害人人身权益的行为，造成严重精神损害的，受害人可以要求精神损害赔偿。

《民法典》第一千零二十四条规定：民事主体享有名誉权。任何组织或者个人不得以侮辱、诽谤等方式侵害他人的名誉权。公民的人格尊严不受侵犯，这是我国法律予以确认和保护的。

4）消费者监督权和检举权及其保护

消费者监督权，是指消费者享有对商品和服务以及保护消费者权益工作进行监督的权利。监督权的内容包括消费者对商品和服务的质量、价格、计量、品种、供应、服务态度、售后服务等进行监督。消费者检举权，是指消费者有权检举、控告侵害消费者权益的行为，有权检举工作人员在保护消费者权益工作中的违法失职行为，同时有权对消费者权益工作提出批评和建议。

《消费者权益保护法》第十五条规定：消费者享有对商品和服务以及保护消费者权益工作进行监督的权利。消费者有权检举、控告侵害消费者权益的行为和国家机关及其工作人员在保护消费者权益工作中的违法失职行为，有权对保护消费者权益工作提出批评、建议。

10.3 跨境电商中的知识产权保护

党的二十大报告强调："加强知识产权法治保障，形成支持全面创新的基础制度。" 2022年12月，中央经济工作会议要求坚持推动经济发展在法治轨道上运行，依法保护产权和知识产权，恪守契约精神，营造市场化、法治化、国际化一流营商环境。国务院2023年《政府工作报告》重申了"加强知识产权保护，激发创新动力"这一重要施政目标。这一系列极为重要的顶层政策宣示充分表明党和国家对打造知识产权法治保障体系的高度重视。全面加强知识产权法治保障涉及范围广、环节多，须以关键问题为导向，关注知识产权权利保护规则、权利保护实效、纠纷解决机制中的难点与痛点。

10.3.1 电子商务知识产权概述

1. 电子商务知识产权的定义和类别

1）知识产权的定义

知识产权是指公民或法人等主体依据法律的规定，对其从事智力创作或创新活动所产生的知识产品所享有的专有权利,又称为"智力成果权""无形财产权",主要包括发明专利、商标以及工业品外观设计等方面组成的工业产权(industry property)和自然科学、社会科学以及文学、音乐、戏剧、绘画、雕塑、摄影和电影摄影等方面的作品组成的版权(著作权)两部分。

2) 知识产权的类别

(1) 根据国内法的分类。狭义的知识产权即我国传统意义上的知识产权分为工业产权和著作权。工业产权包括专利权、商标专用权、禁止不正当竞争权。工业产权作为一种动产,有企业形态的产权含义,但又是一种知识产权,具有知识形态的含义。工业(industry)应做广义的理解,它本身就包括农业、工业、采掘业、商业等所有的产业部门。著作权、专利权、商标专用权,称为知识产权三大支柱。地理标志、传统知识、生物多样性等相关知识产权有待国内法加以保护。

(2) 根据国际法的分类。广义的知识产权分类也就是根据国际法的分类,主要是根据 WIPO(世界知识产权组织)《建立世界知识产权组织公约》和《与贸易有关的知识产权协议》。根据《建立世界知识产权组织公约》第 2 条第 8 款的规定,知识产权可以分为如下八类。

① 关于文学、艺术和科学作品的权利。
② 关于表演艺术家的表演以及唱片和广播节目的权利。
③ 关于人类一切活动领域内的发明的权利。
④ 关于科学发现的权利。
⑤ 关于工业品外观设计的权利。
⑥ 关于商标、服务标记以及商业名称和标志的权利。
⑦ 关于制止不正当竞争的权利。
⑧ 在工业、科学、文学和艺术领域内由于智力活动而产生的一切其他权利。

3) 电子商务知识产权的定义

电子商务知识产权,又称网络知识产权,是指电子商务活动中涉及的著作权和工业产权,工业产权主要包括专利权与商标权。为保护网络知识产权,2009 年 12 月 30 日,中国互联网协会网络版权工作委员会在北京正式成立。

2. 电子商务对知识产权的挑战

1) 电子商务对传统著作权保护提出的挑战

传统的著作权客体包括认可的发明、设计、文学艺术等作品,但是在电子商务中,计算机软件、数据库、多媒体技术给版权的客体带来了新的内容。在涉及电子商务的著作权侵权问题时,法律界限不清楚,判断难度大。

2) 电子商务对传统专利权保护提出的挑战

电子商务对专利权也提出了大量新问题,如计算机软件能否成为专利制度保护的客体,互联网的广泛性和开放性对专利"三性"(新颖性、创造性、实用性)中新颖性特点提出了挑战,专利电子申请方式中涉及的法律问题等,都需要在网络环境中找到解决的办法。

3) 电子商务对传统商标权保护提出的挑战

在传统商务中,商标有着识别商品的来源、品质、社会声誉等功能。而在电子商务环境中，除了传统商标的功能外，商标还有域名、网络声誉等功能，传统的商标是以平面的形式存在的相对固定不变的文字、图形、字母、数字等元素的组合，而在电子商务中，商标可能是动态化的视频、声音等，使网络上商标和域名的侵权行为更难以确定。

4）电子商务对传统的反不正当竞争提出的挑战

不正当竞争的行为是多样化的，电子商务利用网络技术，使不正当竞争的形式更为复杂。现实中就曾出现过当事人将法院生效的法律文书网上公布，诋毁当事人的不正当竞争行为。当事人的行为是否应当受到禁止？1999 年 5 月 21 日，北京市海淀区人民法院开庭审理了一起关于胜诉的原告将起诉书及经过法院调解结案的调解书上网，尽管没有篡改法律文书的内容，但是起诉书和调解书的上网与主页中消息的传播造成了足以诋毁诉讼中对方当事人的商业信誉之后果，因而法院判决构成侵权。

10.3.2　电子商务商标权法律法规

1. 电子商务商标权概述

1）商标的概念

商标是指商品生产者或者经营者为区别于其他商品生产者和经营者所生产或经营的同一种类似商品，而使用于自己的商品上的由文字、图形或者其组合所构成的显著标记。

2）商标权的概念

商标权是指商标所有人对其商标所享有的独占的、排他的权利。《中华人民共和国商标法》（以下简称《商标法》）将商标权表述为商标专用权。在我国由于商标权的取得实行注册原则，因此，商标权实际上是因商标所有人申请、经国家知识产权局商标局确认的专有权利，即因商标注册而产生的专有权。商标是用以区别商品和服务不同来源的商业性标志，由文字、图形、字母、数字、三维标志、颜色组合、声音或者上述要素的组合构成。

2. 商标法

2019 年 4 月 23 日，第十三届全国人民代表大会常务委员会第十次会议通过了对《商标法》作出修改的决定。2019 年《商标法》（下称"新《商标法》"）的修改条款自 2019 年 11 月 1 日起施行。

1）商标注册诚实信用原则

《商标法》第七条规定："申请注册和使用商标，应当遵循诚实信用原则。商标使用人应当对其使用商标的商品质量负责。各级工商行政管理部门应当通过商标管理，制止欺骗消费者的行为。"

将民事活动应遵循的基本原则明确写入《商标法》，目的在于倡导市场主体从事有关商标的活动时应诚实守信，同时对当前日益猖獗的商标抢注行为予以规制。

2）商标注册申请需注意的问题

（1）申请注册的商标构成要素。

《商标法》第八条规定：任何能够将自然人、法人或者其他组织的商品与他人的商品区别开的标志，包括文字、图形、字母、数字、三维标志、颜色组合和声音等，以及上述要素的组合，均可以作为商标申请注册。

新《商标法》第八条规定了声音可作为商标申请注册。声音商标是非传统商标中相对使用最广泛的一种,主要集中在多媒体等非传统企业以及一些知名企业的广告,如电影、电视、广播广告中的配乐,产品 App 应用或其他电子出版物的启动、背景音乐。对于传统行业来讲,声音商标也是较为重要的,知名企业应当积极利用法律新设置的权利对企业的无形资产做到更全面的保护,如广大消费者熟知的腾讯 QQ 消息提示音,英特尔、奥迪等常见的声音标识都可以作为商标申请注册。对于之前没有声音商标的企业,可以利用新法赋予的商标权,开展以声音为媒介的营销和市场宣传,配合日趋重要的电子商务渠道,有助于吸引更多的消费者,获得更好的市场效果。

此外,《商标法》第十条至第十三条规定了不得注册商标的情况。

(2) 宣传禁用"驰名商标"字样。

《商标法》第十四条规定:生产、经营者不得将"驰名商标"字样用于商品、商品包装或者容器上,或者用于广告宣传、展览以及其他商业活动中。

新《商标法》增加对"驰名商标"宣传和使用行为的禁止性规定,旨在将"驰名商标"回归为一种法律符号。对广大驰名商标企业来说,如果涉及将驰名商标作为广告宣传等情况,需尽快调整并停止宣传使用"驰名商标"。

(3) 禁止恶意抢注他人商标。

《商标法》第十五条规定:未经授权,代理人或者代表人以自己的名义将被代理人或者被代表人的商标进行注册,被代理人或者被代表人提出异议的,不予注册并禁止使用。就同一种商品或者类似商品申请注册的商标与他人在先使用的未注册商标相同或者近似,申请人与该他人具有前款规定以外的合同、业务往来关系或者其他关系而明知该他人商标存在,该他人提出异议的,不予注册。

增加此条款的目的主要在于防止将他人已经在先使用的商标抢先进行注册,此修改在原有规定基础之上进一步加大了对已使用但未注册商标的保护力度,能够在一定程度上更加有效地遏制频发的商标抢注现象。

3) 商标注册程序

(1) 商标注册的申请。

《商标法》第二十二条规定:商标注册申请人应当按规定的商品分类表填报使用商标的商品类别和商品名称,提出注册申请。商标注册申请人可以通过一份申请就多个类别的商品申请注册同一商标。商标注册申请等有关文件,可以以书面方式或者数据电文方式提出。

"一标多类"是我国商标申请制度与国际接轨的一次重大变革。设置这一制度的出发点在于方便申请人针对同一商标在多个类别的注册申请,这对规模较大、跨类经营较多以及注重保护性商标注册的企业无疑是个好消息。

《商标法》第二十五条规定:商标注册申请人自其商标在外国第一次提出商标注册申请之日起 6 个月内,又在中国就相同商品以同一商标提出商标注册申请的,依照该外国同中国签订的协议或者共同参加的国际条约,或者按照相互承认优先权的原则,可以享有优先权。

《商标法》第二十六条规定:商标在中国政府主办的或者承认的国际展览会展出的商

品上首次使用的,自该商品展出之日起6个月内,该商标的注册申请人可以享有优先权。

(2) 商标注册申请的审查。

《商标法》第二十八条规定:对申请注册的商标,商标局应当自收到商标注册申请文件之日起9个月内审查完毕,符合《商标法》有关规定的,予以初步审定公告。而针对涉及单方当事人的商标确权案件,新《商标法》增加了9个月的审理时限,针对涉及双方当事人的确权案件,增加了12个月的审理时限。有特殊情况需要延长的,经国务院市场监督管理部门批准,可以延长3个月或者6个月。

新《商标法》规定商标局对商标异议进行审理后,对异议不成立、准予注册的商标,将直接发给注册证,异议人不服的只能向商评委请求宣告该注册商标无效,而对商标局裁定异议成立、不予注册的,被异议人可以向商评委申请复审。

4) 恶意申请人及代理机构的行政处罚和其他措施

《商标法》第六十三条规定:侵犯商标专用权的赔偿数额,按照权利人因被侵权所受到的实际损失确定;实际损失难以确定的,可以按照侵权人因侵权所获得的利益确定;权利人的损失或者侵权人获得的利益难以确定的,参照该商标许可使用费的倍数合理确定。对恶意侵犯商标专用权,情节严重的,可以在按照上述方法确定数额的1倍以上5倍以下确定赔偿数额。同时,新《商标法》还将在上述三种依据都无法查清的情况下法院可以酌情决定的法定赔偿额上限提高到500万元。

同时,新《商标法》规定在商标侵权诉讼中,人民法院为确定赔偿数额,在权利人已经尽力举证,而与侵权行为相关的账簿、资料主要由侵权人掌握的情况下,可以责令侵权人提供与侵权行为相关的账簿、资料,侵权人不提供或者提供虚假的账簿、资料的,人民法院可以参考权利人的主张和提供的证据判定侵权赔偿数额。

《商标法》第六十条规定:《商标法》第五十七条所列侵犯注册商标专用权行为之一,引起纠纷的,由当事人协商解决;不愿协商或者协商不成的,商标注册人或者利害关系人可以向人民法院起诉,也可以请求市场监督管理部门处理。

市场监督管理部门处理时,认定侵权行为成立的,责令立即停止侵权行为,没收、销毁侵权商品和主要用于制造侵权商品、伪造注册商标标识的工具,违法经营额5万元以上的,可以处违法经营额5倍以下的罚款,没有违法经营额或者违法经营额不足5万元的,可以处25万元以下的罚款。对5年内实施两次以上商标侵权行为或者有其他严重情节的,应当从重处罚。

《商标法》第五十八条规定:将他人注册商标、未注册的驰名商标作为企业名称中的字号使用,误导公众,构成不正当竞争行为的,依照《中华人民共和国反不正当竞争法》处理。新《商标法》第五十八条保护的对象包括所有的注册商标权利人以及未注册的驰名商标所有人,保护的对象更加广泛。

新《商标法》实行前,商标法中没有设置商标和企业名称冲突的解决条款,在商标法实施条例中虽然有相关规定,但保护的对象仅限于驰名商标,由于企业名称注册是区域性登记,商标注册是全国性登记,两种注册制度的差异给了不法分子可乘之机,利用他人享有知名度商标作为企业字号使用的不正当竞争行为越来越突出,在类似冲突案件中给予商标权利人充分的法律保护成为业界的共识。新《商标法》中,设置了解决关于商标企业名称冲突的条款,从规范性文件到行政法规再上升到法律,新《商标法》给予了商标权利人更高层次的法律保护。

此外,新《商标法》第六十八条增加了商标代理组织从事商标代理业务应当遵循诚实信用原则的内容,商标代理行业组织对违反行业自律规范的会员可实行惩戒并记入信用档案。另外,新《商标法》还规定了对于商标代理组织或者商标代理人违反诚实信用原则,侵害委托人合法利益的,应当依法承担民事责任。

10.3.3 域名知识产权的法律法规

1. 域名概述

域名,又称 IP 地址,是在国际互联网上为了区分主机,对每台主机分配的一个专门的"地址",用于在数据传输时标识计算机的电子方位。

《互联网域名管理办法》第五十五条第(一)项规定,域名:指互联网上识别和定位计算机的层次结构式的字符标识,与该计算机的 IP 地址相对应。

2. 域名注册机构的法律法规

域名注册服务机构,是指依法获得许可、受理域名注册申请并完成域名在顶级域名数据库中注册的机构。

《互联网域名管理办法》第九条规定:在境内设立域名根服务器及域名根服务器运行机构、域名注册管理机构和域名注册服务机构的,应当依据本办法取得工业和信息化部或者省、自治区、直辖市通信管理局(以下统称"电信管理机构")的相应许可。

(1)申请。《互联网域名管理办法》第十三条规定:申请设立域名根服务器及域名根服务器运行机构、域名注册管理机构的,应当向工业和信息化部提交申请材料。申请设立域名注册服务机构的,应当向住所地省、自治区、直辖市通信管理局提交申请材料。申请材料应当包括:①申请单位的基本情况及其法定代表人签署的依法诚信经营承诺书;②对域名服务实施有效管理的证明材料,包括相关系统及场所、服务能力的证明材料、管理制度、与其他机构签订的协议等;③网络与信息安全保障制度及措施;④证明申请单位信誉的材料。

(2)受理。《互联网域名管理办法》第十四条规定:申请材料齐全、符合法定形式的,电信管理机构应当向申请单位出具受理申请通知书;申请材料不齐全或者不符合法定形式的,电信管理机构应当场或者在 5 个工作日内一次性书面告知申请单位需要补正的全部内容;不予受理的,应当出具不予受理通知书并说明理由。

(3)批准许可。《互联网域名管理办法》第十五条规定:电信管理机构应当自受理之日起 20 个工作日内完成审查,作出予以许可或者不予许可的决定。20 个工作日内不能作出决定的,经电信管理机构负责人批准,可以延长 10 个工作日,并将延长期限的理由告知申请单位。需要组织专家论证的,论证时间不计入审查期限。予以许可的,应当颁发相应的许可文件;不予许可的,应当书面通知申请单位并说明理由。《互联网域名管理办法》第十六条规定,域名根服务器运行机构、域名注册管理机构和域名注册服务机构的许可有效期为 5 年。

(4) 域名注册服务。《互联网域名管理办法》第二十三条规定：域名根服务器运行机构、域名注册管理机构和域名注册服务机构应当向用户提供安全、方便、稳定的服务。《互联网域名管理办法》第二十四条规定：域名注册管理机构应当根据本办法制定域名注册实施细则并向社会公开。

(5) 变更和终止服务。《互联网域名管理办法》第十七条规定：域名根服务器运行机构、域名注册管理机构和域名注册服务机构的名称、住所、法定代表人等信息发生变更的，应当自变更之日起20日内向原发证机关办理变更手续。《互联网域名管理办法》第十八条规定：在许可有效期内，域名根服务器运行机构、域名注册管理机构、域名注册服务机构拟终止相关服务的，应当提前30日书面通知用户，提出可行的善后处理方案，并向原发证机关提交书面申请。原发证机关收到申请后，应当向社会公示30日。公示期结束60日内，原发证机关应当完成审查并作出决定。

3. 域名注册和注销的法律法规

国家有关法律法规、工业和信息化部《互联网域名管理办法》对自然人、法人和其他组织申请、注册域名作出如下规定。

1) 原则

《互联网域名管理办法》第二十六条规定：域名注册服务原则上实行"先申请先注册"，相应域名注册实施细则另有规定的，从其规定。

《互联网域名管理办法》第二十九条规定：域名注册服务机构不得采用欺诈、胁迫等不正当手段要求他人注册域名。

2) 域名注册时不得包含内容

《互联网域名管理办法》第二十八条规定："任何组织或者个人注册、使用的域名中，不得含有下列内容：(一)反对宪法所确定的基本原则的；(二)危害国家安全，泄露国家秘密，颠覆国家政权，破坏国家统一的；(三)损害国家荣誉和利益的；(四)煽动民族仇恨、民族歧视，破坏民族团结的；(五)破坏国家宗教政策，宣扬邪教和封建迷信的；(六)散布谣言，扰乱社会秩序，破坏社会稳定的；(七)散布淫秽、色情、赌博、暴力、凶杀、恐怖或者教唆犯罪的；(八)侮辱或者诽谤他人，侵害他人合法权益的；(九)含有法律、行政法规禁止的其他内容的。域名注册管理机构、域名注册服务机构不得为含有前款所列内容的域名提供服务。"

《互联网域名管理办法》第五十四条规定：任何组织或者个人违反《互联网域名管理办法》第二十八条第一款规定注册、使用域名，构成犯罪的，依法追究刑事责任；尚不构成犯罪的，由有关部门依法予以处罚。

3) 提供真实准确完整的信息

《互联网域名管理办法》第三十条规定：域名注册服务机构提供域名注册服务，应当要求域名注册申请者提供域名持有者真实、准确、完整的身份信息等域名注册信息。域名注册管理机构和域名注册服务机构应当对域名注册信息的真实性、完整性进行核验。域名注册申请者提供的域名注册信息不准确、不完整的，域名注册服务机构应当要求其予以补正。申请者不补正或者提供不真实的域名注册信息的，域名注册服务机构不得为其提供域名注册服务。

4）信息公开和保护

《互联网域名管理办法》第三十一条规定：域名注册服务机构应当公布域名注册服务的内容、时限、费用，保证服务质量，提供域名注册信息的公共查询服务。

《互联网域名管理办法》第三十二条规定：域名注册管理机构、域名注册服务机构应当依法存储、保护用户个人信息。未经用户同意不得将用户个人信息提供给他人，但法律、行政法规另有规定的除外。

5）域名注册变更

《互联网域名管理办法》第三十三条规定：域名持有者的联系方式等信息发生变更的，应当在变更后30日内向域名注册服务机构办理域名注册信息变更手续。域名持有者将域名转让给他人的，受让人应当遵守域名注册的相关要求。

《互联网域名管理办法》第三十四条规定：域名持有者有权选择、变更域名注册服务机构。变更域名注册服务机构的，原域名注册服务机构应当配合域名持有者转移其域名注册相关信息。无正当理由的，域名注册服务机构不得阻止域名持有者变更域名注册服务机构。电信管理机构依法要求停止解析的域名，不得变更域名注册服务机构。

6）应急处理

《互联网域名管理办法》第四十一条规定：域名根服务器运行机构、域名注册管理机构和域名注册服务机构应当遵守国家相关法律、法规和标准，落实网络与信息安全保障措施，配置必要的网络通信应急设备，建立健全网络与信息安全监测技术手段和应急制度。域名系统出现网络与信息安全事件时，应当在24小时内向电信管理机构报告。因国家安全和处置紧急事件的需要，域名根服务器运行机构、域名注册管理机构和域名注册服务机构应当服从电信管理机构的统一指挥与协调，遵守电信管理机构的管理要求。

7）域名注销

《互联网域名管理办法》第四十三条规定："已注册的域名有下列情形之一的，域名注册服务机构应当予以注销，并通知域名持有者：（一）域名持有者申请注销域名的；（二）域名持有者提交虚假域名注册信息的；（三）依据人民法院的判决、域名争议解决机构的裁决，应当注销的；（四）法律、行政法规规定予以注销的其他情形。"

10.3.4 网络版权的法律法规

1. 网络版权概述

1）网络版权的定义

网络版权，又称网络著作权，是公民、法人或非法人单位按照法律，对自己文学、艺术、自然科学、工程技术等作品，在网络环境下所享有的专有权。网络著作权包括传统著作在网络上的著作权人所享有的专有权和网络上著作在网络上的著作权人所享有的专有权。

《中华人民共和国著作权法》（以下简称《著作权法》）第十条规定：信息网络传播权，即以有线或者无线方式向公众提供，使公众可以在其选定的时间和地点获得作品的权利。

《著作权法》第三条规定："本法所称的作品，是指文学、艺术和科学领域内具有独创性并能以一定形式表现的智力成果,包括:(一)文字作品;(二)口述作品;(三)音乐、戏剧、曲艺、舞蹈、杂技艺术作品;(四)美术、建筑作品;(五)摄影作品;(六)视听作品;(七)工程设计图、产品设计图、地图、示意图等图形作品和模型作品;(八)计算机软件;(九)符合作品特征的其他智力成果。"

《最高人民法院关于审理涉及计算机网络著作权纠纷案件适用法律若干问题的解释》第二条规定,受著作权法保护的作品,包括《著作权法》第三条规定的各类作品的数字化形式。在网络环境下无法归于《著作权法》第三条列举的作品范围,但在文学、艺术和科学领域内具有独创性并能以某种有形形式复制的其他智力创作成果,人民法院应当予以保护。

2) 网络版权的侵权情形

第一,以纸质媒体为代表的传统媒体对网络的侵权,即将网上作品擅自下载并发表在传统媒体上。

第二,网络对网络的侵权,即发表在一个网站上的作品被另一个网站擅自使用。网络对网络的侵权行为更多地表现为对其他网站的信息资源著作权的侵犯,特别是有些商业站点,缺乏信息资源,未经授权大量摘抄新闻媒体的网络版信息,已引起许多网上媒体的关注。

第三,网络对传统媒体的侵权,即未经作者许可,擅自将传统媒体发表的作品在网站上传播而引发的纠纷。

2. 著作权的专有权利内容

《著作权法》第十条规定了著作权的专有权利的内容,包括下列人身权和财产权。

(1) 发表权,即决定作品是否公之于众的权利;

(2) 署名权,即表明作者身份,在作品上署名的权利;

(3) 修改权,即修改或者授权他人修改作品的权利;

(4) 保护作品完整权,即保护作品不受歪曲、篡改的权利;

(5) 复制权,即以印刷、复印、拓印、录音、录像、翻录、翻拍、数字化等方式将作品制作一份或者多份的权利;

(6) 发行权,即以出售或者赠与方式向公众提供作品的原件或者复制件的权利;

(7) 出租权,即有偿许可他人临时使用视听作品、计算机软件的原件或者复制件的权利,计算机软件不是出租的主要标的的除外;

(8) 展览权,即公开陈列美术作品、摄影作品的原件或者复制件的权利;

(9) 表演权,即公开表演作品,以及用各种手段公开播送作品的表演的权利;

(10) 放映权,即通过放映机、幻灯机等技术设备公开再现美术、摄影、视听作品等的权利;

(11) 广播权,即以有线或者无线方式公开广播或者传播作品,以及通过扩音器或者其他传送符号、声音、图像的类似工具向公众传播广播的作品的权利,但不包括第(12)项规定的权利;

(12) 信息网络传播权,即以有线或者无线方式向公众提供,使公众可以在其选定的时间和地点获得作品的权利;

(13) 摄制权,即以摄制视听作品的方法将作品固定在载体上的权利;

（14）改编权，即改变作品，创作出具有独创性的新作品的权利；

（15）翻译权，即将作品从一种语言文字转换成另一种语言文字的权利；

（16）汇编权，即将作品或者作品的片段通过选择或者编排，汇集成新作品的权利；

（17）应当由著作权人享有的其他权利。

3．网络著作权的主要法律法规

1）承担停止侵害、消除影响、赔礼道歉、赔偿损失等民事责任

《著作权法》第五十二条规定：有下列侵权行为的，应当根据情况，承担停止侵害、消除影响、赔礼道歉、赔偿损失等民事责任：

（1）未经著作权人许可，发表其作品的；

（2）未经合作作者许可，将与他人合作创作的作品当作自己单独创作的作品发表的；

（3）没有参加创作，为谋取个人名利，在他人作品上署名的；

（4）歪曲、篡改他人作品的；

（5）剽窃他人作品的；

（6）未经著作权人许可，以展览、摄制视听作品的方法使用作品，或者以改编、翻译、注释等方式使用作品的，《著作权法》另有规定的除外；

（7）使用他人作品，应当支付报酬而未支付的；

（8）未经视听作品、计算机软件、录音录像制品的著作权人、表演者或者录音录像制作者许可，出租其作品或者录音录像制品的原件或者复制件的，《著作权法》另有规定的除外；

（9）未经出版者许可，使用其出版的图书、期刊的版式设计的；

（10）未经表演者许可，从现场直播或者公开传送其现场表演，或者录制其表演的；

（11）其他侵犯著作权以及与著作权有关的权利的行为。

2）侵犯著作权较严重的处罚

《著作权法》第五十三条规定：有下列侵权行为的，应当根据情况，承担《著作权法》第五十二条规定的民事责任；侵权行为同时损害公共利益的，由主管著作权的部门责令停止侵权行为，予以警告，没收违法所得，没收、无害化销毁处理侵权复制品以及主要用于制作侵权复制品的材料、工具、设备等，违法经营额5万元以上的，可以并处违法经营额1倍以上5倍以下的罚款；没有违法经营额、违法经营额难以计算或者不足5万元的，可以并处25万元以下的罚款；构成犯罪的，依法追究刑事责任：

（1）未经著作权人许可，复制、发行、表演、放映、广播、汇编、通过信息网络向公众传播其作品的，《著作权法》另有规定的除外；

（2）出版他人享有专有出版权的图书的；

（3）未经表演者许可，复制、发行录有其表演的录音录像制品，或者通过信息网络向公众传播其表演的，《著作权法》另有规定的除外；

（4）未经录音录像制作者许可，复制、发行、通过信息网络向公众传播其制作的录音录像制品的，《著作权法》另有规定的除外；

（5）未经许可，播放、复制或者通过信息网络向公众传播广播、电视的，《著作权法》另有规定的除外；

(6) 未经著作权人或者与著作权有关的权利人许可,故意避开或者破坏技术措施的,故意制造、进口或者向他人提供主要用于避开、破坏技术措施的装置或者部件的,或者故意为他人避开或者破坏技术措施提供技术服务的,法律、行政法规另有规定的除外;

(7) 未经著作权人或者与著作权有关的权利人许可,故意删除或者改变作品、版式设计、表演、录音录像制品或者广播、电视上的权利管理信息的,知道或者应当知道作品、版式设计、表演、录音录像制品或者广播、电视上的权利管理信息未经许可被删除或者改变,仍然向公众提供的,法律、行政法规另有规定的除外;

(8) 制作、出售假冒他人署名的作品的。

3) 赔偿损失的额度确定

《著作权法》第五十四条规定:侵犯著作权或者与著作权有关的权利的,侵权人应当按照权利人因此受到的实际损失或者侵权人的违法所得给予赔偿;权利人的实际损失或者侵权人的违法所得难以计算的,可以参照该权利使用费给予赔偿。对故意侵犯著作权或者与著作权有关的权利,情节严重的,可以在按照上述方法确定数额的1倍以上5倍以下给予赔偿。

权利人的实际损失、侵权人的违法所得、权利使用费难以计算的,由人民法院根据侵权行为的情节,判决给予500元以上500万元以下的赔偿。

4) 保全的法规

《著作权法》第五十五条规定:主管著作权的部门对涉嫌侵犯著作权和与著作权有关的权利的行为进行查处时,可以询问有关当事人,调查与涉嫌违法行为有关的情况;对当事人涉嫌违法行为的场所和物品实施现场检查;查阅、复制与涉嫌违法行为有关的合同、发票、账簿以及其他有关资料;对于涉嫌违法行为的场所和物品,可以查封或者扣押。主管著作权的部门依法行使前款规定的职权时,当事人应当予以协助、配合,不得拒绝、阻挠。

《著作权法》第五十六条规定:著作权人或者与著作权有关的权利人有证据证明他人正在实施或者即将实施侵犯其权利、妨碍其实现权利的行为,如不及时制止将会使其合法权益受到难以弥补的损害的,可以在起诉前依法向人民法院申请采取财产保全、责令作出一定行为或者禁止作出一定行为等措施。

《著作权法》第五十七条规定:为制止侵权行为,在证据可能灭失或者以后难以取得的情况下,著作权人或者与著作权有关的权利人可以在起诉前依法向人民法院申请保全证据。

5) 复制品的侵权确认

《著作权法》第五十九条规定:复制品的出版者、制作者不能证明其出版、制作有合法授权的,复制品的发行者或者视听作品、计算机软件、录音录像制品的复制品的出租者不能证明其发行、出租的复制品有合法来源的,应当承担法律责任。

6) 网络服务提供者的责任确认

《民法典》第一千一百六十五条第一款规定:行为人因过错侵害他人民事权益造成损害的,应当承担侵权责任。该规定所确定的过错归责原则是统摄所有侵权行为类型的一般条款,对所有类型的侵权行为具有普遍适用性。

《民法典》中的网络侵权条款第一千一百九十五条规定:网络用户利用网络服务实施

侵权行为的,权利人有权通知网络服务提供者采取删除、屏蔽、断开链接等必要措施。通知应当包括构成侵权的初步证据及权利人的真实身份信息。网络服务提供者接到通知后,应当及时将该通知转送相关网络用户,并根据构成侵权的初步证据和服务类型采取必要措施;未及时采取必要措施的,对损害的扩大部分与该网络用户承担连带责任。该款以网络服务提供者是否违反通知规则所要求的"及时采取必要措施"的义务作为确定其侵权责任的要件。

《民法典》第一千一百九十七条规定:网络服务提供者知道或者应当知道网络用户利用其网络服务侵害他人民事权益,未采取必要措施的,与该网络用户承担连带责任。

7) 网络著作权侵权纠纷案件的管辖

《最高人民法院关于审理涉及计算机网络著作权纠纷案件适用法律若干问题的解释》第一条规定,网络著作权侵权纠纷案件由侵权行为地或者被告住所地人民法院管辖。侵权行为地包括实施被诉侵权行为的网络服务器、计算机终端等设备所在地。对难以确定侵权行为地和被告住所地的,原告发现侵权内容的计算机终端等设备所在地可以视为侵权行为地。

10.3.5 计算机软件著作权的法律法规

1. 计算机软件著作权概述

1) 计算机软件著作权定义

《计算机软件保护条例》第三条第一、二项规定指出:

计算机程序,是指为了得到某种结果而可以由计算机等具有信息处理能力的装置执行的代码化指令序列,或者可以被自动转换成代码化指令序列的符号化指令序列或者符号化语句序列。同一计算机程序的源程序和目标程序为同一作品。

文档,是指用来描述程序的内容、组成、设计、功能规格、开发情况、测试结果及使用方法的文字资料和图表等,如程序设计说明书、流程图、用户手册等。

2) 计算机软件著作权人的特殊情形

《计算机软件保护条例》第十条至第十三条规定:

(1) 由两个以上的自然人、法人或者其他组织合作开发的软件,其著作权的归属由合作开发者签订书面合同约定。无书面合同或者合同未作明确约定,合作开发的软件可以分割使用的,开发者对各自开发的部分可以单独享有著作权;但是,行使著作权时,不得扩展到合作开发的软件整体的著作权。合作开发的软件不能分割使用的,其著作权由各合作开发者共同享有,通过协商一致行使;不能协商一致,又无正当理由的,任何一方不得阻止他方行使除转让权以外的其他权利,但是所得收益应当合理分配给所有合作开发者。

(2) 接受他人委托开发的软件,其著作权的归属由委托人与受托人签订书面合同约定;无书面合同或者合同未作明确约定的,其著作权由受托人享有。

(3) 由国家机关下达任务开发的软件,著作权的归属与行使由项目任务书或者合同规定;项目任务书或者合同中未作明确规定的,软件著作权由接受任务的法人或者其他组织享有。

（4）自然人在法人或者其他组织中任职期间所开发的软件有下列情形之一的,该软件著作权由该法人或者其他组织享有,该法人或者其他组织可以对开发软件的自然人进行奖励：

① 针对本职工作中明确指定的开发目标所开发的软件；

② 开发的软件是从事本职工作活动所预见的结果或者自然的结果；

③ 主要使用了法人或者其他组织的资金、专用设备、未公开的专门信息等物质技术条件所开发并由法人或者其他组织承担责任的软件。

3) 计算机软件著作权的内容

《计算机软件保护条例》第八条规定,软件著作权人享有下列各项权利：

（1）发表权,即决定软件是否公之于众的权利；

（2）署名权,即表明开发者身份,在软件上署名的权利；

（3）修改权,即对软件进行增补、删节,或者改变指令、语句顺序的权利；

（4）复制权,即将软件制作一份或者多份的权利；

（5）发行权,即以出售或者赠与方式向公众提供软件的原件或者复制件的权利；

（6）出租权,即有偿许可他人临时使用软件的权利,但是软件不是出租的主要标的的除外；

（7）信息网络传播权,即以有线或者无线方式向公众提供软件,使公众可以在其个人选定的时间和地点获得软件的权利；

（8）翻译权,即将原软件从一种自然语言文字转换成另一种自然语言文字的权利；

（9）应当由软件著作权人享有的其他权利。

软件著作权人可以许可他人行使其软件著作权,并有权获得报酬。软件著作权人可以全部或者部分转让其软件著作权,并有权获得报酬。

4) 计算机软件的合法复制品所有人享有的权利

《计算机软件保护条例》第十六条至第十七条规定如下。

（1）软件的合法复制品所有人享有下列权利：

① 根据使用的需要把该软件装入计算机等具有信息处理能力的装置内；

② 为了防止复制品损坏而制作备份复制品。这些备份复制品不得通过任何方式提供给他人使用,并在所有人丧失该合法复制品的所有权时,负责将备份复制品销毁；

③ 为了把该软件用于实际的计算机应用环境或者改进其功能、性能而进行必要的修改；但是,除合同另有约定外,未经该软件著作权人许可,不得向任何第三方提供修改后的软件。

（2）为了学习和研究软件内含的设计思想和原理,通过安装、显示、传输或者存储软件等方式使用软件的,可以不经软件著作权人许可,不向其支付报酬。

2. 计算机软件著作权的保护期限和使用转让

1) 计算机软件著作权的保护期限

《计算机软件保护条例》第十四条规定：软件著作权自软件开发完成之日起产生。自然人的软件著作权,保护期为自然人终生及其死亡后 50 年,截止于自然人死亡后第 50 年的 12 月 31 日；软件是合作开发的，截止于最后死亡的自然人死亡后第 50 年的 12 月 31 日。

法人或者其他组织的软件著作权，保护期为 50 年，截止于软件首次发表后第 50 年的 12 月 31 日，但软件自开发完成之日起 50 年内未发表的，本条例不再保护。

《计算机软件保护条例》第十五条规定：软件著作权属于自然人的，该自然人死亡后，在软件著作权的保护期内，软件著作权的继承人可以依照《中华人民共和国继承法》(2021 年 1 月 1 日，《民法典》正式施行，《中华人民共和国继承法》同时废止，相应内容可参照《民法典》继承编)的有关规定，继承本条例第八条规定的除署名权以外的其他权利。

软件著作权属于法人或者其他组织的，法人或者其他组织变更、终止后，其著作权在本条例规定的保护期内由承受其权利义务的法人或者其他组织享有；没有承受其权利义务的法人或者其他组织的，由国家享有。

2) 计算机软件著作权的许可使用和转让

《计算机软件保护条例》第十八条至第二十二条规定：许可他人行使软件著作权的，应当订立许可使用合同。许可使用合同中软件著作权人未明确许可的权利，被许可人不得行使。许可他人专有行使软件著作权的，当事人应当订立书面合同。没有订立书面合同或者合同中未明确约定为专有许可的，被许可行使的权利应当视为非专有权利。

转让软件著作权的，当事人应当订立书面合同。订立许可他人专有行使软件著作权的许可合同，或者订立转让软件著作权合同，可以向国务院著作权行政管理部门认定的软件登记机构登记。中国公民、法人或者其他组织向外国人许可或者转让软件著作权的，应当遵守《中华人民共和国技术进出口管理条例》的有关规定。

3. 计算机著作权的主要法律法规

1) 情节较轻的处罚

《计算机软件保护条例》第二十三条规定：除《著作权法》或者本条例另有规定外，有下列侵权行为的，应当根据情况，承担停止侵害、消除影响、赔礼道歉、赔偿损失等民事责任：

(1) 未经软件著作权人许可，发表或者登记其软件的；

(2) 将他人软件作为自己的软件发表或者登记的；

(3) 未经合作者许可，将与他人合作开发的软件作为自己单独完成的软件发表或者登记的；

(4) 在他人软件上署名或者更改他人软件上的署名的；

(5) 未经软件著作权人许可，修改、翻译其软件的；

(6) 其他侵犯软件著作权的行为。

2) 情节较重的处罚

《计算机软件保护条例》第二十四条规定：除《著作权法》、本条例或者其他法律、行政法规另有规定外，未经软件著作权人许可，有下列侵权行为的，应当根据情况，承担停止侵害、消除影响、赔礼道歉、赔偿损失等民事责任；同时损害社会公共利益的，由著作权行政管理部门责令停止侵权行为，没收违法所得，没收、销毁侵权复制品，可以并处罚款；情节严重的，著作权行政管理部门并可以没收主要用于制作侵权复制品的材料、工具、设备等；

触犯刑律的,依照刑法关于侵犯著作权罪、销售侵权复制品罪的规定,依法追究刑事责任:

(1) 复制或者部分复制著作权人的软件的;
(2) 向公众发行、出租、通过信息网络传播著作权人的软件的;
(3) 故意避开或者破坏著作权人为保护其软件著作权而采取的技术措施的;
(4) 故意删除或者改变软件权利管理电子信息的;
(5) 转让或者许可他人行使著作权人的软件著作权的。

有上述第(1)项或者第(2)项行为的,可以并处每件100元或者货值金额1倍以上5倍以下的罚款;有上述第(3)项、第(4)项或者第(5)项行为的,可以并处20万元以下的罚款。

3) 计算机软件复制品的法律责任

《计算机软件保护条例》第二十八条规定:软件复制品的出版者、制作者不能证明其出版、制作有合法授权的,或者软件复制品的发行者、出租者不能证明其发行、出租的复制品有合法来源的,应当承担法律责任。

《计算机软件保护条例》第三十条规定:软件的复制品持有人不知道也没有合理理由应当知道该软件是侵权复制品的,不承担赔偿责任;但是,应当停止使用、销毁该侵权复制品。如果停止使用并销毁该侵权复制品将给复制品使用人造成重大损失的,复制品使用人可以在向软件著作权人支付合理费用后继续使用。

4) 计算机软件著作权纠纷的解决途径

《计算机软件保护条例》第三十一条规定:软件著作权侵权纠纷可以调解。软件著作权合同纠纷可以依据合同中的仲裁条款或者事后达成的书面仲裁协议,向仲裁机构申请仲裁。当事人没有在合同中订立仲裁条款,事后又没有书面仲裁协议的,可以直接向人民法院提起诉讼。

10.4 跨境电商中的争议解决机制

10.4.1 传统跨境电商纠纷解决方式

在实践中,跨境电商争议的解决方式多种多样,传统的跨境电商争议解决方式包括以下两种。

1. 诉讼

对于当事人来说,如果利用诉讼来解决争议,需要经过一系列较为烦琐的程序,首先是跨国诉讼,当事人需要选择某一国家的法院提交起诉状,进行起诉;其次法院确认自身管辖权立案后,依照涉外民事诉讼程序,需要进行域外送达、域外取证、审判、执行等环节。这在解决以小额和简单著称的跨境电商争议中的缺陷很明显。

第一,争议诉讼主体难以确定,网络具有虚拟性,因此争议主体也具有虚拟性。在互联网所创造的空间中,当事人一般不需要提供真实的身份信息,不需要进行实名登记,所以在寻找主体时就比较困难;而且这些信息容易篡改、不容易被追踪,这就加大了主体确定的难度。

第二,管辖权难以确定,在网络上要确定某一方具体的物理位置相对比较困难,因互联网无界、虚拟的特性,互联网上的任何一个行动,都有可能与现实生活中几个位置相联系,在跨境电商中甚至有可能好几个不同的国家都可以被认知为涉及地点,其结果是管辖权的冲突更加冲突。

第三,法律适用上也存在一系列问题。例如,"传统的法律选择方法在网络环境中可能失效","即使运用传统的冲突规则,最终指向的准据法也可能失效"。

第四,承认和执行问题。通过诉讼得到的判决书由于其管辖权本身存在争议、适用法律无法得到别国认同,这样致使其很难在别国得到承认、执行。

最后,而且最重要的一点是,跨境电商的交易额普遍较小,如果选择诉讼作为争议解决方式有可能会付出相比商品金额数十倍、数百倍或者更高的金钱,而且跨国诉讼通常消耗时间长,当事人需要投入大量的时间和精力,无论是从经济来说还是从精神来说,消费者一般都会放弃诉讼,选择承受损失。在跨境电商中,消费者选择诉讼作为争议解决方式的案例极为少见。

2. ADR

替代性争议解决机制(Alternative Dispute Resolution,ADR),它包括国际商事仲裁、调解和协商等,也可以用来解决跨境电商争议。

《电子商务法》第六十条规定:电子商务争议可以通过协商和解,请求消费者组织、行业协会或者其他依法成立的调解组织调解,向有关部门投诉,提请仲裁,或者提起诉讼等方式解决。

B2B电子商务争议中利用国际商事仲裁来解决可以说是一种比较现实和普遍的选择。但是对于远距离的、小金额的B2C和C2C跨境电商争议,仍存在较大的缺陷。

如果双方当事人利用国际仲裁解决问题,首先面临的是仲裁协议的有效与否问题。网络环境中,仲裁协议通常是包含在当事人双方的交易合同中的,而跨境电商平台合同签订的过程及合同本身都是由数字信号传递的字符组成,具有虚拟性,与一般传统的纸质版本的仲裁协议不同,其效力难以确定,而且存在是否承认电子签名的问题等,这说明在跨境电商中,当事人双方很难达成有效的仲裁协议。即使达成了有效的仲裁协议,也存在后续执行困难的问题。国际仲裁的裁决结果可能得不到双方国家的认可,即使得到认可,执行费用也可能较高,超出了标的物的原有价值。

如果选择协商和调解问题,将会面临争议解决收益与成本冲突,传统的协商和调解,都需要由双方当事人面对面进行交谈。但是跨境电商中当事人会面的成本很高,为了小额的跨境电商争议,当事人需要耗费大量的金钱和时间进行远距离跋涉会面,最后还不一定能解决问题,显然导致了争议解决成本大于收益。

所以,虽然诉讼和ADR可以解决跨境电商产生的争议,但是这两种争议解决机制在解决这类争议中存在明显缺陷,当事人一般对于小额的跨境电商争议大多数不会采取以上这两种争议解决机制来解决问题。

10.4.2 电子商务争议在线解决方式

1. 在线争议解决方式定义

由于电子商务的兴起,网络经济争议越来越多,这也为在线争议解决机制发展创造了条件。世界各国在总结各自的经验和教训的基础上提供了一种全新的电子商务争议解决模式,这就是在线争议解决机制(Online Dispute Resolution,ODR)。

在线争议解决机制,是指运用计算机和网络技术,以替代性争议解决方式来解决争议的机制。这是一种当前应用比较广泛的替代解决方式,也称为在线争议解决方式、网上争议解决机制。

在线非诉讼争议解决机制首次运用于1996—1997年的美国和加拿大。在美国和加拿大等英语国家,由于其固有法律传统,非诉讼争议解决机制已经成为其法律框架的固有成分。随着电子商务在这些国家的迅猛发展,非诉讼争议解决机制已经迅猛扩展至在线商务活动领域。在欧洲,在线消费者非诉讼争议解决机制的发展也十分迅速。法国的IRIS(法国国际战略研究所)非商业性争议解决机制就是最好的例证。此外,BBB(北美商业改进局)在线、网络交易商和信赖商店等由消费者组织发端的非诉讼争议解决机制在提供信赖标记服务的同时也提供在线争议解决。

《电子商务法》第六十三条规定:电子商务平台经营者可以建立争议在线解决机制,制定并公示争议解决规则,根据自愿原则,公平、公正地解决当事人的争议。

2. 在线争议解决机制特征

1) 以网络为基础的争议解决方式

网络技术是ODR能够进行的最大依托和基础。如当事人在网络上进行沟通需要依靠电子邮件、视频通话等先进的网络通信技术,而这些通话记录的保存、在线争议解决机制的运行需要依靠强大的计算机运算和储存,当事人信息安全需要依靠防火墙、数字加密等保密技术。由此可见,电子信息技术在在线争议解决机制中的重要性不言而喻。

2) 非对抗性机制

在使用互联网时,由于互联网的虚拟性,其给当事人双方提供一个独立的空间来理清是非,通常双方不用直接面对面,而是通过电子邮件、网络信息等媒介。当事人双方通过邮件、信息阐述自己的要求,在互联网上有一定的时间差,这样可以使当事人双方在阐明自己的立场前具有充足的时间思考,不用担心时间的压力。

3) 具有一定的契约性

ODR的形成主要是依靠当事人合意。它的性质与契约类似,不具有法律约束力。跨境电商平台要进驻ODR才能在该机制上解决争议,进入ODR需要签订同意协议遵循ODR的调解方式、程序,并且保证争议解决成果得到执行。

3. 在线争议解决方式分类

ODR根据ADR通常被分为三类:在线协商、在线调解、在线仲裁。

1) 在线协商

在线协商是目前在线争议解决机制中应用得比较多的一种方法。在线协商是指在没有第三人参加的情况下,通过第三方的网络信息平台和网络争议解决环境,当事人双方利用网络信息技术,在没有双方会面的情况下,进行解决争议的信息传输、交流、沟通,最后达成争议解决协议、化解争议。它又可以称为在线和解、在线谈判。其最主要的特点就是,没有第三人的参加,ODR只是提供给双方当事人一个解决争议的网络平台,由双方代理人直接接触,进行协商。而且通常在线协商不收取当事人的任何费用,减少了当事人因争议解决而支出的成本,符合跨境电商争议解决的要求。相较于当事人私下利用其他工具联系,作为第三方平台更加能够保障当事人获得公平对话的机会,同时保密性措施相对较周全。

在线协商一般分为两种形式:一种称作辅助型在线协商,即当事人在没有第三方情况下,通过一定平台,运用包括语音通话、视频会议、电子邮件方式在内的电子信息技术进行协商,最后达成合意,一切谈判过程均由争议当事人自行掌握;另一种称作自动型在线协商,在辅助型在线协商基础上,由在线争议平台自带的系统程序直接给出争议解决协议,该协议一般仅具有合同效力。

在这方面,以美国的萨博赛特商务网络公司和克里克塞特商务网络公司提供的在线协商服务最具典型。

(1) 萨博赛特在线协商机制。萨博赛特商务网络公司创建了一个完全自动化的对金钱支付争议的在线解决方式。它是世界上第一个提供在线协商的网络公司,其最初只涉及保险争议,现在也处理人身伤害和职工劳务补偿争议。

(2) 克里克塞特在线协商机制。克里克塞特商务网络公司提供了两种在线协商程序:一种适用于人身伤害和职工劳务补偿争议;另一种适用于其他的金钱争议。

2) 在线调解

在线调解是网络技术与网络经济相结合的产物。在线调解与传统调解在实质上是相同的,都是由一个居于中立地位的第三人,即调解员,努力帮助当事人达成解决争议协议的一种程序。在线调解是在互联网上进行的调解,从程序的发起至争议解决协议的达成全部在线发生。这是在线调解与传统调解的最大不同。其基本运行过程大致是:争议发生后,争议双方以在线的方式向在线调解服务提供机构提交争议,在线调解服务提供机构运用现代的网络技术,营造一个虚拟的调解场所,让当事人在自己选出或由该机构委派的在线调解员的主导下,运用电子邮件、聊天室、可视会议等交流手段,提交争议、追踪案件进展、与调解员以及当事人进行交流以解决争议。

目前,国际社会存在大量的在线调解机构。在线欧姆巴兹办公室(Online Ombuds Office)是当前国际上较为著名的调解程序,该程序由美国马萨诸塞大学发起。

随着我国互联网事业的迅速发展,网络日益深入人们的生活,越来越多的单位和个人愿意甚至倾向于使用网络所提供的资源,这为我国在线调解机制的建立提供了可能性。2004年6月,我国第一个专门的在线争议解决机构"中国在线争议解决中心"(China ODR)成立,发生争议的任何一方当事人可以通过互联网在该网站登记案件,申请在线调解。

3) 在线仲裁

在线仲裁是指电子商务争议双方当事人,自愿将争议交给第三者来通过网络评判、裁决,并约定自觉履行该裁决的一种方式。

萨博仲裁庭由加拿大蒙特利尔大学法学院设立,是当前国际上比较有代表性的在线仲裁机构,其宗旨是解决电子商务交易中产生的纷争。

随着跨境电商的发展,在线仲裁机构也在全世界大量出现。例如,有中国国际经济贸易仲裁委员会设立的"中国国际经济贸易仲裁委员会网上争议解决中心"等传统仲裁庭设立的在线仲裁,也有各种新社网站或项目专门负责进行的在线仲裁,如美国的Web-Dispute等,还有一类以在线调解为代表的网站同时也具有在线仲裁的功能,如美国的SquareTrade,它是在线调解的代表性网站,但同时具有在线仲裁的性质。

在线仲裁具有程序严格、仲裁人员专业、仲裁结果具有相应强制力保障等特点,较为适宜解决相对较大、争议相对严重的电商交易争议,为全面、系统地解决各类电商交易争议作出不可磨灭的贡献。

为了满足不同当事人的需求,解决跨境电商中众多类型的争议,绝大多数的在线争议解决机制,都是采用多种ODR类型相结合。

10.5 主要国际组织和国际法有关跨境电商的法律法规

10.5.1 WTO 有关电子商务的法律法规

WTO(世界贸易组织)有关电子商务的立法涉及跨境交易的税收和关税问题、电子支付、网上交易、知识产权保护、个人隐私、安全保密、电信基础设施、技术标准、普遍服务、劳工问题。

1. 关于电子商务关税

1997年3月26日,世界贸易组织成员签署了《信息技术产品协议》(*Information Technology Agreement*,ITA),要求自当年7月1日起各方将主要的信息技术产品关税降为零。该协议还提供了一个各方认可的信息技术产品分类列表。同年7月,在波恩召开的超过40个成员参与的部长级会议上,同意在电子商务领域实施自由贸易的原则,各成员不得自设关税和非关税壁垒并且不增加新的税种,最终有29个成员签署。

1998年5月20日,世界贸易组织达成日内瓦协议,对在互联网上交付使用的软件和货物免征关税,但不涉及实物的采购,即从网站订购产品,然后采用普通方式运输,通过有形边界交付使用的行为。此外,世界贸易组织认为,电子商务与传统贸易不应该被区别对待,电子商务的税收制度应该是简单而透明,程序容易操作,不应增加纳税人的负担,世界贸易组织于1998年5月29日通过了《关于全球电子的商务宣言》,认为我们应该建立综合性的审查和与贸易有关的全球电子商务工作计划,并且要求各成员方维持现有做法,不对电子交易征收关税。2001年多哈部长会议宣言、2005年《香港宣言》、2009年总理事会的决定都宣布不对电子传输征收关税,这些宣言通常被称为电子传输零关税延期宣言(WTO Duty-free Moratorium on Electronic Transmissions),延期宣言的免税对象是"电子传输"(electronic transmissions),"电子传输"意味着所有的行为都应在线完成,在线购买后仍以实物运输的电子商务形式不属于这一类。该宣言针对的只是关税,境内税收不包括在内,该宣言决定的免征关税具有临时性,不是长期和确定的,对于临时免征关税的协议,WTO成员还存在意见分歧。

2. 关于电子商务的归属定性

大部分国家认为,首先需要解决的关键问题是电子商务的规则应该归在关税及贸易总协定(General Agreement on Tariffs and Trade,GATT)或服务贸易总协定(General Agreement on Trade in Services,GATS)下,还是另立一个门类。在WTO的相关会议上,越来越多的成员认为,物理运输的商品仍旧适用GATT,但是电子形式运输的应该适用GATS。关于关税及贸易总协定和服务贸易总协定的区别,世界贸易组织秘书处总结了以下四个方面。

(1) 关税及贸易总协定下的国民待遇是全面的义务。服务贸易总协定下,该义务则根据各成员在各部门所做的承诺而定。

(2) 关税及贸易总协定禁止采取数量限制措施,但也允许有例外情况。服务贸易总协定规定,如政府希望保持对市场准入的限制,允许使用数量限制措施。

(3) 在关税及贸易总协定下,成员如没有将其关税水平约束至零,对进口就要征收关税,而服务贸易总协定除了指出任何税收体制都必须与成员在具体承诺减让表中就国民待遇作出的承诺相一致之外,就基本不再涉及关税或一般税费了。

(4) 关税及贸易总协定的重点是跨境的货物贸易,而服务贸易总协定除涉及跨境贸易外,还将在境外司法管辖权的商业存在和自然人的流动等问题作为服务贸易的一部分来加以考虑。

3. 关于电子商务市场准入

电子商务是一种以网上电子交换的形式为基础的商业机制,必须立足于互联网和电信系统,但是在大多数国家,一般的电信服务和互联网接入服务属于垄断性控制的市场,属于国家不容易开放的领域,即使一些国家承诺开放市场,如果不能建立一个非歧视性的、透明的国内监管机制,市场开放承诺也是一纸空文。

根据服务贸易总协定第八条的规定,没有开放基础电信领域,但对互联网接入服务作出具体开放承诺的WTO成员,应确保处于垄断地位的电信服务提供商不得对外国(地区)接入服务商实行歧视待遇。也就是说,互联网服务提供商应当平等、不受歧视地享有使用或租用公用电信网络的权利。

除了服务贸易总协定第八条外,乌拉圭回合最后文件中,服务贸易总协定有一个"电信附件"(Telecommunication Annex),该附件规定成员应彼此提供合理和非歧视待遇的条件,进入和使用公共电信传输网络和服务。这意味着,即使在电信市场开放未能达成一项协议,在互联网内容服务以及电子货物贸易方面仍然可以在一国(地区)的公共电信网络进行。1997年颁布的《基础电信协议》(也称为服务贸易总协定第四议定书)进一步推动基础电信领域内的市场开放,该协议涵盖全球90%的基础电信贸易。第四议定书极大地放开了基础电信领域内的竞争,对电子商务有不可估量的影响。

4. 关于知识产权

世界贸易组织对电子商务知识产权的保护主要规定在1995年的《与贸易有关的知识

产权协定》(TRIPS 协议)之中。TRIPS 协议主要是通过有效执行、监督和争端解决机制，加强知识产权保护。TRIPS 协议的保护范围广泛，几乎涉及知识产权的所有领域，在很多方面，保护程度超过现有公约对知识产权的保护，协议规定一种计算机程序，无论是源程序或目标程序，必须与著作一样受到保护。数据库的应用也应该得到保护。

在版权保护方面，TRIPS 协议将计算机程序和有独创性的数据汇编列为版权保护的对象，对计算机程序和电影作品的出租权作出了规定，一些作品保护期延长，完善了对表演者、录音制品(唱片)制作者和广播组织的保护。在商标注册方面，TRIPS 协议所指的商标是广泛的，不仅包括商品商标，还包括服务商标，允许将"气味商标"和"音响商标"排除在注册保护之外，TRIPS 协议加强了对驰名商标的保护，对驰名商标的保护可以延伸到服务商标。专利保护方面，除了某些例外或条件，对一些技术领域内具有新颖性和创造性，并能付诸工业应用的任何发明，不论是产品还是方法均有可能获得专利。

10.5.2 主要国际法中有关电子商务的法律法规

1. 关于常设机构的认定

从事跨境电商的企业可以在另一国境内购买或租用服务器，与所在国家(地区)的客户或其他国家(地区)的客户进行交易，如果企业自己没有独立建立服务器，也可以向因特网服务提供者(ISP)租用网址，开展商务活动。跨境电商的发展引起了传统的常设机构认定规则的争议。如果根据传统的常设机构概念，许多交易因为在收入来源国(地区)没有常设机构，从而就不需要在收入来源国(地区)纳税。经济合作与发展组织(OECD)于2000年在国际税收协定《OECD范本》第五条注释中，增加有关电子商务常设机构确定规则内容。根据其精神，非居民如果在本国拥有服务器，该服务器存放于特定的位置，并且存在的时间足够长，企业通过该服务器进行各种形式不具有准备性或辅助性特征的营业活动，那么该服务器就构成企业的常设机构。企业在另一国拥有的网址则不列入常设机构。

2. 关于电子商务税收问题

目前，电子商务的税收政策有两种倾向：一种是以美国为代表的免税派，另一种是以欧盟为代表的征税派。欧盟成员国普遍实行增值税，增值税对这些国家非常重要。欧盟认为，电子商务不应该承担额外的税收，但也不想免除现有电子商务税收，电子商务必须履行其纳税义务，否则会导致不公平的竞争。

1997年11月，经济合作与发展组织在芬兰举行"撤出全球电子商务障碍"的圆桌会议，与会各国公认税收中性原则和运用既有税收原则，认为税收不应阻碍电子商务的正常发展，应该由国际社会各国政府和企业界作出共同努力，以解决电子商务征税的问题。

2000年3月，经济合作与发展组织财政事务委员会起草了《常设机构概念在电子商务背景下的运用：对经济合作与发展组织税收协定范本第五条的注释的建议性说明》修订草案，该草案对于电子商务税收法律制度的确立具有十分重要的意义，第一次从税法的角度对电子商务进行比较全面的剖析，使电子商务税收法律问题的解决又向前迈进了一步。

虽然这种商务的税收问题有很多争论，但世界各国也形成一些共识：第一，税收中性是电子商务征税的基本指导方针，不是通过创造新税或附加税，而是对现行税种进行修改，使其适用于电子商务，确保电子商务的发展不会扭曲税收公平；第二，注重加强国际合作，制定有利于电子商务发展的政策，推动网络贸易。

3. 关于在线纠纷的解决

1999年以来，国际社会开始讨论电子商务争端解决机制的问题，特别是跨境电商网上争议解决机制对推进国际电子商务的发展起重要作用已取得共识。经济合作与发展组织发布"电子商务消费者保护原则"，提出要建立一个公平、有效、实时以及不会不合理增加消费者负担的消费者网上争议解决机制。经济合作与发展组织分别在2000年和2004年举行会议，讨论建立B2C电子商务争端解决机制的发展，提出了《在线解决电子商务争端：正确处理消费者申诉与商务纠纷》，引导中小企业如何有效地利用在线纠纷解决机制，妥善处理网络交易纠纷。联合国欧洲经济委员会为电子商务和在线争端解决机制提出了四点建议，包括鼓励和发展技术的应用、促进在线争端解决机制法律及技术机制的发展、政府的导向作用以及现存ODR在数字技术及公正性方面的缺陷。

2010年，联合国国际贸易委员会开始起草《跨境电子商务交易网上争议解决：程序规则》。两种观点激烈辩论：一种是"双轨制"，即买卖双方网上交易纠纷，先用调解的方法，如果调解不成，买卖双方可以根据自己的情况，选择仲裁或诉讼解决矛盾；另一种是网上交易纠纷无法调解时，应采取仲裁方式为终极裁决。而另一部分国家认为，仲裁是不恰当的，应该以诉讼为终极裁决。虽然在第六次会议上未能达成一致，但为进一步发展跨境电商奠定了实施的基础。

4. 关于跨境网络隐私保护权和数据安全

在跨境进出口业务中，消费者大量的私人信息和数据经由信息服务系统收集、储存、运输，消费者的隐私难免受到威胁。如网络运营商为追求利益，出售消费者个人信息，银行的过错行为或黑客侵犯导致个人信用卡信息被盗、丢失，垃圾邮件骚扰等。我们处理、交换、传输数据，信息社会重要的价值创造将来源于这些数据，而这些数据多处涉及个人隐私。挖掘数据和利用数据的规则将是信息时代重要的商业规则。目前，国际社会对跨境网络隐私保护已经有了很大的提高。1980年，经济合作与发展组织推出的《隐私保护与个人数据资料跨境流通指导原则》，1998年发布的《全球网络隐私保护宣言》，欧盟1995年《个人数据保护指令》等，都详细规定了个人网络隐私的保护，美国、英国、德国等国家已经有保护公民网络隐私权的法案。亚太经济合作组织（APEC）的"APEC电子商务指导组"专门开会讨论了跨境网络隐私权的保护。提出了《APEC跨境隐私规则体系》（CBPR），号召"成员经济体应当尽力实施隐私框架，用最适合经济体的各种方法确保个人（信息）隐私保护，包括法律、行政、行业自律或者以上方法的集合"。

5. 其他

早在1985年，联合国贸易和发展会议（以下简称"贸发会"）即十分关注计算机的商业应用所引发的法律问题。1992年，贸发会制定了《国际资金支付示范法》，以促进跨国（地区)电子支付的应用。1996年,贸易法委员会制定的《电子商务示范法》对电子签名认证机构及其相关的法律问题作出了规定,规定了使用数据电文、电子手段传递信息的法律地位和法律效力,为电子商务提供了法律保障。

国际商会于1997年11月颁发的"国际数字化安全商务应用指南"主要是为了解决在互联网进行可靠的数字交易的问题。1999年,欧盟公布了"关于统一市场电子商务的某些法律问题的建议",包括一些市场准入和认证服务,电子证书及责任等问题。

本章小结

本章共分五节来阐述与探讨跨境电商法律法规。第一节介绍跨境电商合同的法律规范,包括数据电文、电子合同和电子签名;第二节介绍跨境电商中的消费者权益保护;第三节介绍跨境电商中的知识产权保护;第四节介绍跨境电商中的争议解决机制;第五节介绍主要国际组织和国际法有关跨境电商的法律法规。

实训项目

1. 阅读新商标法,分析新商标法对于原商标法作出了哪些修改,分析原因并形成报告。

2. 讨论电子合同要约与要约邀请的区别,论述电子合同与传统合同的区别以及电子合同违约责任的主要方式。

课后习题

1. 数据电文的特点是什么?
2. 要约与承诺的条件是什么?
3. 举例说明网络版权的侵权情形。
4. 论述跨境电商消费者权益保护的难点。
5. 用《消费者权益保护法》相关法条分析案例:

蒋女士于2018年9月8日在"德国W家官网"购买奶粉,本来除了8盒2岁+喜宝的,还要拍一盒新生儿爱他美的,因为没看清楚,新生儿的拍成了1岁+的爱他美,所以咨询客服,并按客服要求于半个小时内申请取消订单,第二天收到W家邮件,并与客服确认已成功取消订单,客服说退款将在1~2周内到账,可是到了第16天,蒋女士依然没有收到退款。她此前与客服联系,对方说是周末要等工作日,但到了工作日还是没有确切消息,也没有给出具体的解决问题时限。

对此,"德国W家官网"表示,会计部门已经安排退款给蒋女士,希望能以500积分(能抵扣5欧元)弥补蒋女士受到的损失。只要单击"现在购买"按钮并付款,积分就可以抵扣付款金额,积分有效期24个月,没有限制购买最低金额或指定产品。如果蒋女士接受,需向其发送电子邮件,其会立即将积分添加到蒋女士的 W 家账户。

参 考 文 献

[1] 邓志新,赵秀娟,金珞欣,等.跨境电商:理论、操作与实务[M].北京:人民邮电出版社,2018.
[2] 邓志超,崔慧勇,莫川川.跨境电商基础与实务[M].北京:人民邮电出版社,2017.
[3] 马述忠,卢传胜,丁红朝,等.跨境电商理论与实务[M].杭州:浙江大学出版社,2018.
[4] 马述忠,柴宇曦,濮方清,等.跨境电子商务案例[M].杭州:浙江大学出版社,2018.
[5] 肖旭.跨境电商实务[M].2版.北京:中国人民大学出版社,2018.
[6] 张瑞夫.跨境电子商务理论与实务[M].北京:中国财政经济出版社,2017.
[7] 孙东亮.跨境电子商务[M].北京:北京邮电大学出版社,2018.
[8] 陈战胜,卢伟,邹益民.跨境电子商务多平台操作实务[M].北京:人民邮电出版社,2018.
[9] 纵雨果.亚马逊跨境电商运营从入门到精通[M].北京:电子工业出版社,2018.
[10] 温希波,刑志良,薛梅,等.电子商务法——法律法规与案例分析(微课版)[M].北京:人民邮电出版社,2019.
[11] 陈道志,卢伟.跨境电商实务[M].北京:人民邮电出版社,2018.
[12] 于立新,陈晓琴,陈原,等.跨境电子商务理论与实务[M].北京:首都经济贸易大学出版社,2017.
[13] 陈江生.跨境电商理论与实务[M].北京:中国商业出版社,2018.
[14] 刘敏,高田歌.跨境电子商务沟通与客服[M].北京:电子工业出版社,2018.
[15] 鲍舒丽.打造金牌网店客服[M].北京:人民邮电出版社,2018.
[16] 黄正伟,何伟军.实时在线客户服务理论与应用研究[M].北京:科学出版社,2015.
[17] 邵贵平.电子商务数据分析与应用[M].北京:人民邮电出版社,2018.
[18] 杨伟强,朱洪莉.电子商务数据分析:大数据营销 数据化运营 流量转化[M].北京:人民邮电出版社,2019.
[19] 潘百翔,李琦.跨境网络营销[M].北京:人民邮电出版社,2018.
[20] 江礼坤.网络营销推广实战宝典[M].2版.北京:电子工业出版社,2016.
[21] 王军海.跨境电子商务支付与结算[M].北京:人民邮电出版社,2018.
[22] 冯潮前.跨境电子商务支付与结算实验教程[M].杭州:浙江大学出版社,2016.
[23] 陈碎雷.跨境电商物流管理[M].北京:电子工业出版社,2018.
[24] 陆端.跨境电子商务物流[M].北京:人民邮电出版社,2019.
[25] 李贺.报关实务[M].2版.上海:上海财经大学出版社,2018.
[26] 李鹏博,郑锴.B2B跨境电商[M].北京:电子工业出版社,2017.
[27] 冯晓宁,梁永创,齐建伟.跨境电商:速卖通搜索排名规则解析与SEO技术[M].北京:人民邮电出版社,2017.
[28] 莫兰,亨特.搜索引擎营销——网站流量大提速[M].宫鑫,康宁,刑天SEO,等译.3版.北京:电子工业出版社,2016.
[29] 速卖通大学.跨境电商视觉呈现:阿里巴巴速卖通宝典[M].北京:电子工业出版社,2017.
[30] 速卖通大学.跨境电商——阿里巴巴速卖通宝典[M].2版.北京:电子工业出版社,2015.
[31] 冯晓宁,梁永创,齐建伟.跨境电商:阿里巴巴速卖通实操全攻略[M].北京:人民邮电出版社,2015.
[32] 孙正君,袁野.亚马逊运营手册[M].北京:中国财富出版社,2017.
[33] 易传识网络科技,丁晖,赵岺岺,等.跨境电商多平台运营:实战基础[M].北京:电子工业出版社,2017.
[34] 陆金英,祝万青,王艳.跨境电商操作实务(亚马逊平台)[M].北京:中国人民大学出版社,2018.
[35] 陈启虎.国际贸易实务[M].北京:机械工业出版社,2019.

[36] 吴喜龄,袁持平.跨境电子商务实务[M].北京:清华大学出版社,2018.
[37] 韩小蕊,樊鹏.跨境电子商务[M].北京:机械工业出版社,2017.
[38] 王玉珍,马桂琴,张瑞,等.电子商务概论[M].北京:清华大学出版社,2017.
[39] 青岛英谷教育科技股份有限公司.跨境电子商务导论[M].西安:西安电子科技大学出版社,2017.
[40] 曹盛华.跨境电商发展策略与人才培养研究[M].北京:中国水利水电出版社,2018.
[41] 郑建辉,陈江生,陈婷婷.跨境电子商务实务[M].北京:北京理工大学出版社,2018.
[42] 白东蕊,岳云康.电子商务概论[M].4版.北京:人民邮电出版社,2018.

教师服务

感谢您选用清华大学出版社的教材！为了更好地服务教学，我们为授课教师提供本书的教学辅助资源，以及本学科重点教材信息。请您扫码获取。

▶ 教辅获取

本书教辅资源，授课教师扫码获取

▶ 样书赠送

国际经济与贸易类重点教材，教师扫码获取样书

 清华大学出版社

E-mail：tupfuwu@163.com
电话：010-83470332 / 83470142
地址：北京市海淀区双清路学研大厦 B 座 509

网址：http://www.tup.com.cn/
传真：8610-83470107
邮编：100084